百年屈臣氏锐变之道

A Century of Watsons' Transformation

赵 粤 著

图书在版编目（CIP）数据

百年屈臣氏锐变之道 / 赵粤著 —— 北京：企业管理出版社，2024.3
ISBN 978-7-5164-2892-4

Ⅰ.①百… Ⅱ.①赵… Ⅲ.①零售商店—连锁店—商业经营—经验—香港 Ⅳ.① F721.7

中国国家版本馆 CIP 数据核字（2023）第 178021 号

书　　名：	百年屈臣氏锐变之道
书　　号：	ISBN 978-7-5164-2892-4
作　　者：	赵　粤
策　　划：	张宝珠
责任编辑：	解智龙
出版发行：	企业管理出版社
经　　销：	新华书店
地　　址：	北京市海淀区紫竹院南路17号　　邮　编：100048
网　　址：	http://www.emph.cn　　电子信箱：26814134@qq.com
电　　话：	编辑部（010）68701661　　发行部（010）68701816
印　　刷：	三河市荣展印务有限公司
版　　次：	2024年3月第1版
印　　次：	2024年3月第1次印刷
开　　本：	700mm×1000mm　1/16
印　　张：	15.5
字　　数：	245 千字
定　　价：	68.00元

版权所有　翻印必究·印装有误　负责调换

序一

在香港居住了近40年并在屈臣氏担任了25年集团董事总经理，我从来没有想过，有一天我会坐下来确认让赵粤去不懈、勤奋而专业地整理屈臣氏的整个历程。他总结了屈臣氏183年的详细信息、历史，以及该时期无论是在商业上还是在政治上的所有高潮和低谷，在我眼中，这是一项重大成就。

在汇编本书内容的酝酿期中，赵粤和我曾多次会面以回顾进度。尽管美国的CVS和英国的博姿（Boots）这两个主要的药妆集团都有着有趣的历史，但它们起源于更为成熟的环境，消费者拥有更多的财富。除日本外，亚洲其他地区直到20世纪80年代末至90年代才出现中产阶级。

1981年9月的一个晚上，我接到伦敦M.S.L.的Bill Griffith的来电，问我是否对香港的职位感兴趣，我问他是否可以准确介绍该职位。经过一段时间的谈判，我决定深秋时去香港出差，离开大雪中的约克郡（Yorkshire）后降落在气温为22℃的香港，两者的差异确实令我震惊。在与李察信（John Richardson）和他的团队开会的几天中，环境和公司文化的差异非常明显，但工作本身几乎是相同的。我的想法是接受集团董事总经理的职位，并尝试任期两年。但是，最终的结果与当初的想法完全不一样。

1982年3月15日，我离开铜锣湾怡东酒店，穿过维多利亚公园，来到北角的一栋屈臣氏大厦，此处位于1912年建造的原屈臣氏饮用水工厂所在地。我受到同事们的欢迎，很快就安顿下来。当时，屈臣氏拥有10多家品牌零售门店与餐厅，我立即着眼与着手于那些对未来至关重要的企业。为了激发注意力和步调，我觉得有必要进行一些管理上的改变。

零售业：在20世纪80年代初期，我扩张店铺发展，以支持和记黄埔有限公司（以下简称和黄）的现金流需求，所以在1983年的黑暗日子里，屈臣氏能够最大限度地为集团筹集现金，并支持包括公益金在内的本地慈善机构。虽然港元汇率下跌，但最终的联系汇率仍被固定在7.8港元兑1美元的水平，直至今天仍然如此。

最早的几年证实本地市场销量增长非常困难，我的想法是要注重中国、新加坡，以及一些中产阶级崛起的国家与地区，这些都是屈臣氏在前150年做得很好的地方。在中国香港地区继续保持快速发展的同时，我们在1980年下半年打入了新加坡和中国其他地区，每个市场都有新点子的店铺。

1987年当我到达中国台湾地区时，国民党的党产企业是唯一的合资伙伴；但在屈臣氏开业前数周，有关当局突然宣布新政策不再需要必须与本地商人合资经营，可以独资经营。今天，屈臣氏在台湾地区已有573家药妆门店。

在中国上海市，我受到热烈欢迎，还与当时上海市相关领导会面商谈。在20世纪90年代，我们亦通过与当地企业合资进入泰国和菲律宾市场。

1997年亚洲经济陷入困境，所有屈臣氏的"鸡蛋"（业务）都放在亚洲的"一个篮子"（市场）内。显而易见的是，超级市场业务在来自美国、欧洲和本地企业的竞争日益激烈的情况下，盈利能力有限，因此我决定将主要投资用于健康和美容行业。

在李嘉诚先生（以下简称李先生）的同意下，我决定在欧洲进行收购。我也开始意识到使用投资银行来寻找合适的公司实在太昂贵了，因此所有谈判都是由我的团队一起完成的。李先生同意最高投资限额为15亿欧元，所以我们马上开始行动，第一个明显的目标是荷兰的Kruidvat集团。李先生认为收购价大约为15亿欧元，要求我们使用一家非常著名的投资银行估价，他们估计收购价格不低于18亿欧元。与业主数次共进晚餐后，我们在2002年以12.85亿欧元的价格达成协议，值得敬佩的是，Kruidvat拥有者家族把所有收益都捐给了慈善机构。

2004年，在进行了几项其他投资（包括收购德国和中欧地区Dirk Rossman公司40%的股份）之后，我们成了欧洲最大的零售药妆连锁店（按门店数量）。

在那个时候，我们已经有低阶与中阶市场的健康与美容商店份额，但是高阶的香水和化妆品商店却很少。玛利娜（Marionnaud）是欧洲尤其是法国的主要连锁店，拥有1300家此类商店，最终被我们收购，并成为具有挑战性的企业；李先生因此获得了法国总统授予的荣誉军团勋章（Legion of Honour），而我则患上了头疼病。无论如何，我们花了一些时间，把屈臣氏的零售业务从很少的店铺扩张成为横跨欧亚的主要参与者。

制造业（冰淇淋）这一行业对我来说是全新的，屈臣氏的饮料、冰淇淋和药品生产组合并不常见，实际上，这是漫长的历史带来的。在我到达后不久，屈臣氏位于葵涌的制药厂被烧毁而没办法重新启动，其后剩下两个产品组合。我们试图通过并购上海益民第一食品厂来扩大我们的雪山（Mountain Cream）品牌冰淇淋业务。该工厂是一个所有员工都居住在内的巨大"城镇"。冰淇淋的世界正处于联合利华和雀巢两大集团之争，所以我借此机会以9500万美元的价格将中国内地和香港地区的冰淇淋品牌出售给了联合利华。

制造业(饮料)——屈臣氏在饮用水方面已有近两个世纪的历史。当然，利润是不错的。屈臣氏的水品牌，以其通过青少年田径运动来促进香港青少年的健康而成为特色。在过去的20多年来，该品牌一直是澳门格兰披治（Grand Prix）大赛车的主要赞助商，即使到今天，屈臣氏水赞助的品牌赛模型赛车仍在生产中。另一个主要赞助项目是网球，我们多年来一直是香港国际网球运动的推动者，吸引了世界上最好的运动员。当屈臣氏意识到桶装水这类大包装水对办公室和厨房的吸引力后，我们决定以此进入欧洲。我们收购了多个国家的小型矿泉水公司，最终以5.6亿欧元的价格将其出售给雀巢。

Priceline（现更名为Booking），在2001年初，我接到纽约高盛（Goldman Sachs)公司的一个不寻常的电话，询问李先生是否有兴趣收购总部位于康涅狄格州诺沃克（Norwalk）市的互联网旅游业务早期开发者Priceline的业务。我和Priceline的董事长兼花旗银行（Citibank）负责人碰面后，在只有李先生的支持下最终决定以每股2美元的价格收购Priceline集团37％的股份。最初的商业模式是折扣机票，但是当美国航空（American Airlines）否决了以上模式后，我们不得不另外寻找一个新的平台来向前发展。

当我向美国管理层展示了欧洲的同类型业务市场定位之后，我们构思了打折酒店客房的业务。Priceline在其后成为全球最大的互联网旅游公司，股价猛升。由于和黄的谨慎态度，我们很早就出售了业务，但这真是一次很好的经验。

我在和黄度过25年如意的岁月，并服务过3位首席执行官。我要感谢李嘉诚先生的参与和为所有重大决策所提供的支持。李先生的财务成就是传奇的，而他的管理技巧和掌控时机的能力使他与众不同，能成为他的雇员我深感自豪。

总结：对我来说，在屈臣氏任职是一段精彩的人生经历，我很幸运能得到一支在世界许多地方努力工作的优秀团队的支持，共创新里程。在过去的40多年，随着改革开放、市场经济发展且与国际接轨，中国的企业家与管理层已累积了比较丰富的商场上的经验，完全具备获取资源渠道并迈向全球化之路的能力。

韦以安

铜紫荆星章，意大利骑士勋章
香港红十字会顾问团成员
香港青年艺术协会行政委员会成员
原Priceline，现更名为Booking董事会资深成员（2001—2006）
屈臣氏集团原董事总经理（1982—2006）
2023年9月

序二

《百年屈臣氏蜕变之道》的183年商业历史，可以追溯至1841年英军占领香港上环的水坑口时期。香港开埠初期，两位英籍外科医生成立的香港大药房（1862年开始称为屈臣氏、1981年成为和黄的全资附属公司）有着得天独厚的优势。在前70年，被英国强占的香港法律只允许英籍或外籍药剂师（时称化学师）经营的药房售卖药用鸦片与戒烟药（出口则不受限制），一直到1908年，才出现第一位本地培训的华人化学师。

时至今日，香港特区的四大洋行：怡和、长和（2014年12月前称和黄）、太古及九龙仓仍然对香港本地零售、服务性行业及本地劳工市场有着重要的影响。长和与九龙仓自1979年和1985年分别被香港企业家李嘉诚先生与已故企业家包玉刚先生家族拥有与管理。在众多的大中华地区企业家中，很多企业家常被人形容为实践"王道"的企业家，因为他们各自在工业、商业、文化、科技领域可以成为全球或亚太地区的典范，并展演了儒道商业哲学，同时积极参与慈善事业，关心贫困者的教育情况并作出慷慨的贡献。

过去20年，通过由香港中文大学行政人员工商管理硕士（EMBA）课程与香港电台合办的《与CEO对话》和《管理新思维》两个节目，我访问了不少业界翘楚，他们有着"臻善存德，居高怀仁"的共同理念，亦可以引申为"王道"的诚意正心、服务社群、关怀国家、放眼世界和致力环保的价值观。

李嘉诚先生是一位全球闻名的华商，他在20世纪50年代已经成为商界翘楚。1979年李先生的长实控股收购和黄成为其最大股东后，以赵粤先生的看法，他锐意融合"王道"与西方管理哲学，除了成立个人的基金会外，也鼓励旗下公司,在每一个服务的国家与地区,大力推广企业社会公益活动。

韦以安(Ian Wade),是英国零售业的资深人士,于1982年加入和黄担任屈臣氏集团董事总经理。在1983年与数位有远见的零售商,共同创立了香港零售管理协会,代表业界以提高地位,并通过奖励,教育和培训零售专业的人才。在任职屈臣氏的25年中,韦先生将一度陷入困境的零售兼制造业务,转变为健康和美容行业的全球三甲之一,并在亚洲和欧洲的零售业中留下了一个传奇。

本书作者赵粤先生在任职消费品和医疗保健业的跨国公司亚太地区总裁、高管30多年后,加入智行基金会成为总干事,随后与我相识。他运用了最佳实践管理,以优化资源,并提高生产力,扩展受惠者人数,为留守儿童提供教育和心理辅导。他是一位资深企业顾问和商业历史专栏作者,发表了多篇有关中国及亚洲其他国家和地区的化妆品、医学和药学现代史的原始研究论文并出版了多部专著。

《百年屈臣氏锐变之道》第1部分的"全球化之道",以生动的手法展示了一家老牌香港零售、制造企业,如何在中国近代史中一波又一波的社会运动、内战、革命、全球金融风暴与新冠疫情中幸存下来。最令人兴奋的部分,是在1999—2005年,当时屈臣氏实现了飞跃发展,并在韦以安总经理领导下巩固了其全球领先药妆连锁地位。

第2部分的"管理新思维"中,赵粤先生深入浅出地介绍了本人研究多年的华人企业家营商的"王道"哲学与"策略思维——左右圈理论",并借鉴了Nitin Nohria等提倡的"4+2公式"、Jim Collins 的"从优秀到卓越"、聂东平教授等的"全球零售的未来"等学说,描述了韦以安实践的"繁荣战略"。在过去的14年中,包括中国、亚洲其他国家和欧洲在内的市场都发生了巨大的变化。屈臣氏采取了务实的有机增长方法来规避次级抵押贷款危机、欧元区危机、中美摩擦、英国脱欧,以及最近的新冠疫情、俄乌战争等情况。

赵粤先生基于对亚洲零售业的深入了解,在非政府组织领域的第一手经验,以及对中国五口通商的研究,以平衡的方式阐述了屈臣氏的商业历史、公司管理实践和华人企业家的跨国经营与管理理念。这是一本值得推荐给企业创办者、任职商界的人士、学生及研究生的参考书,也值得推荐给对中国内地以及香港特区现代历史感兴趣的人士。对在零售领域进行投资的公众而言,这本书也具有重要的参考价值，他们可从中了解屈臣氏在下一个飞跃中的年代可作出的抉择。

陈志辉博士

银紫荆星章，太平绅士

大湾区商学院校长

香港中文大学商学院市场学荣休教授

香港中文大学逸夫书院原院长（2010—2020 年），EMBA 课程主任（2007—2020 年）

2023 年 9 月

序三

　　起源于1841年的屈臣氏距今已有183年的历史。在人类历史的长河中，183年只是沧海一粟，但对于一个商业组织来说，却可谓之为"长寿"。有抽样调查显示，国内外很多民营企业平均寿命大都在10年左右。因此，对于像屈臣氏这样的长寿企业，无论是企业界还是学术界，自然都会投去关注的目光。

　　在研究屈臣氏时，我们还必须关注到下面三个问题：一是屈臣氏不仅长寿，而且还越做越大；二是屈臣氏所处的行业是一个竞争激烈的行业，在这种行业里能够长期活下去并且活得很好，着实不易；三是在这183年中，屈臣氏主要在东亚地区发展。与欧美相比，东亚地区的商业环境在这183年的变化更为剧烈，对企业发展产生的压力更为巨大。所幸的是，屈臣氏不仅经受住了这一系列的压力和挑战，而且还越战越勇。因此，总结屈臣氏的发展历史及其成功的原因是一件特别有意义的事情。

　　但凡成功的企业在其背后一定会有一串精彩的故事，也一定会有几个传奇的人物，屈臣氏也不例外。尽管屈臣氏的成功被抽象为精准的市场定位、有效的营销策略、合理的国际化布局及高效的管理和治理水平等，也尽管这些因素不过"如此而已"（因为它们都是管理学教科书上的老生常谈），然而，如果把这些抽象的经验还原到当时的具体情景，我们不仅会看到公司在每一次转折发生时、每一个挑战来临时的那种激动与不安，管理层指挥若定背后的紧张焦虑和夜不能寐，而且更多地会看到公司在面临重大抉择时的智慧和胆识，以及对规律的敬畏和对常识的尊重。这些故事不可不谓之"精彩"，有时甚至会让人感到惊心动魄。正是这些故事才塑造出屈臣氏的气质，也正是因为发生了这些故事，才有了屈臣氏的今天。屈臣氏的故事及故事背后的故事，尤其值得今天中国的民营企业特别是连锁型商业企业借鉴和学习。

自1978年国家实行改革开放政策以来，一批颇具实力和影响力的民营企业（例如华为、小米、福耀等）在内地快速成长起来，并且开始具备在国际舞台上与大型跨国公司角力的能力。然而，我们也注意到，在这些"走出去"的企业中，鲜有像屈臣氏这样的商业连锁企业。几乎所有的商业连锁企业还局限在国内市场，并且内卷化越来越严重。是实力、能力阻碍内地连锁型商业企业"走出去"，还是商业模式在限制它们跨国扩张？抑或是经营理念不够国际化？这些都是值得我们深思的问题。确实，跨国经营不是一件轻而易举的事情，比国内经营复杂太多。企业跨国经营不仅要面临社会制度、文化差异的挑战，而且还受政治、经济、汇率变动等因素的影响。然而，屈臣氏却能够成功应对经营当中所面临的政治、经济、文化等各种各样的挑战，个中经验不能不让人充满兴趣。

本书作者赵粤先生长年在药妆企业从事管理、咨询和研究工作，同时又曾任职于屈臣氏。因此，由他来写这样一部著作再合适不过。在书中，赵先生用生动的笔墨对屈臣氏183年的发展历史进行了总结，并对屈臣氏的"成功之道"进行了研究。我相信，这些总结和研究对中国民营企业来说，具有重要的参考价值。

黄俊立博士
北京大学马克思主义学院副教授
北京大学中国民营企业研究所执行所长
2023年9月

前 言

屈臣氏在欧亚多国都是家喻户晓的名字，与我们的日常生活息息相关。但是，当许多人得知屈臣氏在华已有183年的悠久历史时可能会感到惊讶。这段漫长的商业发展史既丰富多彩，也曾起落千秋，同时也描述了中英企业家们在大时代下的营商理念、在中国的发展、社会责任、领导力等。"全球化"一词在20世纪下半叶开始使用，笔者在1992年参加位于瑞士洛桑的国际管理学院（IMD）的全球化管理课程中对"思维国际化、行为本土化"这个词汇有所认知，并在日后工作中有机会实践。

《百年屈臣氏锐变之道》一书的构思始于笔者对屈臣氏于2000—2005年在欧洲的收购合并成就的着迷，原因是笔者在20世纪80年代初曾任职屈臣氏进口与西药部市场经理。笔者在研究亚洲最具标志性公司之一的屈臣氏发展史的过程中，了解了企业家李嘉诚先生于1981年全资收购屈臣氏后，如何应对世界风云变幻下的市场动态与消费者趋势，并把屈臣氏的全球化与其成功之道还原、展现出来。

本书按已公开的资料，在整理后描述过去接近两个世纪缔造屈臣氏的重要历史事件与人物，后者如何在逆境中塑造、带领和影响屈臣氏的商业发展。本书分为两部分：第一部分介绍了屈臣氏的商业历史与发展过程，展示了其全球化之道；第二部分阐述了缔造屈臣氏的全球化管理新思维。

从1841年开始，屈臣氏在其前75年是在华具有垄断地位的西药业翘楚，然后经历了25年的风风雨雨，接着在香港1941年12月至1945年8月的3年8个月的日本占领时期被迫歇业。第二次世界大战后，屈臣氏迅速恢复了其在香港领先的制造业和零售药房地位。但在1953年朝鲜战争结束后，亚洲经济再次萎缩，屈臣氏的业务发展缓慢。和记国际于 1963 年成为它的最大股东，业务开始稳步成长。1973 年全球石油危机发生后，由于其业务过度扩张，屈臣氏开始挣扎求存。

1981 年，李嘉诚先生作为大股东的和黄成为屈臣氏的全资控股公司（2014 年 1 月改称长江和记实业有限公司，简称"长和"）。翌年，当屈臣氏仍然是一家本地零售商时，英籍零售业资深管理者韦以安先生接任屈臣氏集团董事总经理。在他服务和黄 25 年间成功领导了屈臣氏的飞跃，尤其是在 2000—2006 年的 7 年，屈臣氏在欧洲接二连三地收购和合并，奠定了它成为全球第三大药妆连锁王国的基础。

2014 年，新加坡主权基金淡马锡成为屈臣氏的主要股东之一。翌年，屈臣氏开始面对电商尤其是中国内地阿里系主导的网购竞争快速取代传统零售的趋势。屈臣氏在投资 5 年后建立的 DARE 策略，无缝地在线上和线下与全球 1.5 亿付费会员的链接，终于在 2018 年底成功地扭转形势，从此成为新零售的积极参与者，并制定了适合年轻消费者的价值策略。瑞士 IMD 领导与策略教授聂东平博士与她的研究团队最近公布了 4 年深入研究风行中国内地的新零售概念。[1] 从传统实体零售商演变至时下第五阶段的"无形商业"模式已是一个事实并受跨国企业关注。那么，屈臣氏在其全球化过程中是否可以在新零售的潮流中保持优势呢？

本书的大部分内容描述和分析了过去 41 年，自 1982 年 3 月韦以安出任屈臣氏集团董事总经理至其接班人的全过程，黎启明和管理层团队如何制定与灵活执行全球化与风险分散的战略的全过程。过去 5 年，笔者在中国遇到了许多成功的企业家，他们有远见、抱负与渠道，甚至在筹集资金迈向全球化之路，但其中有哪些像李嘉诚先生一样积极接受外籍高管，充分授权让他们发挥各自所长，达到事半功倍的效果呢？

赵粤

2023 年 9 月

---

[1] Winter Nie, Mark Greeven. The Beginning of Endless Dysruption. Webinar Series: Learning in Turbulent Times, IMD. April 9, 2021. https://www.youtube.com/watch?v=V3n3sozrlbA.

致　谢

首先，我要感谢我的夫人李凯伦，一直以来对我的人生与事业无私地支持与鼓励。在我的事业发展过程中，我有幸在欧洲、北美与亚洲先后从事医疗保健、快消行业及慈善公益等不同领域但充满挑战与满足感的管理工作。

我特别感谢三位行业翘楚为本书作序。他们是全球药妆业传奇管理者韦以安先生，享誉中外的企业管理学者、香港中文大学市场学系教授陈志辉博士，北京大学中国民营企业研究所执行所长黄俊立博士。本书源自我任职香港智行基金会总干事期间，即2017—2018年，曾与陈志辉教授多次见面并有幸听取陈教授研究华人企业传承及公益、慈善事业管理的研究。其后我在书写《香港西药业史》时，访问了曾在1982—2006年任职屈臣氏集团董事总经理的韦以安先生，引发了我撰写此书的意向。之后，韦以安先生与我深入交谈十多次，他对消费者趋势、零售业经营模式、全球化策略、新零售等领域的心得，让我获益匪浅。

我也非常感谢瑞士IMD研究所策略与变革管理学教授聂东平博士、香港恒生大学商学院管理学系主任兼教授符可莹博士，以及香港城市大学管理学系副教授陈道博士在学术上给予《百年屈臣氏锐变之道》初稿的评阅和建议，让我在完成此书的过程中丰富了全球化与管理学理论基础尤其是新零售对小商户的影响，让本书的第2部分"管理新思维"的章节描述更为系统化。

在本书的撰写过程中，我也感谢吴大鹏与赵嘉伦两位协助核对已公开的财务数据与核对本书内容的文字校对。在亚洲，一般商业或企业史都是由企业赞助媒体、新闻时事记者或历史学者以撰写家族史的形式出版。本书以企业管理者的角度记载与分析屈臣氏这家跨国企业。最后，感谢企业管理出版社对本书简体版出版的大力支持。

目录

第1部分　全球化之道

第1章　1841—1896年：棚屋药店、西药翘楚　　　　　2
第2章　1897—1941年：动荡岁月、生存之道　　　　　16
第3章　1942—1981年：战事频起、多元复兴　　　　　34
第4章　1982—1988年：快速成长、地域扩张　　　　　49
第5章　1989—1998年：投资亚洲、金融危机　　　　　63
第6章　1999—2001年：创建品牌、跨国并购　　　　　74
第7章　2002—2003年："鲸吞"机遇、跻身全球　　　　82
第8章　2004—2006年：再攀高峰、收购陷阱　　　　　98
第9章　2007—2023年：有机增长、新冠疫情　　　　　119

第 2 部分　管理新思维

第 10 章　商业奇才、缔造历史　　　　　　　　　　138

第 11 章　"王道"哲学、长青发展　　　　　　　　　151

第 12 章　品牌策略、4+2公式　　　　　　　　　　 173

第 13 章　新零售、消费趋势　　　　　　　　　　　187

第 14 章　淡马锡、未来之路　　　　　　　　　　　209

附录1　长和、和黄、屈臣氏公司关键人物（1841—2021年）　　224

附录2　药妆行业、企业管理、财会名词中英文对照　　　　　　226

第 1 部分
全球化之道

图　帆船、澳门内港素描

（鸣谢：英国伦敦 Bonham 画廊）

汤玛斯·博斯韦尔·屈臣氏医生（Dr. Thomas Boswell Watson，老屈臣氏医生），约创作于 1850 年，运用钢笔和墨水。老屈臣氏医生也是一位业余艺术家，与当时著名的画家钱纳里(George Chinnery, 1774—1852)是亦师亦友的关系，他们的友谊一直保持到钱纳里于 1852 年逝世为止。

第 ❶ 章
1841—1896 年：
棚屋药店、西药翘楚

香港大药房的孕育

1842年中英签署《南京条约》，清政府割让一个只有几千人的小渔村的香港岛给英国，继而新建成的"维多利亚城"成为华南地区通往全球的鸦片与矿石的中转港。[1,2] 1841年，两位英籍医生彼得·杨（Dr. Peter Young）与亚历山大·安德信医生（Dr. Alexander Anderson）在香港岛上环水坑口，临时搭建棚屋诊所兼草药店，给往来东方商船、水手与常驻外商供应医药及日用品。不久，另一位英国苏格兰籍的外科医生马班士（Samuel Majoribanks）加入成为其伙伴。

1843年初，棚屋草药店在香港岛金钟摩根船长市集(Morgan Bazaar)以"香港大药房"（以下简称"大药房"）的名称正式开业。1845年，大药房搬往中环皇后大道中16号（现为新世界大厦），从此奠定了以后的发展。大药房创办人之一彼得·杨的弟弟詹姆斯·杨（Dr.James Hume Young）也是一名外科医生，

---

1 香港岛在1842—1997年为英国强占统治，期间被称为"维多利亚城"，是19世纪英国占领的人口较为稠密、商业较为蓬勃的地区。维多利亚城是在19世纪维多利亚女皇执政时期（1837—1901）命名的城市之一。
2 Waters, Dan. Kong Hongs with Long Histories and British Connections, Royal Asiatic Society Hong Kong Branch, Hong Kong, Volume 30, 1990: 238-240. Accessed August 5, 2019. http://hkjo.lib.hku.hk/archive/files/8deeba7475f950a5f3938fc24f687bbe.pdf.

同时担任大药房草药师兼经理。[1] 1847年，两位大药房创始人彼得·杨与亚历山大·安德信医生邀请了马班士医生和另一位葡萄牙裔澳门人苏沙(A.de Souza)到广州分开设店，马班士医生负责诊所，苏沙担任药房经理。1848年，香港有18名中草药师及6名西草药师，本地大多数华人都将中医药作为其传统生活的一部分，视西医药为后备方案。1850年，"维多利亚城"已具雏形，在远东地区成为英国的一个桥头堡与商埠——东方之珠冉冉升起。

屈臣氏家族

屈臣氏家族源自英国苏格兰地主望族，屈臣氏族谱，如图1所示[2,3]。詹姆斯·屈臣氏（James Watson）的6个孩子中排行老大与老三的为亚历山大·斯科特(Alexander Scott) 与汤玛斯·博斯韦尔（Thomas Boswell，1815—1860）。1834年5月，在斯科特25岁时从苏格兰到欧洲任职于当时波兰银行在西里西亚（Silesia）省拥有的工厂与铸造厂当工程师。当斯科特安顿下来后，旋即安排他的未婚妻艾格尼丝·凯德利（Agnes Keidslie）到华沙（Warsaw）并在当年7月19日成婚。斯科特与凯德利的7个孩子包括排行老三的亚历山大·斯基文（Alexander Skirving，1837—1865，以下简称屈臣氏）在西里西亚省栋布罗瓦古尔尼恰市（Dabrowa Gornicza）出生。

屈臣氏家族来到东方的第一名成员是老屈臣氏医生，他在英国苏格兰爱丁堡大学医学系毕业。

---

1 The Hong Kong Almanack, 1848, D. Noronha, Hong Kong:37. Accessed August 5, 2023. http://archive.org/details/1848 hongkong alman chdirectory.
2 Jeremy Watson's Family Stories.Accessed August 14,2020 http://www.spanglefish.com/JeremysWatsonWellsMillerandCrawfordfamilystories/index.asp?pageid=。693818.
3 The Watsons of the UK and South Africa:Information About Alexander Scott Watson. https://www.genealogy.com/ftm/w/a/t/Jeremy-H-Watson/WEBSITE-0001/UHP-0067.html.

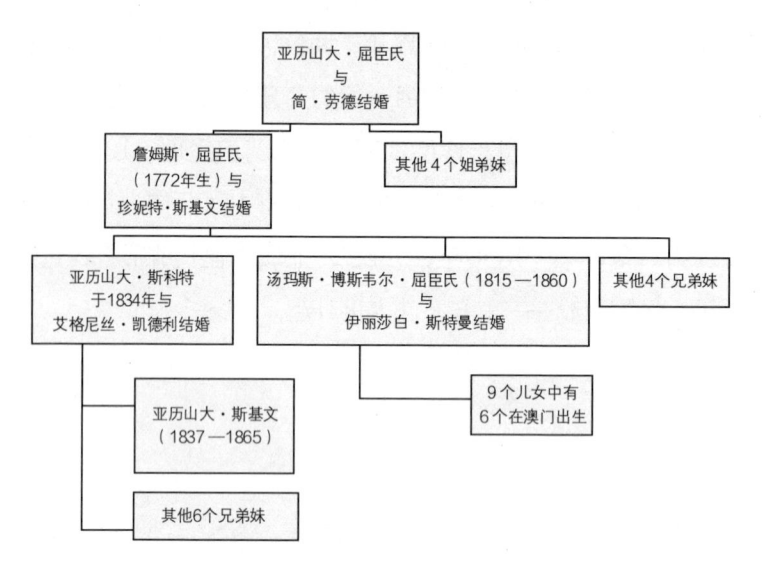

```
        ┌─────────────────────────┐
        │   亚历山大·屈臣氏        │
        │        与              │
        │    简·劳德结婚          │
        └──────────┬──────────────┘
                   │
    ┌──────────────┼──────────────┐
    │                             │
┌───────────────┐          ┌──────────────┐
│ 詹姆斯·屈臣氏  │          │ 其他4个姐弟妹 │
│ （1772年生）与 │          └──────────────┘
│ 珍妮特·斯基文  │
│    结婚       │
└───────┬───────┘
        │
┌───────┼─────────────────────────┐
│               │                 │
┌──────────────┐ ┌────────────────────┐ ┌──────────┐
│ 亚历山大·斯科特│ │汤玛斯·博斯韦尔·屈臣氏│ │其他4个兄弟妹│
│ 于1834年与    │ │ （1815—1860）      │ └──────────┘
│ 艾格尼丝·凯德利│ │        与          │
│     结婚      │ │ 伊丽莎白·斯特曼结婚 │
└───────┬──────┘ └──────────┬─────────┘
        │                   │
┌───────────────┐      ┌──────────────┐
│ 亚历山大·斯基文 │      │ 9个儿女中有   │
│ （1837—1865） │      │ 6个在澳门出生 │
└───────┬───────┘      └──────────────┘
        │
┌──────────────┐
│ 其他6个兄弟妹 │
└──────────────┘
```

图1　屈臣氏族谱

（资料来源：香港西药业史）

商船供货，第一桶金

1845年，老屈臣氏医生到澳门后随即接手安德信医生的诊所。他的妻子伊丽莎白·斯特曼（Elizabeth Stedman）在第二年来到澳门。1848年，老屈臣氏医生写信给在苏格兰的姐姐提及关于他在澳门的一些事宜。

除了葡萄牙籍人士外，算上我们自己，只有四个家庭和一两位美国人和法国人。[1]

1856年秋，老屈臣氏医生从澳门来到香港接手了威廉·普勒斯顿医生（Dr. Willian Preston）的股份成为大药房的高级合伙人。翌年，老屈臣氏医生的健康每况愈下，他联系了在当时普鲁士王国的胞兄斯科特，并邀请后者的第三个儿子屈臣氏来港接手他经营的大药房业务。

---

[1] Waters, Dan, HongKong Hongs with Kong Distarce and British Connections:239.

香港当时为远东地区一个鸦片与矿石中转港，大药房供应商船的日用品、洋酒、汽水（时称"荷兰水"）饮料与药品的业务日趋繁盛，同时英籍与西方商人驻港也有所增加。1858年10月，屈臣氏在他22岁时来到远东的"维多利亚城"，开始熟悉大药房的营运。

1859年，屈臣氏熟悉了外洋轮船的批发业务，用他本人的英文姓与名字的缩写（A.S.Watson & Co.）开始经营大药房。于是，老屈臣氏医生返回苏格兰，并在1860年病逝于爱丁堡。

屈臣氏不负众望，大药房的零售与批发业务在他不懈努力的3~4年分别在港、穗、沪三地发展起来，从此奠定了"屈臣氏"品牌。1865年，屈臣氏赚取了第一桶金并在庆祝大药房成立25周年之后，他把业务转让给贝尔先生（Mr. Bell）后返回英国，在1865年11月29日在伦敦不幸过世。但意想不到的是，以他命名的屈臣氏零售与制造业务继续发扬光大。

堪富利士——西药先河

大药房广州分店经理苏沙在1850年离开广州转往上海出任大英药房第一任草药师。同年，大药房创办人彼得·杨医生离开香港前往福州行医，他转让了大药房的经营权予威廉·普勒斯顿医生。1856年初，普勒斯顿医生授权当时在沪行医的英籍劳惠霖（J.Llewellyn）外科医生，在上海南京路1号（现和平饭店南楼）用香港"大药房"的商号营销屈臣氏进口的西药。

4年后，劳惠霖从上海移师宁波前把大药房的经营权转让给了科比（E.C. Kirby）。但科比一心另起炉灶，并以J.Llewellyn & Co.的名称向上海市工部局注册，英文商号则改为Shanghai Medical Hall，中文为老德记，商业登记为第1号企业。屈臣氏当机立断，立刻委任祁立夫（S.W. Cleave）成立祁立夫公司（Cleave & Co.），授权沿用大药房的商号在南京路16号继续营运。

1867年，堪富利士（John David Humphreys，1837—1897）来到香港加入

由贝尔经营的大药房,并任职会计。两年后,堪富利士与亨特(Arthur Hunt)接手大药房。同年,他们因努力经营大药房的成绩获得由香港港督与英国爱丁堡公爵指定的官方化学师。[1,2] 1871年,堪富利士与亨特商量后决定以屈臣氏商号经营大药房的业务。堪富利士为一位天生的企业家,1874年,他接手了亨特的股份,成为大药房的唯一股东,并结识了众多英籍、印度籍、欧亚犹太裔的商人,使他们成为他日后的融资对象。

堪富利士旋即开始投资在饭店与房地产的专案,但他对零售药房的业务情有独钟,还把出生于香港的长子亨利(或称小堪富利士,Henry Humphreys,1867—1943)培养为接班人——在亨利初中毕业后将他送到英国寄宿学校继续学业并选修药剂学,接管屈臣氏大药房的业务。(见第10章)

虽然进口荷兰水和家庭用西药的代理业务相继给堪富利士带来了可观的利润,但他认为长期依赖海运荷兰水与西药来到亚洲,在价格与数量上都不能满足内地消费者的要求。同时,堪富利士为了进一步拓展屈臣氏在上海的业务,在1882年委任大卫(John Davey)为上海大药房经理,钟斯(James Jones)为助理;1883年又在菲律宾马尼拉成立分公司。翌年,屈臣氏在菲律宾马尼拉开设药房及汽水厂。在国内,为了让消费者与客户对屈臣氏经营的零售与批发、进口批发业务有所认同,各地开设的药房均以当地的地名命名,如广州大药房、上海大药房等。在菲律宾,药房名称则以英国大药房(西班牙文为Botica Inglese,英文为English Drug Store)命名用以区别当时众多德国人在马尼拉经营的药房。[3,4] 屈臣氏在菲律宾生产的的饮料和苏打水成为"城中的热门话题",其业务如下所述:

该工厂每天的生产能力为15 000瓶水,它包含了所有知识和经验能够改善的流程和结果……以及他们无与伦比的卓越生产工艺,证明了该公司在东方这一业

---

1 The Hong Kong Almanck, 1848:40.
2 化学师(Chemist)一词是香港被占时期按英国传统指具备药剂资格的化学师、药师、药剂师,负责配药与卖药。
3 The Late Mr. J.D. Humphreys, The Hong Kong Telegraph, Hong Kong, Wednesday, November 10, 1897:2. https://mmis.hkpl.gov.hk/old-hk-collection.
4 Chan, Bruce A. The Story of my Childhood Home:AHong Kong Mid-levels Residence c.1880–1953, Journal of the Royal Asiatic Society Hong Kong Branch, Vol. 58(2018):120-126. https://www.jstor.org/stable/26531706?read-now=1&seq=17#page_scan_tab_contents.

务环境中所占据的领导地位。屈臣氏的美味饮料被发送到菲律宾各地，并且在向马尼拉的任何酒店或酒吧推销柠檬水、姜汁汽水、苏打水或其他无酒精饮料时，"屈臣氏"品牌的饮料肯定会被介绍。[1]

公开募资，业务多元

1885年，堪富利士积极部署屈臣氏的前瞻性的地域拓展计划，他把部分股份出让给他在商界的朋友，套现后把这些资金用来投资在香港的房地产开发和澳大利亚的金矿开采。堪富利士第一轮的增资对象为外籍商人，他们对殖民地执行的英国法律与会计制度较为熟悉，更重要的一点是商业文化对合同和股东协定有高度的依从性。到了年底，在菲律宾和中国广州、上海、福州、天津等地均设有直属分店。

1886年1月16日，屈臣氏在香港公司注册处注册成为当年第15号的有限公司（A.S. Watson & Co. Ltd.）。堪富利士父子有限公司（J. D. Humphreys & Son Co. Ltd，以下简称"堪富利士公司"）成为屈臣氏单一最大股东，其他投资者因为有盈利的业务，乐意堪富利士继续担任总经理一职，发挥他的商业才能。堪富利士从投资者那里首次公开募股（Initial Public Offering, IPO），筹集接近40万港元（按2023年的价格估算为6652万港元），于当年下半年投资于上海的药房和药厂。同时，堪富利士雄心勃勃，意欲立足香港，把屈臣氏打造为亚洲和中国领先的西药与饮料零售、批发和制造业龙头。[2]

1889年初，小堪富利士（堪富利士长子）21岁时在英国获得药剂化学师资格，翌年回港，在家族的屈臣氏大药房出任药剂师经理一职。他的第一个任务是执行其父亲长期孕育但尚未实践的品牌战略：屈臣氏洋酒类、苏打水饮料、

1　A.S. Watson Co.& Ltd., Commercial Manila, Sea Ports of the Far East, Illustrated, Historical and Descriptive, Commercial and Iindustrial Facts, Figures, and Resources. Allister Macmillian, London. 1907: 227. https：//babel. hathitrust.org/cgi/pt? id=hvd.32044081992034&view=1up&seq=9.
2　Chan, Bruce A. The Story of my childhood Home:120—126.

吗啡（代瘾药）等的商标注册[1]（见图2）。积极推广家庭药，如屈臣氏、花塔饼、杜虫药。[2]

THE HONGKONG GOVERNMENT GAZETTE, 11TH MAY, 1889. 427

GOVERNMENT NOTIFICATION.—No. 228.

Notice is hereby given that Messrs. A. S. WATSON & Co., LIMITED, of Victoria, Hongkong, have complied with the requirements of Ordinances 16 of 1873, and 8 of 1886, for the registration in this Colony of their Marks as applied to Wines, Spirits, Liquors, Medicines, Perfumes, .Erated Waters, and other articles of a Dispensing Chemist and Druggist, as more particularly set forth in the following Schedule and that the same have been duly registered, viz.:—

SCHEDULE.

1. Watson's Vin de Quinquina.
2. Do. Prickly Heat Lotion.
3. Hongkong Tai Yeuk Fong Hair Wash (English and Spanish.)
4. Watson's Chiretta Bitters.
5. Do. Tonic Bitters.
6. Watson's Finest Selected Old Scotch Malt Whiskey (Mellow Brand) "Glenorchy."
7. Watson's Finest Selected Old Scotch Malt Whiskey "Aberlour Glenlivet."
8. Old Irish Whiskey (*A* quality.)
9. John Jameson's Fine Old Irish Whiskey (*B* quality.)
10. Very fine Old Irish Whiskey (*C* quality.)
11. Watson's H.K.D. Blend of the Finest Scotch Malt Whiskies (*D* quality.)
12. Watson's very Old Liqueur Scotch Whiskey (*E* quality.)
13. Finest Old Jamaica Rum.
14. Superior very old Cognac Brandy (*B* quality.)
15. Very old Liqueur Cognac Brandy (*C* quality.)
16. Hennessy's Finest very old Liqueur Cognac Brandy 1872 Vintage (*D* quality.)
17. Sherry Pale Dry (Light Dinner Wine (*A* quality.)
18. Sherry Superior Pale Dry (good) Dinner Wine (*B* quality.)
19. Sherry Natural Manzanilla (superior quality) (*C* quality.)
20. Sherry superior Old Pale Dry (*C C* quality.)
21. Sherry very superior Old Pale Dry (*D* quality).
22. Sherry extra superior Old Pale Dry (*E* quality) very finest quality old bottled.
23. Genuine Breakfast Claret (*A* quality.)
24. St. Estephe (*B* quality).
25. St. Julien (*C* quality.)
26. La Rose (*D* quality.)
27. Thorne's Blend Old Scotch Whiskey.
28. John Jameson's Old Irish Whiskey.
29. Fine Old Irish Whiskey.
30. Hennessy's Old Pale Brandy.
31. Finest Old Jamaica Rum.
32. Finest Old Genuine Bourbon Whiskey.
33. Finest Old Tom Gin.
34. Pale Dry Creaming Champagne (Brand G. R. S. & Co., Epernay.)
35. Pot Brand with Name, Address and Trade Mark printed on.
36. Watson's Phosphoric Champagne.
37. Lithia Water.
38. Effervescent Gingerade.
39. Sarsaparilla Water.
40. Sparkling Raspberryade.
41. Seltzer Water.
42. Ginger Ale.
43. Tonic Water.
44. Soda Water.
45. Lemonade.
46. Pure Supercarbonated Potash Water.
47. Watson's Mineral Tonic Water.
48. (Chinese) White Face Powder No. 140.
49. („) Rouge Powder No. 128.
50. Watson's Anthelmicetic Bon-Bons or Worm Tablets No. 132 (Label printed in English and Chinese) ......$1 size.
51. Do. do. 50 cts. „
52. Do. do. 25 „ „
53. Do. do. 10 „ „
54. Worm Bon-Bons (Chinese.)
55. Watson's Anthelmicetic Bon-Bons or Worm Tablets.
56. Watson's Infant's Food (Chinese.)
57. Envelope for Ching Fun (Chinese.)
58. Watson's Florida Water (Chinese) 30 cts. size.
59. Do. (Do.) 10 „
60. Opium Smoker's Cure Pills No. 201 (Chinese) $1 size.
61. Do. Do. 50 cts. „
62. Do. Do. 25 „ „
63. Do. Do. 10 „ „
64. Opium Smoker's Cure Lozenges No. 202 (Chinese)......$1 size.
65. Do. Do. 50 cts. „
66. Do. Do. 25 „ „
67. Do. Do. 10 „ „
68. Red Face Powder No. 203 (Chinese.)
69. Hand-bill for Red Face Powder No. 203 (Chi.)
70. Do. Pink Colour do.
71. Do. Blue do. do.
72. Do. Wh. Face Powder No. 140 (Chi.)
73. Do. Rouge Powder No. 128 (Chi.)
74. Do. Opium Smoker's Cure Pills No. 201 (Chinese.)
75. Do. Opium Smoker's Cure Lozenges No. 202 (Chinese.)
76. Do. Bon-Bons No. 132 (Chinese) large size.
77. Do. Bon-Bons No. 132 (Chinese) small size.
78. Watson's Oriental Tooth Powder.

&c., &c., &c.

By Command,

FREDERICK STEWART,
Colonial Secretary.

Colonial Secretary's Office, Hongkong, 7th May, 1889.

图2　1889年屈臣氏注册商标涵盖产品

（资料来源：《香港政府宪报》）

从1874年到1895年，堪富利士家族在香港的商界建立了良好的声誉，其投资涉及房地产、零售和制造业等领域。堪富利士不仅是商人，也是一位活跃的社

1 GS1898 Notification No.228.

2 GS1931 Notification No.398. http：//sunzi.lib.hku.hk/hkgro/view/g1931/618984.pdf.

会活动家。他在香港与上海分别拥有多匹良驹。他虽然以香港为基地，但每年总会到内地多个城市巡视业务，而且在上海的时间最长。在沪港两地，堪富利士与犹太裔商人沙逊同为上海跑马场与香港赛马会会员，他们各自拥有的马匹每一次都会争夺冠军。1892年，香港的苦力注射吗啡作为鸦片代瘾药促使屈臣氏的业务突飞猛进。[1] 屈臣氏旋即生产自己品牌的代瘾药，通过批发商，产品行销远东。

1895年，屈臣氏以专卖经营方式在内地、香港及台湾建立了有65家药房的零售网，分销屈臣氏自己配制的品牌汽水、花塔饼、代瘾药（戒烟药）和进口保健品，包括世界著名的七海鱼油。[2] 小堪富利士在父亲的指导下行销屈臣氏品牌产品7年后，接任他父亲的位置与社交网。1896年，小堪富利士被任命为堪富利士有限公司的董事兼总经理并出任旗下附属公司的董事会主席或董事兼总经理职务，业务包括以下几项：

- 屈臣氏有限公司、山顶缆车有限公司（其后转让给嘉道理家族）、澳大利亚巴尔莫勒尔（Balmoral）金矿与其他矿业公司业务。
- 成立堪富利士房地产与财务有限公司（Humphreys Estate & Finance Co. Ltd.），专注投资在香港中半山、尖沙咀等高质物业住所租赁。

苏打水泉——亚洲首置

1832年，广东大药房为国内第一家装置苏打水的草药店。据说，19世纪初第一次进口广州的苏打水是来自荷兰的商船，因而被本地人称为荷兰水。[3,4] 1858年，三位葡裔人士科达斯（J.F.de Costa）、埃萨（D.A. d'Eca）、阿泽维多（F.d'Azevedo）成立了香港苏打水公司（Hong Kong Soda Water Company），

---

1 当初戒烟药注射剂是药瘾者从药房买来吗啡药粉溶入蒸馏水，然后由西医师通过皮下注射达到鸦片烟瘾效果。因为吗啡不受管制，没有鸦片专卖税，成本便宜，戒烟药消费者快速增加。
2 台湾新报.戒瘾急需. 1887年4月3日星期六。
3 "荷兰水"的名称一直沿用至20世纪70年代才被"汽水"一词所取代。事由是：当时有一个维他奶品牌"点止汽水咁简单"的电视广告每天高频率出现，其他品牌的碳酸饮料开始以各自品牌的汽水广告反击，消费者开始用"汽水"这一名称而把沿用100多年的"荷兰水"名称摒弃掉。
4 郑宝鸿.香港华洋行业百年·饮食与娱乐篇.商务印书馆（香港）有限公司，2016：54。

主要是进口欧洲制造的苏打水。[1]

1875年，屈臣氏在香港岛中环士丹利街1~3号（现为兴璋大厦）的厂房为本地第一家药厂，翌年增产蒸馏水与汽水。1876年屈臣氏在香港自置药厂车间生产6种味道的荷兰水，10年后在上海也建立了药厂生产荷兰水。由此，荷兰水成为上海、香港的英籍官员、外籍商人与崇尚西方的本地富商巨贾宴会必备的饮料。1883年，屈臣氏的业务推广至菲律宾马尼拉并在翌年开设药房及汽水厂。旅居在上海的杭州文儒葛元煦在其1887年出版的《沪游杂记》中提到当时上海售卖汽水的场景：

夏令有荷兰水、柠檬水，系机器灌水与汽入于瓶中，开瓶时，其瓶塞层向外爆出，因此要慎防弹中面目。随到随饮，可解散暑气。[2]

荷兰水是一款典型快速消费品（Fast Moving Consumer Goods，FMCG），也称民生消费性用品。其他的外资药房，如德建药房（Dakin Dispensary）、德商科发药房（Koeffer Dispensary）与当地的华资投资者也加入战团抢夺市场，一时令市场业务更趋热闹。

虽然屈臣氏荷兰水的产品配方简单——蒸馏水、果汁（或调味剂）、砂糖等，但是其产品定位为优质的荷兰水，包括品质选料规格严谨、高纯度的蒸馏水，容器包装密实，得以预防瓶内液体泄漏，且易于运输、贮存和不易破碎的品牌保证。纵使市场上的竞争对手颇多（见表1），但屈臣氏具备先天性的优势，如本身在香港岛北角的汽水厂置有蒸馏设施，太古洋行附近也拥有糖厂。至于浓缩果汁（或调味品）的贮存陶罐及玻璃炮弹瓶（见图3）、松木木塞（见图4）、灌装机械等均从英国伦敦的分公司向厂家直接采购而不经过中介。屈臣氏开始时依赖人力推拉四轮木头车，后来投资了车队运输"瓶装"荷兰水，从出厂到零售店与饭店可以快速送达。这个市场进入门槛在设备投资、工艺、品质控制、供应链与车队、营业与推广等环节一条龙服务，不是当时一般中小企业家能轻易跨入的行业。

---

1 The Hong Kong Directory with List of Foreign Residents in China, Armenian Press, Hong Kong, 1858：23. https://archive.org/details/hongkongdirecto00unkngoog/page/n34.
2 葛元煦.沪游杂记.上海：淞南梦影录·沪游梦影.上海古籍出版社.1989：40.

表1 屈臣氏在市场上的主要竞争汽水品牌

时期	竞争品牌		
	香港	华东包括上海	广州
1850—1900年	1876年，德建 1876年，屈臣氏	1886年，上海屈臣氏 1892年，上海正广和 1902年，天津山海关 1906年，苏州瑞记 1909年，上海惠华	约1890年，广州屈臣氏
1901—1920年		^	^
1921—1940年	1907年，安乐、广生	^	1932—1934年，太平、先施、卫生、中华

（资料来源：《国产汽水百年史》《香港华洋行业百年·饮食与娱乐篇》）

图3 20世纪初的屈臣氏荷兰水瓶

（玻璃炮弹瓶，笔者私人图片）

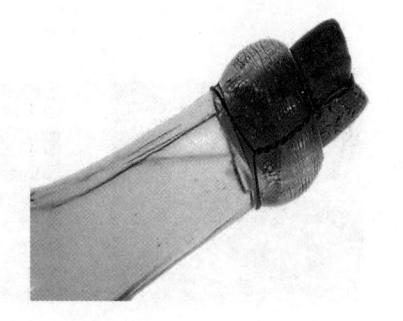

图4 炮弹瓶瓶口有铁丝固定

（用铁线捆绑瓶颈和松木木塞，笔者私人图片）

香草糖果，小儿疳积

1849年美国药剂师辉瑞（Charles Pfizer）与年长于他3岁的表哥糖果师傅

埃哈特（Charles Erhardt）在美国成立辉瑞药厂，生产山道年杜虫药糖果。山道年（Santonin）是一种生长于中亚地区的茼蒿花提取物，用作驱肠虫，尤其是对蛔虫特别有效）。屈臣氏从英国进口山道年杜虫药糖果标准药满足市场需求。当时，华南地区饮食与卫生条件很差，大人与小孩都容易感染寄生虫，但从英国进口山道年成药不是每一个劳动阶层的家庭可以负担得起的。

  1889年，小堪富利士在英国成为药剂师后回到香港，发现市场上对杜虫药的需求庞大，但没有价格廉宜和有效的。他迅即按照《英国药典》内的山道年药品标准配制方法，成功仿制生产驱虫药剂，定价为一般老百姓可以接受。为了让儿童接受山道年为杜虫口服药物，屈臣氏香草糖果——疳积"花塔饼"家庭药品造型，如图5所示。疳积花塔饼制剂按法国式糖果制造方法，制造成不同颜色的小螺旋塔形糖果药剂。1889年5月11日，屈臣氏在《香港政府宪报》上刊登了78个合规商标注册，并由其药厂生产与包装的药品、酒类、汽水、香水与其他消费品。屈臣氏把香草糖果——疳积"花塔饼"家庭药品的招贴与内容注册为其商标的一部分，目的是提防刻意假冒其商标的不道德的商人（见图6）。

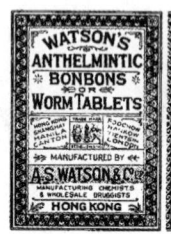

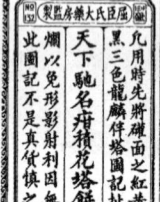

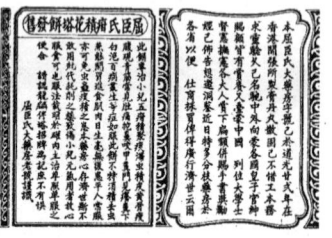

图5　屈臣氏香草糖果——疳积"花塔饼"家庭药品造型

（笔者提供"花塔饼"造型）

图6　1889年商标侧与背面

（资料来源：《香港政府宪报》）

  这个家庭药品是小堪富利士的代表作，从配方、选料、工艺、设计、包装、广告、行销到运输的一条龙产业链奠基了未来屈臣氏药品发展的跨世纪市场垂直整合。1972年，西伯利亚的大雪，导致屈臣氏在过去80年采用的山道年草药断货，改用合成药哌嗪为主要杜虫药，并继续供应为OTC（非处方药）。风行国内与东南亚的屈臣氏香草糖果——疳积"花塔饼"家庭药品最终在约100年后的1986年因为屈臣氏药厂车间火灾才寿终正寝。

鸦片代瘾、吗啡针剂

在19世纪，鸦片烟枪是身份与地位的象征[1]，烟枪上有两条五爪金龙，此纹饰当时仅限清皇室使用（见图7）。据估计，香港在1880年有1/4男性成年人是鸦片烟吸食者。因此，代瘾药的推广是众多西药经销者包括屈臣氏都会参与的业务，屈臣氏"戒烟药"广告，如图8所示。1892年，英国医疗传教士诺玛·科尔（Norman Kerr）的信徒们在香港引进吗啡注射针剂，向搬运工人等体力劳动者，俗称"苦力"，提供了廉价、低纯度的鸦片烟渣替代品。他们发觉从本地药房买来吗啡原料、蒸馏水、针管与针头注入皮下更为便宜，可以降低80%以上的成本。1893年，香港16万华人中有4万~6万人为鸦片吸食者，占人口的25%~38%。[2] 当年的第二季后被广泛使用，平均每天注射两针的人数有1000人。[3] 这种代瘾药在没有监督的情况下很快就造成了许多伤亡。同时，吗啡注射行为也直接影响本地专利鸦片烟商的合法营业与利润。

---

[1] O'Grady, Rory. *The Passionate Imperialists*, The Conrad Press.
[2] Munn, Christopher. The *HongKong Opium Revenue*, 1845—1885, Brrok T. Wakabayashi B. （Ed.）, Opium Regimes, China, Britain and Japan, 1839—1952, Californian University Press, Oakland：110 https：//www.academia.edu/33514205/Brook_-_Opium_Regimes.
[3] Dikkoter D, Laamann L, Zhou X（2005）. *Narcotic Culture：A History of Drugs in China*. Hong Kong University Press, Hong Kong：177.

图7　19世纪景泰蓝鸦片烟枪

（鸣谢：香港警队博物馆）

图8　屈臣氏"戒烟药"广告

（资料来源：《循环日报》，香港，1882年3月13日）

　　1893年5月，鸦片农夫——厚福行法定代表专利鸦片烟商向时任殖民地库务司（现称财政司）表达他们的诉求，因为大量的鸦片瘾者已转向注射吗啡针令鸦片烟的专利营业生意大跌，并造成亏损。[1,2] 有鉴于此，香港政府迅速通过立法并在同年9月23日在《香港政府宪报》上刊登了《鸦片法规》（见图9）禁止未经授权的人士注射吗啡制剂的做法。但此法规没有禁止出口吗啡类代瘾药到香港境外地区。内地当时包括上海的公共与法租界内没有管制戒烟药，上海的英资药房不敌华资药房的灵活经营手法。

---

[1] "鸦片农夫"一词是指被英国强占的香港政府在19世纪授予的鸦片专卖特许权持有人，在一定时期内作为熟鸦片供应的特许人并非指许可从事鸦片种植的农夫，名称与事实不符。

[2] Letter of Hau Fook Hong, Representative of Opium Farmers, Hong Kong, May 24, 1893, GA1893: 970. http://sunzi.lib.hku.hk/hkgro/view/g1893/647977.pdf.

No. 13 of 1893.

An Ordinance enacted by the Governor of Hongkong, with the advice and consent of the Legislative Council thereof, for the suppression of the pernicious practice of injecting preparations of Morphine by unqualified persons.

LS　　WILLIAM ROBINSON,
　　　　　　Governor.

[23rd September, 1893.]

WHEREAS it is desirable to forbid, in this Colony, the practice of injecting Morphine except in cases where such treatment has been prescribed by some duly qualified medical practitioner, and to make provision for effectually suppressing such practice. — *Preamble.*

Be it enacted by the Governor of Hongkong, with the advice and consent of the Legislative Council thereof, as follows :—

1. This Ordinance may be cited as *The Morphine Ordinance, 1893.* — *Short title.*

2. For the purposes of this Ordinance— — *Interpretation.*

　Morphine shall include Morphia and all salts of Morphine and any solution thereof that can be used as an injection, but not preparations for ordinary internal use containing Morphine as an ingredient but not suitable for purposes of injection.

　Duly qualified Medical Practitioner shall mean a practitioner registered under "The Medical Registration Ordinances 1884 to 1893."

　Chemist or Druggist shall mean chemist or druggist holding an European or American certificate of qualification.

3. Any person, who shall administer by injection any Morphine to any other person, except in cases where the same has been prescribed by some duly qualified medical practitioner, shall, on conviction before a Magistrate, be liable in each case to a fine not exceeding fifty dollars or to imprisonment with or without hard labour not exceeding two months. — *Administration of morphine forbidden in certain cases.*

　The onus of proving the exception shall lie on the person so administering the Morphine. — *Onus of proof.*

4. Any person, who shall, except in cases where Morphine has been prescribed by some duly qualified medical practitioner, furnish Morphine to any person, except to a duly qualified medical practitioner or to a chemist or druggist shall, on conviction before a Magistrate, be liable to a fine not exceeding fifty dollars, or to imprisonment with or without hard labour not exceeding two months. — *Furnishing morphine.*

图9　1893年《鸦片法规》

（资料来源：《香港政府宪报》）

第 2 章
1897—1941 年：
动荡岁月、生存之道

世纪之交、庚子事变

  1897年是屈臣氏和全球制药业历史上非凡的一年，也是小堪富利士担任屈臣氏董事会主席的第二年，德国拜耳（Bayer）化工厂也在两周内发明了阿司匹林和海洛因止痛药。[1] 海洛因成为继吗啡后的另一个鸦片代瘾药的面市，为屈臣氏的制药部门带来了丰厚的利润。

  在北京发生的义和团事件（1899—1901）导致屈臣氏于1900年夏天在北京大栅栏经营的药房被焚毁。屈臣氏旋即把重点转往上海，积极建立华东地区与华南、中南区的业务。1909—1911年，华中大雨引发长江中游的水灾、上海股票交易所的橡胶期货崩盘导致经济危机及孙中山先生领导同盟会组织的武昌起义使清朝在1911年10月10日瓦解。国家货币在一年之内贬值了50%。屈臣氏突然面临前所未有的财务困境，100多家遍布全国各地的挂着屈臣氏牌匾的联名药房没有能力偿还货款。

  之后发生了第一次世界大战（1914—1918），屈臣氏因为受到战略物资（如砂糖）的禁运导致汽水与糖浆的停产，业务萎缩。接着，其面临着20世纪20年代的省港工人大罢工，1929—1933年的全球经济大萧条，1931—1945年的日军侵华战争的一波又一波的灾难。屈臣氏在1909—1933年，孕育了日后顽强的生存DNA。

---

1 赵粤.香港西药业史.香港：三联书店（香港）有限公司，2020：70.

新任大班、十年风光

1897年，小堪富利士在新任屈臣氏大班后的翌年，规划了公司的持续性发展，落实蒸馏水与荷兰水增产，中西家庭药的品种增加和扩大分销代瘾药的国内外渠道。他在迎接新时代的开始，出版了第一版屈臣氏袖珍日历分送给合作伙伴（见图1、图2）。20世纪之初，屈臣氏作为宝威药厂的中国分销商，它的产品系列增加了止痛药和止咳药的组合。许多药瘾者很快发现海洛因药片比吗啡强效得多，成为新的代瘾药。[1]

1900年，屈臣氏庆祝其钻石（60年）周年盛典之际，当年夏天在北京大栅栏的药房被义和团员烧毁，在华北的零售和批发业务受到严重破坏。小堪富利士当机立断，放弃华北的北京与天津市场，立刻重新部署上海分公司除了江浙沪地区的经营外，还支持华北建立零售客户的中心。随着内地业务恢复正常，小堪富利士继续执行屈臣氏的品牌建立策略。[2] 1908年，屈臣氏的零售业务在香港历山大厦（Alexandra Building）的大药房，以其美轮美奂的装潢与丰富的产品展示，一时间成为从东南亚到中国上海的热门话题。1908年《香港手册》一书的报道如下。

被称为历山大厦的建筑物，气势宏伟，该大楼的一层和二层被屈臣氏有限公司经营的"香港大药房"、汽水制造商租用。访港旅客可以到访香港大药房，事先为他们的下一个航程采买各种盥洗用品、药品、香水、烟酒、雪茄和非常优质的葡萄酒，价格方面更可媲美在英国或在沿途的任何地方。该零售药房具有最现代的家居风格，其营业品种以及存货量几乎可以与伦敦任何一家最大型的零售企业看齐。[3]

---

1 当德国拜耳药厂于1898年在欧洲推出阿斯匹林和海洛因两款药品后，英国宝威（Burroughs Wellcome）药厂便基于其专利片剂技术推出了这两款仿制药。
2 1904年，屈臣氏的资本从60万港元进一步融资提高至90万港元，发行了30万港元（按2023年价值计为4667万港元）的额外股份，以继续发展其在中国与菲律宾市场的苏打水、家庭药及戒烟药业务。
3 Hong Kong, The World's Shop Window, "Handbook to Hong Kong", Kelly and Walsh, Hong Kong, 1908: 106-112.

图1　1997年仿制1897年屈臣氏年历封面、封底

（鸣谢韦以安先生，私人收藏）

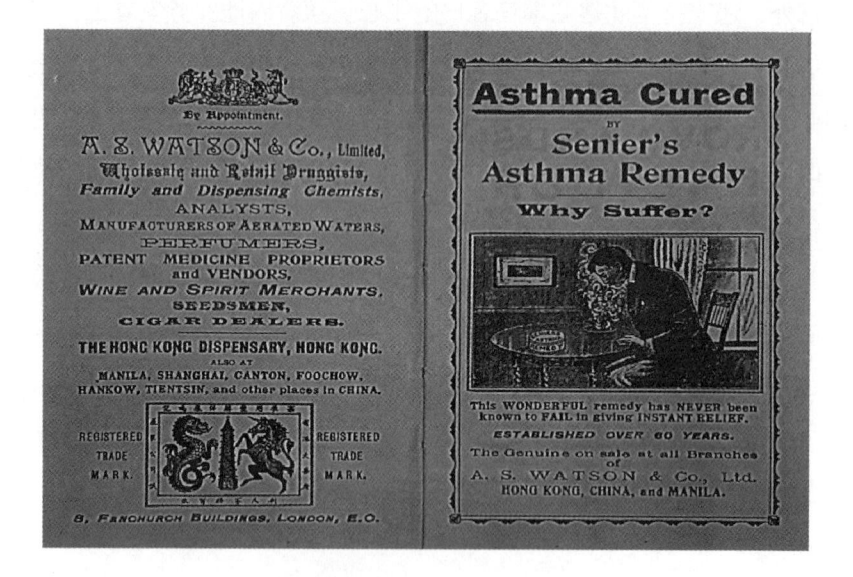

图2　1997年仿制1897年屈臣氏年历封内页1与封内页2

（鸣谢韦以安先生，私人收藏）

1910年的香港中环历山大厦，如图3所示。

图3　1910年的香港中环历山大厦

（鸣谢：Gwulo）

清朝终结、翻天覆地

到了1909年，屈臣氏在中国和菲律宾拥有100多家联号零售药店，拥有众多欧美药厂知名品牌（如鱼肝油等）和屈臣氏自有品牌（荷兰水、花塔饼、代瘾药、戒烟药等，均为其服务的市场中的热销产品，风行主要城市，一时无两。

但在上海，自本地企业家共享西药零售业后，鸦片代瘾药市场竞争日趋白热化，他们为了雄霸市场，也从德国进口海洛因原料，大量生产鸦片代瘾药，同时也降低了价格，从而获得了鸦片代瘾药业务的大量份额。外资药房由于雇用高工资的国外药剂师与营运成本较高，无法与他们在代瘾药价格上竞争，许多亏本关闭。屈臣氏因为具有规模优势，趁机于1909年初并购了上海虹口大英药房（Mc-

Tavish&Lehmann 分店）（图4），其英籍药剂师兼总经理唐纳德·曼尼（Donald Mennie）加入屈臣氏并兼任上海屈臣氏药房的经理。[1]

图4　上海虹口大英药房（McTavish & Lehmann 分店）

（鸣谢：Raymond Forward）

可惜的是，1909年与1910年，华东及华中地区大雨成灾，长江中游洪水泛滥，粮食短缺，大米价格爆升，众多饥民引发经济萧条。1910年7月，上海的橡皮股票大跌，进一步造成金融危机，屈臣氏在全国各地100多家联名药房的呆坏账导致其资金链断裂，同时在菲律宾的投资每年成为沉重的包袱，导致1909年、1910年连续两年亏损。1911年为屈臣氏的转折点，面对当时席卷中国内地的辛亥革命，西药零售与批发业务一落千丈。小堪富利士在屈臣氏第27次普通股东周年大会上详细汇报了1911年的年度业绩。

当你在看财务报表时，第一件可能会让你感到沮丧的事情是马尼拉与在中国内地（上海）的大英药房及其分店都面临非常沉重的亏损，尤其是前者。我们认为马尼拉的损失虽然令人担忧，但不可避免。在业务量削减的过程中，我们有信

---

[1] 唐纳德·曼尼（Donald Mennie，1876—1944）是一位英国药剂师，他于1899年来到北京大英药房工作。1900年义和团运动后，曼尼移居上海。1917年以屈臣氏上海管理层名义收购了屈臣氏当地的药房与药厂业务，但可以继续在华北地区使用屈臣氏品牌经营业务。曼尼也是著名摄影师，他的杰作之一是《红船——长江救生船》（在1926年三峡航行的一次探险中拍摄）。

心维护股东的最大利益，同时也很幸运地出售药品业务，并对待价而沽的汽水业务持续关注。

否则由此进一步的延迟只会增加我们的贸易损失，几乎可以肯定的是最终的资本损失将会更大。我们已经开始感受到出售这些分支机构将可带来极大的好处，它们在过去数年使得香港业务的负债情况逐年恶化而没有任何相应的贸易利润递增。

我们得出的总结是在这一地区的贸易条件改变下，公司的全部精力应该集中在香港和广州，在那里可以保持有效的监督。有了这个目标，一旦有合适的机会，所有周边分支机构将立即关闭。现在小型药房的性质和范围是使收支平衡相抵以维持生计，除非由个体老板独自经营，否则这样经营的业务方式将很难维持。而且屈臣氏的外籍员工众多，即使具有高品质的劳动素质，其高昂人力成本亦为公司营运带来沉重负担。

虽然所有营业单位的竞争将会日趋激烈，但凭借我们拥有的经验和设施，我们有信心不仅在香港和广州继续保持良好业绩，而且当我们退出所有边远分支机构时，我们会开始取得更好的成果。事实上，它们已经开始表现出来，上海的营业年度出乎意料地糟糕。此外，在香港三个部门中有两个部门的营业业务（药房、药品与汽水）也因为中国革命而受到严重影响。[1]

这是屈臣氏自1841年成立以来面临的最大危机。这次破产边缘的教训促使小堪富利士在管理家族的企业（包括地产、物业等）资产中变得更脚踏实地。因为屈臣氏在市场上有良好的信誉，所以银行愿意继续发放贷款，其财务压力才得以减轻。

"一战"禁运、《危险药物》

经过多年的筹备与投资，1912年，屈臣氏在香港岛北角的新厂房终于落成，蒸馏水、汽水、药品、化妆品等生产与库存都归集在同一屋檐下，由此营运效率

---

[1] Company Meeting, A.S. Watson and Co. Ltd., Hong Kong Telegraph, Saturday, June 1, 1911: 5. https://mmis.hkpl.gov.hk/old-hk-collection.

相继提升。[1] 香港在第一次世界大战期间（1914—1918年）的初期没有受到严重打击，小堪富利士在1916年屈臣氏成立75周年也是第31次普通股东周年大会上关于1915年度业绩作如下报告。

在我过去28年执掌屈臣氏业务期间，它的业绩几乎与其他所有业务一样起伏不定，需要处理根本上的改变，但又无碍总体上是一个稳定的进步和扩张。一些不断亏损的分支机构早已被关闭，而现在我们的业务量比以往任何时候都要大；更重要的是，我们的财务状况从未像现在这样好。[2]

过了两年，香港作为中、欧、美贸易中转站的地位也遭受严重打击。小堪富利士在屈臣氏第33次普通股东周年大会上关于1917年度业绩有详细的报告，摘录如下。

自第一次世界大战开始以来，8名屈臣氏员工从香港与内地被派往前线，其中两名员工已牺牲。我们已无法再次继续提供男丁，倘若还需要增派，那只能关掉一两家门店。同时，在伦敦的代理机构，也有三人被派往战场，其中一人也已牺牲。[3]

你们面前的账户虽然显示出远高于平均的业绩，但并不如1916年的那么好。在1917年的9—12月，供货量很少，因此业务严重亏损。尽管存货量最近好转，但由于祖家（英国）政府的限制，我们特别缺少一些畅销产品，之前一个重要的产品因为含糖而被拒绝出口许可。1916年4月的火灾再次减少了我们的库存（你在资产负债表中观察到的资产比前一年减少162 908.91港元）。上海大药房与汽水厂在长年亏损下在年内经评审后，已以亏本价格出售，损失亦已计入损益账户。此次出售符合咨询委员会之前确定并经其批准的决定。公司将聚焦香港和广州业务，可以更有利地使用我们的所有资本。[1]

随着欧洲"一战"在1918年11月11日的结束，原材料与成品恢复供应，1919年的业务表现突出，小堪富利士在1920年屈臣氏第35次普通股东周年大会

1　当时，屈臣氏在1912—1915年实施严谨的财务政策，关闭了国内除了广州沙面的药房与汽水厂，集中在香港的零售药房、蒸馏水、药品进口与批发业务，借以改善现金流。
2　Company Meeting, A.S. Watson & Co. Ltd., Hong Kong Daily Press, June 10, 1916: 2.
3　1914年7月28日至1918年11月11日为4年3个月在欧洲历史上发生的第一次世界大战，这期间军事动员7000万人，其中6000万为欧洲人，军人与百姓死亡人数分别为900万与700万人。德国、奥匈帝国与意大利为同盟国阵营，英、法、俄国等为协约国阵营，当时香港为英国被强占地区，也需要派人参战。

上关于上年度业绩有如下报告。

"一战"结束后的1919年业务与盈利迅速恢复到1900年的高峰时期，许多债务也都陆续清还。因为市场银根可能会更趋紧张，所以我们建议手上的现金流可以留待日后支付被召集的担保贷款而不是用作投资在长期专案中。多年来，由于没有新的符合资格的人员来取代那些参战并且永远无法返回的人，我们一直在考虑关闭维多利亚药房。关闭涉及一些损失，我们已把损失在你面前的财务报表中显示。

在接下来的4年里，屈臣氏在香港岛新厂房生产的荷兰水、家庭药、代瘾药等业务恢复正常。屈臣氏在北角的土地为厂房（生产蒸馏水供应药厂制造口服药水、汽水及家用洁净饮用水）与英籍员工宿舍，如图5所示。可是，《香港政府宪报》在1923年10月4日公布的《危险药物》法规严格管制约束药房配制含有吗啡、海洛因成分的代瘾药。香港的代瘾药供应却由非法走私者取代。同年，也因广州西江江畔泛滥而影响位于广州沙面的药房，使业务又一次面临危机。[1]

图5　1912年落成的香港北角的屈臣氏厂房

（鸣谢：John Munn）

1　Company Meeting, A.S. Watson Co., Ltd., China Mail, March 6,1920:10　https://mmis.hkpl.gov.hk/old-hk-collection.

工潮迭起，经济萧条

1925年5月30日，在上海公共租界内的学生示威运动中有13名学生被英国巡捕开枪打死。同年6月起至翌年10月的省港大罢工事件中，当时国民政府实行联俄容共政策，强力抵制英国管治下的香港，在此期间约有14万劳工从香港回到广州。[1]

1926年3月20日，时任黄埔军校校长的蒋介石在广州制造了镇压共产党与国民党左派的"中山舰事件"，到了10月10日省港罢工委员会宣布取消对香港的封锁，运输与码头工人罢工最终完全停止。[2] 20世纪20—30年代香港码头的景象，如图6所示。

图6　20世纪20—30年代香港码头的繁忙景象

（鸣谢：香港总商会）

小堪富利士在屈臣氏第41次普通股东周年大会上关于1925年的年度业绩报

1　当时香港政府下令九广铁路停驶，故此离港工人多数只能以步行方法回广州。当时，"憩鸠鸠，行路上广州"一句为俗语，取笑徒步回穗的正直工人。在内地国民党政府支援下停工停业，封锁香港交通运输，广州工人回不了香港上班。

2　1925年5月中旬，上海当时有学生示威以声援在工潮中被杀的工人领袖顾正红时，被国际租界的英籍警员开枪导致13人死，数十人重伤。中华民国广州政府实行联俄容共，以苏俄方式抵制英国治下的香港。大罢工维持一年多，中华全国总工会总书记邓中夏及香港海员工会的苏兆征等人（实为中国共产党党员）成立全港工团联合会，在香港领导罢工。6月19日起，香港各个由工会指挥的，包括电车、印刷、船务行业首先回应，3日内即有2万人离开岗位，返回广州。各学校学生亦同时罢课。在广州沙面英租界的华工亦于6月21日起响应。

告，兹摘录如下。

我很遗憾，我必须带着一份与你过去几年习惯接受而不相称的报告来到你面前。对此，管理层不应承担任何责任。您完全了解在本报告所述（1925年）期间过去普遍存在的不利条件，并考虑到这一点，我认为这些财务报表并非不能令人满意。

我想转述香港怡和洋行棉纺厂的主席史密斯先生（Brooke Smith）的评语："我们聘用数以千计的华人劳工，每年支付160万港元的工资……4个月的停工，工人们的工资便少了50万港元。"这场工人运动对香港与上海的英资工业与公用事业造成了不同程度的打击。[1]

1926年末，香港经济逐步回暖，但持续了4年后旋即面临全球性的经济大衰退（以下简称"大萧条"），这是20世纪最为严重的世界性经济衰退。这场灾难在1929年10月29日开始，当日美国纽约华尔街发生史无前例的大股灾，并因此将灾难席卷到全球各个角落。大萧条对发达国家和发展中国家都带来了严重冲击，尤其是以出口欧美为主的东南亚国家，马来西亚与印尼首当其冲。从1930年开始，在马来西亚、印尼两国锡矿和橡胶种植园工作的华人劳工被终止合同，并且被遣送回中国内地。由于这些无情的市场行为，香港作为中欧、中美的商品中转港，更是受到史无前例的打击。

1931年，香港西药房的业务急剧下滑，即使是行业龙头屈臣氏在国内与出口东南亚市场的鸦片代瘾药业务亦因大量归侨而受到重大波及。在1933年3月21日小堪富利士主席离任前举行的屈臣氏第48年度普通股东周年大会上，小堪富利士汇报1932年的年度业绩也是他最后一份报告，兹简略摘录如下。

在审查公司过去一年的商务工作时，会计账目与上年相比更是令人失望。经济大萧条导致利润下降为主要原因。在过去的一年多，有数以十万计华人曾经带给本公司收入和利润，已经从印度支那（越南、柬埔寨、老挝等）、海峡殖民地（新加坡）、马来西亚和荷属东印度群岛（印尼）等地被遣送回中国。当这个事实

---

1 英文香港日报(Hong Kong Daily Press)，1926年3月29日，屈臣氏公司周年会议。https://sc.lcsd.gov.hk/TuniS/mmis.hkpl.gov.hk/web/guest/old-hk-collection.

得到理解时，将更容易被认同。[1,2]

由于小堪富利士的退休，屈臣氏董事会主席一职由长期服务的资深经理格勒克（D.E.Clarke）接任并秉承着务实、稳健的管理风格继续管理屈臣氏业务。

港沪两地，各领风骚

1890—1930年，屈臣氏在香港及上海为营业量最大的汽水制造者，苏打水、哥拉（Cola）与沙士（Sarsi）为其王牌饮料。[3,4]筹备多年的香港北角屈臣氏厂房，最终在1912年落成，建立了大型蒸馏水设备，饮料、汽水和制药的产能得以扩大多倍。屈臣氏位于广州的河南白蚬壳厂房与员工宿舍，虽受1925—1926年的反英省港大罢工而拖延，也最终在1928年得以落成，主要生产药品与荷兰水。[5]

屈臣氏采纳的市场策略原则为现时品牌快消品推广者使用的4P策略（即新鲜概念的带汽饮料（Product），推广与众不同的时尚生活（Promotion），雍容华贵的场所（Place），积极进取的价格（Price）。香港屈臣氏生产的荷兰水，其中一款不含酒精的陶制瓶姜汁啤酒在1910—1930年推出时受到本地消费者的喜爱。上海的屈臣氏联名企业，在曼尼的悉心经营下，朱古力苏打水也在20世纪30年代推向市场（见图7），受到上海滩向往优雅生活人士的喜爱，受欢迎度一时无二。

1　1931 A.S. Watson Annual General Report, University of Hong Kong Special Collection Library.
2　Messrs.A.S.Watson & Co.Ltd. : Disappointing Year Revealed at Annual Meeting, Hong Kong. Hong Kong Daily. News, March 22, 1933:6. Accessed September 19, 2019. https://mmis.hkpl.gov.hk/old-hk- collection.
3　哥拉原为1885年，美国乔治亚州的药剂师约翰·彭伯顿（John Smith Pemberton）发明的深色不含酒精的咳嗽糖浆。在调试过程中，他意外地加入苏打水而成为"可口可乐"。其灵感来自1863年古柯酒的法国药剂师安杰洛·马里亚尼（Ange-Francois Mariani）。
4　沙士是一种碳酸饮料，以墨西哥菝葜为主要调味原料，饮料颜色与可乐饮料的颜色一样，但味道截然不同。
5　广东省地方史志编纂委员会《广东省志·轻工业志》，广州：广东人民出版社，2006:496.

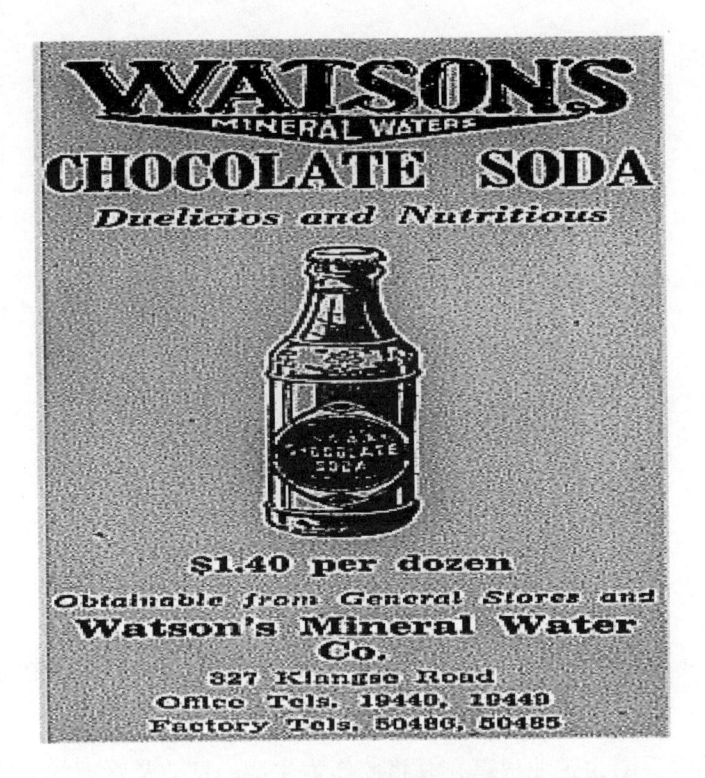

图7　20世纪30年代上海屈臣氏朱古力苏打水

(笔者私人海报)

1927年，屈臣氏香港与上海的品牌授权汽水厂同时推出代工的贴牌可口可乐（Coca Cola），以下简称"可乐（Cola）汽水"。因为名字描述清新，极具吸引味蕾的经验与乐趣，同时和中国人的喜庆、富贵的红颜色大致相同。虽然每瓶可口可乐的价格比其他汽水高一倍，但1927年民国时期四大美女之一——阮玲玉的可口可乐广告（见图8）一经推出立刻引起了轰动，大批消费者排队购买。

图8　1927年民国时期四大美女之一——阮玲玉的可口可乐广告
（笔者私人海报）

屈臣氏以香港为企业根基，并将此作为生产、营业及管理的大本营，所以人力资源分配丰富，并一向视为重中之重。虽然在1900年、1909—1910年、1914—1918年、1925—1926年、1929—1932年等多次受政治和经济打击，但整体在零售、进出口、制造业等领域仍有良好的成绩。开埠初期，本地华商因为语言、文化、商业习惯始终未能融入决策层。香港在1908年才有本地华人注册的药剂师，到了20世纪30年代，陆续有多间华人经营的药房雇用本地药剂师，逐渐与英商在市场上平分秋色。屈臣氏早于1848年进军上海。在1842—1862年的20年内，上海在五口通商的城市中脱颖而出，把广州、厦门、福州、宁波等远远抛离，成为内地的主要进出口贸易中心。除了得天独厚的地理位置方便海上与陆路的各方往来客商、货物运输作为枢纽位置外，其脱颖而出的其他关键原因可能是以下几点。

（1）时任两广总督耆英从1844年一直到1848年都不允许外商进入广州城；后来1848年履新的广东巡抚兼五口通商大臣叶名琛也很消极地对待外商，而且并不鼓励通商活动。

（2）1851—1864年，太平天国的起义令数十万计的难民从南京、苏州和江苏其他地区逃到上海避难，民生需求大增。

（3）清政府上海道台宫慕久（1788—1848）在1845年11月29日公布了《上海土地章程》。之后，英、美、法租界陆续形成，并在1854年共同成立工部局。[1]

到了1907年，上海已成为远东第一大商港，本地与外籍人口首次超过香港（见图9）。1909年，屈臣氏收购了上海虹口大英药房（Hongkew Medical Hall）。时任大英药房经理的英籍药剂师曼尼兼任上海屈臣氏药房经理。1917年，曼尼以管理层名义收购了屈臣氏上海的零售业务与汽水厂并在支付年度管理费下获得授权使用屈臣氏商标。曼尼对外的职务为屈臣氏华北区董事总经理。

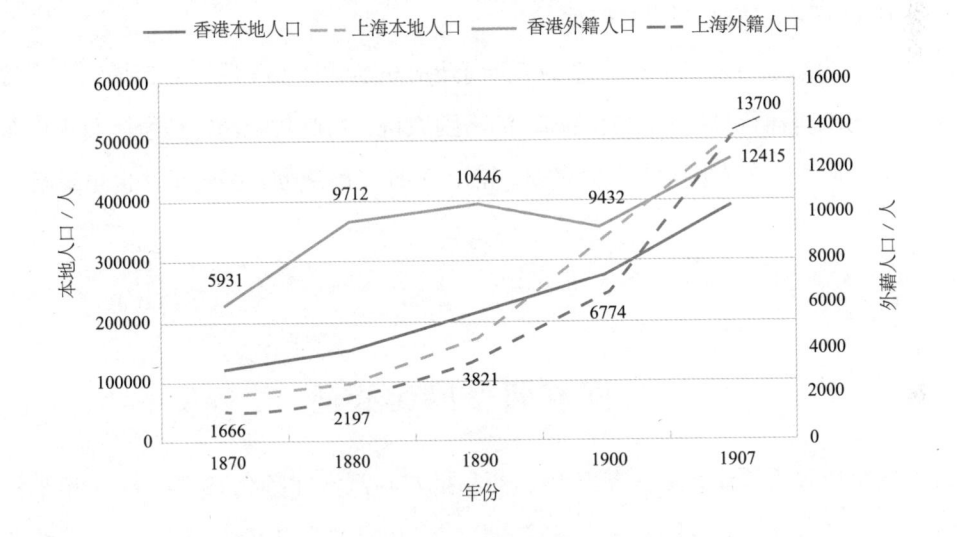

图9　1870—1907年香港与上海人口

（资料来源：香港政府蓝皮书，Twentieth Century Impressions of Hong Kong, Shanghai, and Other Treaty Ports of China etc.）

1941年12月7日，日军偷袭美国夏威夷珍珠港，太平洋战争由此爆发，日本同时正式向英国与美国宣战并派军立刻进驻上海租界苏州河以南区域，孤立无援的租界地区因而被逼结束。[2] 曼尼经营上海屈臣氏品牌的业务一直到1942年

---

[1] 英、法、美等国商人按不平等的《上海土地章程》与条约买地建房，建教堂、墓地，进行贸易和建立了工部局管辖租界内的行政与公务。1865年，法租界另行建立公董局管理区内行政公务。
[2] 日本在1937年11月12日占领上海，但公共租界苏州河以南区域和法租界成为被日本扶持的汪精卫伪政权势力包围的孤岛。两个租界内仍由工部局及公董局进行管理。

29

上海租界被日军完全占领为止。日军占领时期,他在上海与其他英籍人士被送往龙华集中营,屈臣氏的业务包括药房和汽水厂被日军没收并以低价转售给当地商人。曼尼于1944年1月去世,享年68岁。

屈臣氏在1841年至1941年的百年间,曾尝试多次在上海扎根,但始终未能成功。[1]这可能归咎于以下两个主要因素。

首先,当时英国统治下的香港,麻醉药物包括鸦片代瘾药的售卖只限于药房聘有外国或本地注册的药剂师,而屈臣氏零售药房占有率最高,几乎垄断吗啡与麻醉药的供应。当时,上海公共租界内的工部局从来没有实施药剂师注册制度,其后的国民政府虽然制定了药剂师注册制度及麻醉药物的严格管控法律,可惜的是,在1949年之前始终没有执行。

上海的本地与来自宁波的青年在英商药房充当学徒多年后,另起炉灶,直接从驻华的欧美洋行订购药物及吗啡、海洛因原料,自制代瘾药行销全国及出口东南亚。民族资本家对国情与营商的环境都比外商了解透彻,经营手法也更灵活。

日据前期、风起云涌

屈臣氏在香港本地的零售药房、药品批发与汽水业务在1933—1937年平稳发展,1938年10月29日,在华日军攻陷广州并同时控制了附近地区。当时约有75万难民从华南地区来到香港避难,人口在短时间内有跳跃式的增加而促进经济短暂的繁荣(见图10)。国内的货币政策和中日战争导致的严重通货膨胀,是造成经济动荡的主要原因,屈臣氏的业务策略是采取节流与保本的方法而不是积极投资与扩充。

同时,面对本地竞争者的挑战,屈臣氏零售药房的原有业务也被分摊。在1927—1940年,屈臣氏的英籍药剂师人数也从13名减至3名(见图11)。在

1　Population, Colony of Hong Kong, HB:1931, 1938, 1939, 1940. Hong Kong Government Reports On Line. http://sunzi.lib.hku.hk/hkgro/browse.jsp.

1939年3月28日的屈臣氏第54次普通股东周年大会上提及1938年的年度业绩，格勒克（Mr.D.E.Clark）主席向股东汇报业绩，摘录如下。

从你现在的财务账目中可以看出，年度的盈利金额为318 627.95港元，这是远远高于近年来在类似场合向你提交的数位——实际上我们必须努力回到1923年可以找到同样令人满意的成绩。而这一可喜的结果是归功于所有香港部门在营业和利润方面都有显著改善。毫无疑问，异常干燥的夏季对增加我们汽水厂的营业额起了部分作用，而且该部门的业务在过去几年中表现都能令人满意。中国货币对港元汇率的贬值，令广州业务不可能获得盈利，因此屈臣氏在当年5月将在沙面的零售部门予以关闭。[1,2,3]

1911年的辛亥革命后开始的军阀割据、1927年南京国民政府的成立、1931年日本开始侵华。

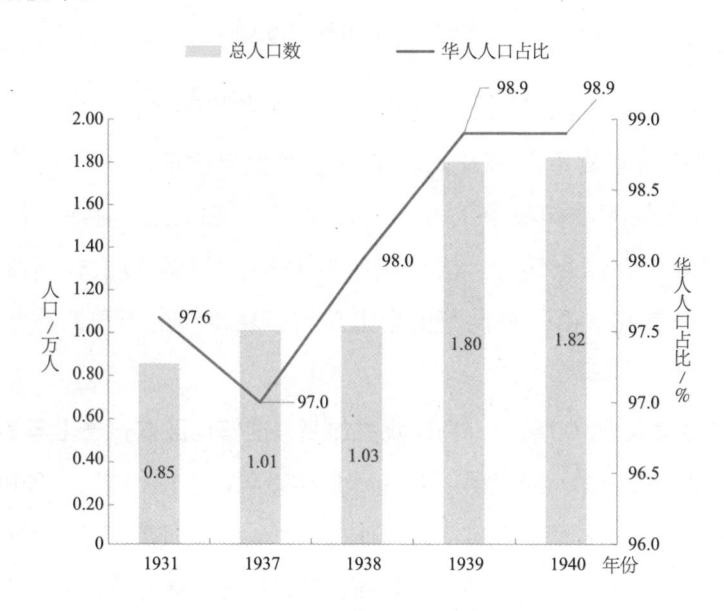

图10　香港人口在日占时期前的急剧变化

（资料来源：《香港政府蓝皮书》）

2　1938年国内通货膨胀令零售价格上涨率为49%。
3　Young, Arthur N, China's Wartime Finance and Inflation, 1937—1945, Harvard University Press, Cambridge, 1965：347-358.
4　Reports of the Proceedings of the Fifty-Fourth Ordinary Annual Meeting of A.S. Watson & Co. Ltd., Hong.Kong University Special Collection Library.

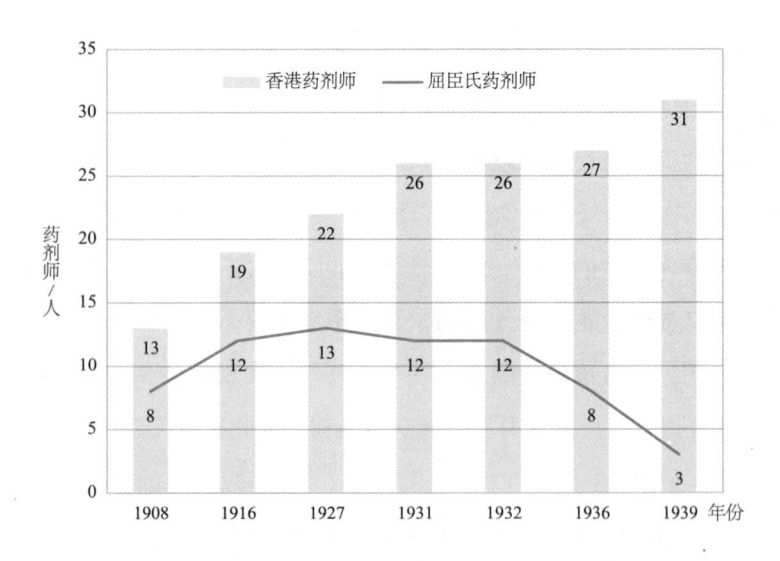

图 11　1908—1939 年香港与屈臣氏药剂师人数

（资料来源：《香港政府宪报》）

　　同时，香港作为中西贸易的鸦片、人口（来往南洋、三藩市）中转港也受到国内的政治与货币贬值及国外的第一次世界大战、1929年的全球金融危机与1941年的太平洋战争的冲击。1941年，抗日战争时期，日军在广东省深圳河以北正在囤积兵力。格勒克在当年4月3日第56次普通股东周年大会，也是大药房成立第一个世纪大会上总结了屈臣氏的历程，进行了前景的展望。

　　今年是公司成立100周年，它让我更加高兴能够向股东报告上年的业绩——这是有史以来最好的一年。我记得很清楚，大约30年前（1910年），公司经历了一个艰难的时期——本地媒体刊登了耸人听闻的内容，大概是由股东写的，意思是公司奄奄一息，因此应该结束业务。然而，管理层能够毫无恐惧或矛盾地说明公司目前比以往任何时候都享有更为健全的地位，这是令人自豪和满意的源泉。关于未来的前景，特别是考虑到现有情况，我可以直截了当地说我们对进入第二个世纪充满信心。[1]

　　若非屈臣氏自家品牌的汽水、花塔饼、代瘾药等消费品在国内与东南亚等地

---

[1] 57nd Annual General Meeting of A.S. Watson and Company Limited，The Hong Kong Daily Press，Friday，April 4，1941：8.

市场极受欢迎，屈臣氏的命运也会如其他的零售药妆，在这段时间就完成其历史使命。屈臣氏的适者生存"DNA"就是经历了无数的大小挑战孕育而来的。香港在日占时期前的4年半（1937—1941）中，屈臣氏的航程好比曼尼另一幅照片的波涛汹涌前的风平浪静的红船（见图12）。

图 12　长江西津古渡"救生会"的红船（曼尼，1926）

（资料来源：鸣谢 Kelly Walsh）

＃ 第 ❸ 章

1942—1981年：
战事频起、多元复兴

日占时期、战后复苏

抗日战争前后，内地与香港的贸易起伏不定。1941年12月25日，英军代表在九龙半岛酒店向日军投降。饥饿的人民、恶性通货膨胀、物资持续性短缺和日本宪兵执行军管时的恶行令居民朝不保夕的恐惧促使出现逃亡潮。占领初期，日本宪兵没收了屈臣氏的财产和资产，包括苏打水厂和制药车间。

屈臣氏有6名英籍公司高层管理人员、股东和药剂师在香港岛赤柱拘留营接受关押（见表1）。[1] 屈臣氏尽管失去了股份登记册，但战后重建了公司在1940—1941年和1942—1945年两个时期的财务报表（见表2）。1945年9月1日，屈臣氏的3个核心营业单位——汽水、药品制造和药房业务迅速恢复了运营。这是因为找回曾被日军之前转移到各个场所的库存和北角的汽水厂，以及机械和财产没有遭受到重大破坏。1947—1950年，屈臣氏汽水业务因为内地迁往香港的大量移民而急速上升。其后联合国在美国的压力下，禁止中国内地的进出口业务而使香港的转运下降。

---

[1] 庆幸的是，在1940年11月至1941年12月的总账目处理完好无损，临时董事长布朗（Charles Bernarel Brown）能够在1946年12月30日的第57届股东周年大会上提交财务报表。

表 1　在赤柱拘留营关押的屈臣氏与关联公司人员

序号	姓	名	出生年份	死亡年份	曾担任职位
1	Clarke	Douglas Edward	1882	1981	堪富利士与屈臣氏两家公司的主席
2	Crouche	Noel Victor	1891	1980	屈臣氏董事
3	Jupp	John Edmund	1902	1942	堪富利士地产总经理
4	James	Alistair James	1912	不详	屈臣氏药剂师
5	Tarrant	John Arthur	1872	1958	屈臣氏公司秘书、股东
6	Willoughby	George	1909	1945	屈臣氏药剂师

（资料来源：《香港政府宪报》《物语：旧香港》）

表 2　1940—1941 年和 1942—1945 年两个时期的重建财务报表

财年	标题	主要事项	纯利/港元
1940—1941			658 735.53
1942—1945	利润后的行政费用（伦敦办事处）	伦敦行政费用（代理协定佣金）	46 773.29
		补偿损失津贴	180 000
		正常折旧	199 727.98
	损益拨付账户（从1941年12月结转的贷方余额中扣除之后）		317 208.38
	战争损失账户（由于各种债务人记录的损失而注销的库存和债务损失）		1 997 666.66

（资源来源：屈臣氏周年股东大会的会议记录，1940—1941 年和 1942—1945 年）

直到20世纪50年代中期，香港人口与人均GDP才缓慢上升（见图1）。屈臣氏的税后盈利除了1949年的一次性跳跃外，业绩也受惠于香港经济的蓬勃发展，从1946 年的140万港元递增至1962年的330万港元。朝鲜战争期间（1950

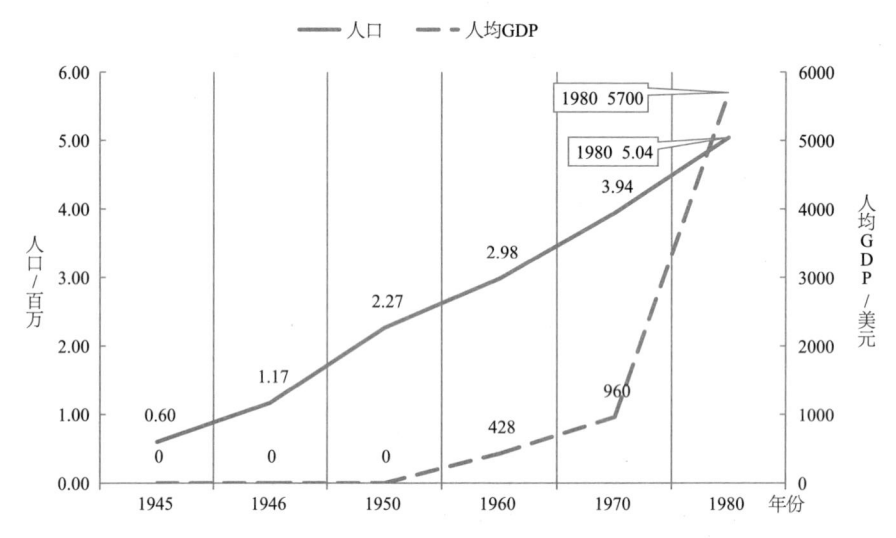

年6月至1953年7月）屈臣氏的苏打水业务弥补了香港本地荷兰水与制药业务的不景气（见图2）。

注：第一波移民潮（1945—1946）；第二波移民潮（1949—1950）；第三波移民潮（1967—1980）

图1　1945—1980年人口和人均GDP增长

（资料来源：香港人口普查）

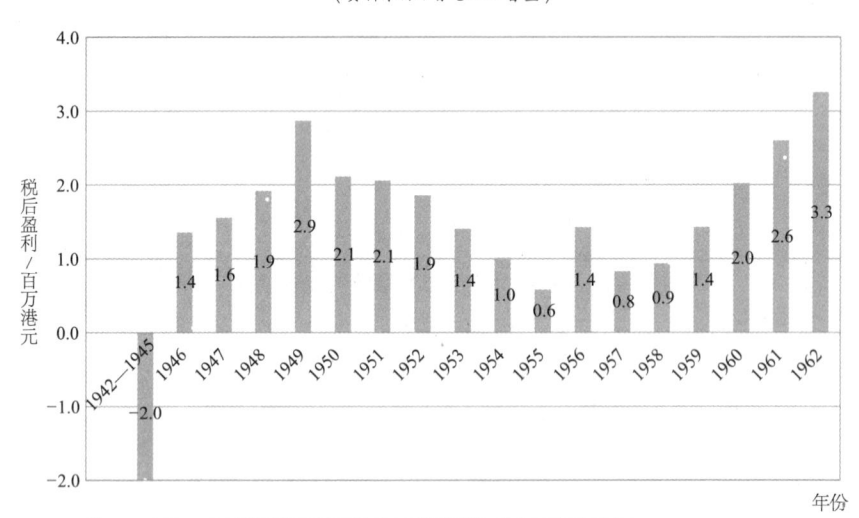

注：1. 1950—1955年的利润下降因为出口销售至新加坡与马来西亚减少；
2. 1956年的一次性销售高峰是韩国在1957年调高入口关税前进口商囤积屈臣氏品牌的汽水；
3. 1959—1962年税后利润的攀升是因为香港与英国在1959年签订了《纺织品协定》，香港纺织厂业务有了跳跃性的增长，劳工就业大幅增加，经济蓬勃发展，顾客消费品购买力增加。

图2　1945—1962年屈臣氏税后盈利

（资料来源：屈臣氏周年股东大会会议记录）

朝鲜战争结束、亚洲再起

当屈臣氏的利润在1951年趋于停滞不前时，时任香港上海汇丰银行（现称为汇丰银行）董事会主席史超活（William Alfred Stewart）在出任屈臣氏董事会主席时要求董事会终止堪富利士公司的代理协定佣金，以节省每年40万港元或20%的税后盈利。朝鲜战争的结束驱使屈臣氏在1954年荷兰水出口营业特别是韩国的大幅度下降减少了当年的盈利。为了外汇的支出，韩国在1957年实施新的汽水关税。屈臣氏汽水在之前1956年因为当地进口商囤积进口汽水而造成一次性的出口营业利润下降。为了有效控制成本并密切管理其汽水和制药业务，屈臣氏公司的办公室在1956年从香港岛中环告罗氏打大厦搬到了在北角的汽水和药厂的所在地。

20世纪50年代，屈臣氏严重依赖于汽水业务，而糖的全球定价则严重影响汽水的利润，收入和盈利就像过山车一样。虽然地缘政治和经济周期在20世纪50年代带来了许多挑战和不确定性，但庆幸的是，屈臣氏的核心业务从未脱轨。

20世纪50年代后期，香港经济蓬勃发展的部分原因是当时的香港总商会主席祁德尊与英国棉花委员会于1959年达成了《纺织品协定》。这个协定促成了香港制造的纺织品出口从1959年的5.43亿美元增长至1962年的7.63亿美元或增幅41%。本地经济的活跃令屈臣氏的营业额上升，而且税后盈利也从1959年的140万港元增长到1962年的330万港元，增长了近1.4倍。屈臣氏的服务客户主要是英籍或西方人士，但荷兰水则在香港华人市场上有较大的占有率。

董事成员，商业策略

自1933年起一直担任堪富利士与屈臣氏两家公司主席的格勒克就被拘留并在"二战"结束时才返回英国。经过一段时期的疗养后，格勒克于1946年回港继续担任屈臣氏董事会主席，一直到1950年在香港工作47年后退休。屈臣氏在抗日战争前已有本地华人代表出席公司董事会，第一位华人股东担任董事的是周寿臣爵士。他在抗日战争前后任职了屈臣氏董事32年，于1959年1月去世。

抗日战争结束时，屈臣氏股东任命林斯特和大卫（Linstead & David）会计师事务所的合伙人布朗（Bernard Brown）为当年的临时主席恢复屈臣氏业务。在屈臣氏长期服务的经理百德信（William Paterson）则担任董事兼秘书，并在战后立即恢复了业务。

尽管屈臣氏的堪富利士家族的利益有一些变化，但公司在专业经理的营运下还是相对稳定的。1953年7月，朝鲜战争停火，屈臣氏的营业与盈利双双下滑。其主要原因是当时利润的一半来自出口汽水至韩国和其他远东市场。彼得逊（William Patterson）是服务了屈臣氏33年的资深管理者。当他在1952年2月被任命为董事总经理后，马上重新调整屈臣氏的市场策略和寻求海外机会并因而成立了屈臣氏马来亚有限公司［Watson & Co.(Malaya)Ltd.］。他设计一个特许经营商业模式，在当地制造和营业汽水及医疗专用产品。可惜，他于一年半后的1953年7月突然去世。彼得逊的副手史立甫（Robert Sleap）临危授命为总经理负责推动屈臣氏往后14年的发展。表3为1940年—1959年屈臣氏董事会董事变更情况。

表3　1940—1959年屈臣氏董事会董事变更情况

董事职衔	1941年(第56届) 1941年4月3日	1946年(第57届) 1946年12月30日	1947年(第58届) 1947年6月6日	1951年(第63届) 1951年3月16日	1959年(第70届) 1959年3月17日
主席	格勒克（Douglas E. Clark）堪富利士、屈臣氏公司	布朗（Bernard. Brown）林斯特、大卫会计师（Linstead & David）	格勒克（Douglas Edward Clark）堪富利士、屈臣氏公司	史超活（William Alexander Stewart）汇丰银行	祁德尊（John Douglas Clague）和记洋行

续表

董事职衔	1941年(第56届)1941年4月3日	1946年(第57届)1946年12月30日	1947年(第58届)1947年6月6日	1951年(第63届)1951年3月16日	1959年(第70届)1959年3月17日
董事	周寿臣（Shouson Chow）东亚银行	周寿臣（Shouson Chow）东亚银行	周寿臣（Shouson Chow）东亚银行	周寿臣（Shouson Chow）东亚银行	李福和（Li Fook Wo）东亚银行
	彼得逊（William Paterson）秘书（屈臣氏）	彼得逊（William Paterson）秘书（屈臣氏）	彼得逊（William Paterson）秘书（屈臣氏）	彼得逊（William Paterson）秘书（屈臣氏）	韦德臣（R.A. Wadeson）的近律师行
	哈斯顿（J. Scott-Harston）的近律师行	端拿（M.H. Turner）的近律师行	端拿（M.H. Turner）的近律师行	佐汉生（R. ohannessen）佐汉生保险代理公	宾臣（Donovan. Benson）有利银行
	威廉臣（S.T. Williamson）威廉臣船务公司	威廉臣（S.T. Williamson）威廉臣船务公司	威廉臣（S.T. Williamson）威廉臣船务公司	韦德臣（R.A. Wadeson）的近律师行	史立甫（R. Sleap）屈臣氏
				李作芳 Li Tse Fong 东亚银行	马达斯 D.A.F. Mathers 秘书（屈臣氏）

(资料来源：屈臣氏年度股东大会会议记录)

和记洋行、新大股东

祁德尊爵士（Sir John Douglas Claque，1917—1981）曾是20世纪50—70年代香港的传奇人物（见图3）。他在1940年24岁时随英军皇家炮兵马恩兵团来到香港参与抗日保卫战。祁德尊在1941年12月底在香港日占初期短暂地在香港岛赤柱被拘禁为战俘并旋即逃到了广东的惠州。1947年，祁德尊加入由英商马登家族于1946年入股的和记国际有限公司（简称和记，Hutchison International Ltd.）。1953年祁德尊成为和记董事会成员与洋行大班，并于1957年被选为屈臣氏的董事会主席。[1,2] 当和记于1963年成为屈臣氏的最大股东拥有38%的股权时，祁德尊在推动其业务方面起着决定性的作用。

图3 1973年祁德尊（中）在尖沙咀喜来登酒店天台

（鸣谢：香港赛马会 Racing Memories）

---

1 祁德尊出生于非洲南部的罗得西亚(今津巴布韦)的第二大城市布拉瓦约(Bulawayo)，孩童时返回英伦马恩岛(Isle of Man)。1942年4月在惠州建立了英国陆军援助团(BAAG)，后者为"二战"时英国战争部军情9处在华分支机构，成立目的是拯救逃脱的英籍战俘和收集敌后地区的日军情报。他在军事情报事业方面举足轻重，在战争中被提升为上校。

2 和记是一家于1877年由英国籍商人 John D.Huthcison 在香港成立的贸易公司。

洋酒汽水，进军超市

汽水是屈臣氏的核心业务，为了优化其生产能力，屈臣氏在1965年获得了Canada Dry的品牌授权，在香港生产和营业其产品，从而使其在本地瓶装饮料市场中成为继可口可乐和维他奶Vitasoy以外的前3名。尽管来自本地和国际品牌的竞争加剧，但汽水销量却随着人口的增长而递增。其他的核心业务也有良好的发展，包括代理新的海外药厂处方药品、投资和供应新界农场的动物饲料等业务。零售药房的4个零售店铺覆盖香港岛和九龙半岛。另外，屈臣氏也与威士忌和白兰地供应商合作，开展葡萄酒零售与批发业务。

1970年，麦尊德（Jock Mackie）被任命为屈臣氏董事总经理，他旋即任命温大卫（David Wilson）为屈臣氏总经理协助扩大业务范围。温总迅速将屈臣氏打造为一家开放、自助式的健康和美容商店，仍然提供西药房的配药服务。屈臣氏的驻店营业助理接受了产品知识培训，可以向消费者提供有保健和美容产品范围的建议，为名副其实的"药妆"。当年，第一家屈臣氏的药妆旗舰店位于香港岛中环皇后大道中33号万邦行1层，是香港岛中环的中央商务区（CBD）的黄金一英里内。1972年，零售部门在麦迪信（Malcolm Maddison）领导下收购了本地百佳超级市场（PARKnSHOP）的3个门市店。这个进入超级市场领域的决定是基于亚洲区内的职业女性将会同欧美国家一样，在下班后前往超市购物。1973年，屈臣氏采取了垂直整合的策略收购了芬兰品牌冰淇淋（港称"雪糕"）工厂与用地。1963—1972年，屈臣氏的业务在多元化驱使下营业净额和税后盈利率均取得了显著增长。其营业净额从3100万港元跃升至7100万港元，税后纯利润也从360万港元跃升至1010万港元，分别占营业额的11.6%和14.2%。1964—1973年的屈臣氏企业生长树，如表4所示。

表4 1964—1973年屈臣氏企业生长树

年份	领域及动用资金/百万港元							
	国际	零售	制药	投资	房地产	餐饮	食品、饮料	冷冻食品
	2.2	13.9	7.5	39.6	32.1	6.4	13.4	2.0
1973	收购新加坡、马来西亚、印尼Maclaine Watson贸易公司	收购小飞侠（Peter Pan）连锁玩具店	与澳洲药厂在香港合资屈臣氏—信诚药厂	售卖个别下属事业单位	收购葵涌工业用地地皮	收购铜烟卤西餐厅	收购水香品牌快消业务	投资柑橘类水果贸易业务
							扩建饮料车间	投资雪山品牌冰淇淋贸易业务
		收购Kon Tiki北欧玩具店	收购本地强生医药代理业务	与法国人头马成立屈臣洋酒业务	收购芬兰品牌冰淇淋工厂与用地		投资饮料自动售卖机业务	投资建立雪山品牌冰淇淋制造工厂
1972		收购百佳超级市场（PARKNSHOP）	成立德邦（Staybond）黏合剂工厂	售卖瑞兴百货股权	荃湾工业厂房落成			
		Tawson 开业						
1971	泰国投资				北角屈臣氏工业大楼售予和记物业有限公司换取17%股权			
					屈臣氏工业大楼B座落成			
1970		In-Time 钟表店开业						
1970		香港大酒店屈臣氏药妆开业			屈臣氏工业大楼B座开始招商			
1969		山顶缆车站屈臣氏药妆开业						
1967—1968	劳工、社会动乱，没有投资							
				投资免税店20%股权利益	屈臣氏工业大楼B座开始招商A座和IC座落成			
1966				收购企业				
1965	没有投资记载							
1964	销售屈臣氏化工原料公司	希尔顿酒店屈臣氏药妆开业			北角物业开始招商			

（资料来源：1973年屈臣氏年报）

石油危机、冷冻食品

1972年，麦迪信重组零售业务，把药房业务也归于零售部。但是，由于最初开业的百佳超市的店铺规模较小，主要建在欧美人士的社区，产品范围以进口西方食品为主而且价格较高，所以这种新颖的零售概念并未受到注重性价比的香港华人家庭主妇的欢迎。[1]1973年，屈臣氏的管理层遵循了母公司和记制定的进军其他业务领域和东南亚市场的雄心勃勃扩张计划。屈臣氏还收购了小飞侠（Peter Pan）连锁玩具店。这是另一家高端零售企业，专门为高中等收入消费者与孩子们在生日和农历新年期间提供每年购物两次的服务。

在1973—1974年，由于石油输出国组织（OPEC）实施的原油生产限制，全球石油制品价格上升了两倍多，严重影响了西方经济。香港和东南亚的出口拉动型经济相应萎缩，因为它们依赖的西方市场消费者的购买欲变得疲弱。当时香港政府对外贸易官员迅速在1974年签署了《多种纤维协定》，得到了30年的可观全球成衣出口配额，因此摆脱全球石油危机阴影的速度比新加坡、韩国和中国台湾等的发展快得多，为"亚洲四小龙"之冠。[2,3]

1975年，由于全球大宗商品价格的下滑，屈臣氏的母公司和记大量购买采矿设备售卖，印尼采矿业的借贷受到银行的高利率与外汇的波动而陷入了严重的财务困境。同年，汇丰银行（HSBC）通过借贷和记急需的现金获得1.5亿股份。[4]接着，汇丰银行聘请了在本地以公司重组闻名的澳大利亚籍企业家韦利（Bill Wyllie）出任和记的董事总经理职位协助祁德尊进行财务重组。

1976年，威尔逊接任麦尊德为董事总经理。他从英国聘请了霍氏（Paul Fox）来港成为百佳超级市场零售总监[5]，但其因水土不服，没多久便离任。1977

1　这个改变最终在10年后的1982年，当韦以安上台后，调整了市场策略并以主流华人家庭妇女为目标，设计合适的产品群组与价格适中的日用品而成功推进。
2　中国香港、中国台湾、韩国与新加坡在当时被称为"亚洲四小龙"。
3　香港按世界贸易组织(World Trade Organization)制定的《多种纤维协定》中获得服装配额出口全球。
4　Report of the Insider Dealing Tribunal Appointed by the Financial Secretary, Hong Kong Government, September 25, 1979. https://www.idt.gov.hk/english/doc/hutchison_report.pdf.
5　霍氏是资深的零售管理者，1976年由屈臣氏的董事总经理威尔逊从英国将其聘请到香港成为零售总监。

年，威尔逊在英国聘请了文礼士（Rodney Miles）加入百佳为营运总监，他坚信香港未来的超级市场取决于大众华人消费者的选择。1981年，文礼士为香港的广大消费者提供了一系列的粤式食品，将长期不振的超级市场业务扭转过来。尽管屈臣氏的营业额在20世纪70年代的下半期有可观的增长，但其盈利能力仍然保持在个位数。这是过于零散的业务组合缺乏临界品质、聚焦少数的外籍消费者及高薪管理团队所致。[1] 屈臣氏1971—1980年销售金额、税后净值与税后净利，如图4所示。

屈臣氏进入冷冻食品制造业务是在1973年8月，通过收购1950年在香港成立的芬兰雪糕有限公司及其位于九龙的10400平方英尺（1平方英尺=0.0929平方米）的工厂。这是屈臣氏收购后的垂直整合战略的一部分，最终目标是扩大其冷冻食品供应在1972年收购的百佳超市连锁商店。[2] 在1974—1980年的艰难岁月中，威尔逊的管理能力是确保屈臣氏业务长期稳定的重要因素。他是一位独立、负责任的主管，但并不经常与他的上司——和记黄埔委任的屈臣氏董事会主席李察信的迅速、积极进取步伐一致。1980年，屈臣氏的多元化零售、餐饮与制造业雇用了1 850名员工，其中零售业占47%（863人）、食品制造业占27%（496人）、西药与进口批发业占11%（197人）、餐饮业占7%（138人）、其余9%（171人）为后勤部门，如图5所示。许多员工在屈臣氏已服务多年，对市场的变迁有着特别敏锐的触觉，从而使他们成为屈臣氏资产的一部分。

1　1975年，屈臣氏收购了Gordon Woodroffee & Co.和Blair & Co. Ltd。两家本地贸易公司，目的是分散投资和不依赖单一盈利业务。
2　Lo, York, Finland, London and Swiss – 3 Ice Cream Brands from the 1960s, April 13, 2018. https://industrialhistoryhk.org/finland-london-and-swiss-3-ice-cream-brands-from- the-1960s/.

注：1. 1974年亏损500万港元或销售金额的2%，主要因为成本上升（糖价在1973年11月从每吨1500港元涨至1974年11月的每吨5800港元，购买力减弱；
2. 1975年与1978年的销售金额下跌因为天气影响汽水业务。

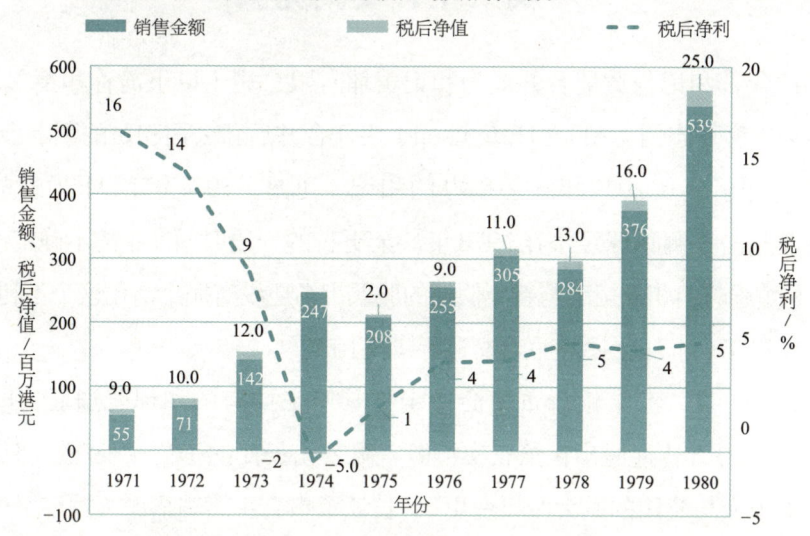

图4　屈臣氏1971—1980年销售金额、税后净值与税后净利

（资料来源：《和记洋行年报》）

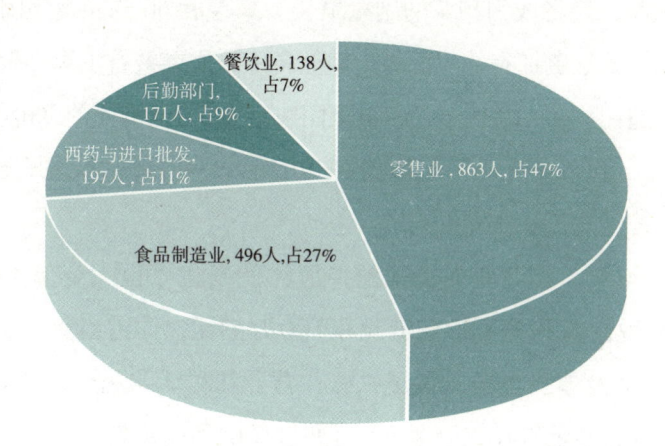

图5　1980年屈臣氏员工人数（1850）与组合

（资源来源：《屈臣氏年报》）

李氏入主，发扬光大

1977年，和记与黄埔合并成为和记黄埔有限公司（以下简称和黄）。原黄埔董事会主席夏志信（Allan Hutchison）出任合并后新公司和黄的董事会主席，祁德尊离开了他从1947年一手创办的和记。可是，1977年12月20日的《全球经济概览》预测环球经济在1978年甚至更长的一段时间前景的不确定性和不安。[1] 和黄趁着当年圣诞节与新年假期的股票市场还没有完全消化这个不利消息，迅速在1978年1月3日在香港联合交易所挂牌上市。[2]

1979年9月，汇丰银行董事会决定将其原来持有的和记普通股，即和黄22.4%的9000万普通股出售给长实控股有限公司长江的子公司长江，祁德尊与和黄面临个人与公司的重大股权变更。[3] 长江董事会主席李嘉诚（香港媒体称他为"李超人"）于1979年被任命为和黄集团的非执行董事，他继续从市场上增加和黄集团的股份并在1980年初增持至31%和黄的股权，并在年底接替韦利成为和黄董事会主席，后者成为和黄的副董事长。[4] 李嘉诚收购和黄集团的一个动机是黄埔船坞在九龙红磡拥有的大面积土地储备库，之前被香港海洋世界基金会在九龙红磡用作造船厂。[5] 1981年，和黄集团决定以5.6亿港元的总价收购屈臣氏、安达臣大亚（Anderson Asia）与和宝（Hutchison-Boag）非公开发行的少数股权，从而完全控制这3家公司。

1976—1980年，和黄对屈臣氏的持股比例发生了巨大变化。1976年，屈臣氏的营收和税后盈利为1.96亿港元和100万港元，约占当年的20.5%。尽管1980年随着营业及零售业务的快速扩张，营业和税后盈利分别达到了2.7倍和16倍，达到5.3亿港元和1600万港元，但其3%的利润贡献仍然令人失望。1980

---

1 新陆经济网概览档案：1970—1979年,联合国经济(00)经济分析部。https://www.un.org/development/desa/dpad/publication/world-economic-and-social-survey-archive-1970-1979/.

2 黄埔主席一职仍然由夏志信出任至当年9月卸任。时任黄埔首席行政官韦利获汇丰银行同意兼任董事长,李察信(John Richardson)则被任命为和记的副首席行政官。

3 1979年和黄董事长致辞，1980年4月的年度报告：15。

4 韦利在1982年举办的1981年的年度周年股东大会上辞任和黄董事会副主席职位。

5 李嘉诚在收购和黄后的6年将这块已闲置多年的土地资产发展成为全港最大的私人住宅区——黄埔花园新村。

年的1600万港元一次性非常规受益是来自出售在新加坡和马来西亚的业务和在中国香港及中国澳门的3处物业。如果不计1980年的非常规收入,其损益表将很难看。[1,2] 20世纪70年代,由于资源受限,大部分时间面临石油危机与经济衰退,港元汇率大幅下跌,祁德尊的全球化贸易王国梦想的波动成了噩梦。

和黄连续数年增加百佳超市和屈臣氏药妆的零售业需要大量投资,而投资者不会对年年丰厚的股息分派有所怨言,李嘉诚决定于1980年收购该业务的剩余44%少数股份,并将其私有化。当屈臣氏成为全资子公司时,集团董事会主席的首要任务是节省现金和提高盈利能力。虽然屈臣氏的最大资产是其知识渊博、经验丰富的英籍高层管理人员,但是如果新的零售概念未能吸引到市场上的目标客户,业务达不到临界规模,高工资成本将是其沉重的长期财务负担。[3]

李嘉诚洞悉零售业成功的窍门在于谁是开门的人与他手中的钥匙是否配合门的锁孔。这个人将决定屈臣氏在未来成功与否的取向!

图6所示为1976—1980年屈臣氏销售金额与税后盈利;图7所示为1976—1980年屈臣氏零售门店数目。

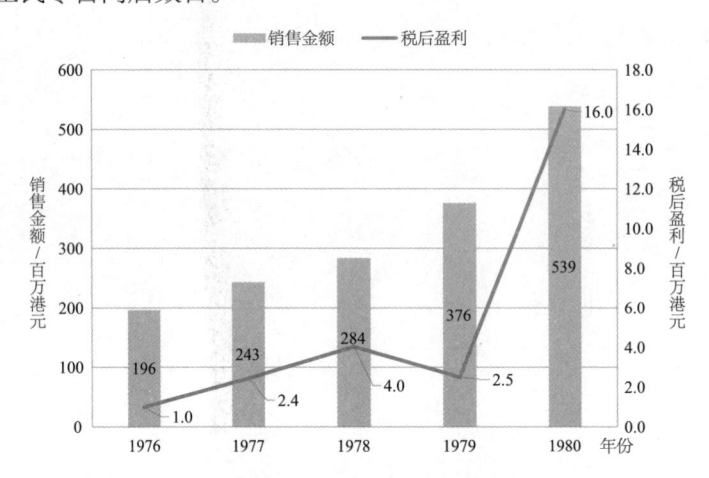

图6 1976—1980年屈臣氏销售金额与税后盈利

(资料来源:屈臣氏年度报告)

---

1 1980年屈臣氏的非常规收入来自出售在新加坡和马来西亚的业务给森那美私人有限公司(Sime Darby Sdn Berhard)和在中国香港的葵涌、观塘和中国澳门的3处物业。
2 这些出售所得的收益是用来支付屈臣氏在沙田新建的总部与零售厂库。
3 外籍高级管理人员的待遇是当地同等中层管理员工的数倍,包括在国际学校上学的子女教育津贴,以及为其家庭提供的住房。

屈臣氏锐变之道

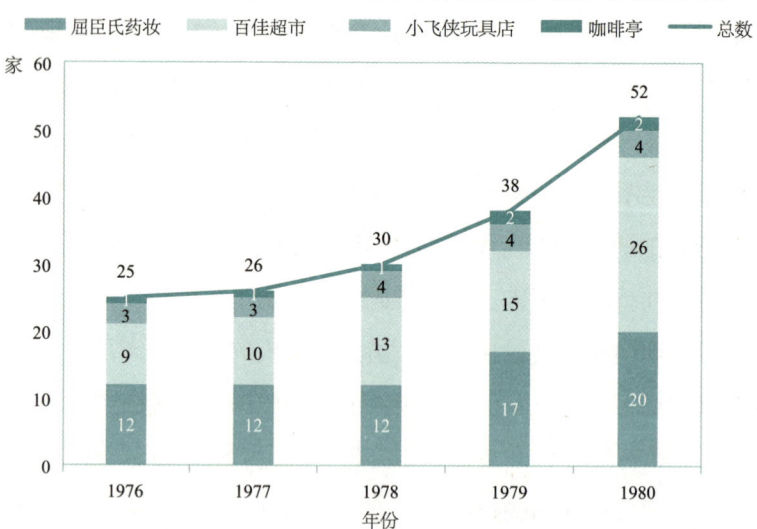

注：从1979年的38家店铺飞跃至1980年的52家，光是百佳超市就从15家增加至26家。

■ 屈臣氏药妆　■ 百佳超市　■ 小飞侠玩具店　■ 咖啡亭　— 总数

年份	屈臣氏药妆	百佳超市	小飞侠玩具店	咖啡亭	总数
1976	12	9	3		25
1977	12	10	3		26
1978	12	13	4		30
1979	17	15	4	2	38
1980	20	26	4	2	52

图 7　1976—1980 年屈臣氏零售门店数目

（资料来源：《屈臣氏年度报告》）

第 4 章
1982—1988 年：
快速成长、地域扩张

零售制造、核心业务

韦以安1982年3月加入屈臣氏。他在6个月内首先进行了香港与邻近国家或地区零售市场的巨集观环境分析（PEST Analysis）及屈臣氏自身的企业优势与分析（SWOT Analysis）。[1]他与管理团队和跨国品牌供应商及本地批发商磋商如何优化产品供应链与减低库存，并走访前线员工和与消费者直接对话，了解客户选择零售门店的要求。在征得董事会批准下，韦以安首先改组屈臣氏的组织结构。韦以安发觉英国与中国香港的中产消费者没有重大的消费差异，即是选购熟悉的品牌、稳定的价格与供货、尝试新而实用的消费品，包括食品、饮料、健康与美容用品等。接着，他向和黄董事会提交了10年的《远程战略计划》并得到批准执行。

第一阶段是1982—1984年的屈臣氏首3年的振兴计划，以便改善产品结构、建立更高利润的产品组合，在香港社区的战略位置开设更多和更大的商店；第二阶段将是逐步发展到亚洲邻近国家或地区的路径；第三阶段是进入欧洲或北美洲收购当地连锁企业，把屈臣氏打造成为一家全球化的零售企业。韦以安的短期目标是建立一个具有运动员精神的领导团队，以结果为导向，睿智地将香港获得成功的商业模式经验在亚洲其他区域进行复制。韦以安的屈臣氏商业模式旨在实现

---

[1] 巨集观环境分析是企业在拟定策略时，用以分析外部环境形势的4个领域：政治(Political)、经济(Economic)、社会(Social)和科技(Technological)。企业自身以及其优势与研判是大环境下面临的机会与威胁，SWOT分析是优势(Strength)、弱势(Weakness)、机会(Opportunity)与威胁(Threat)的英文首字母缩写。

从本地零售业者到全球零售连锁企业的飞跃并融合李嘉诚的"王道"哲学与现代最佳管理实践（见第11章和第12章）。

信心挑战——黑色周六

1983年7月12—13日，中英政府在北京举行了会谈。随后的多轮会谈，因为英国坚持要求在1997年后继续管治香港，包括香港岛、九龙与新界，而没有取得任何进展。（1898年签订的《展拓香港界址专条》只是租借新界99年予英国）。在这种政治不确定性之中，屈臣氏的零售业务受到重创，而这个充满挑战的时期恰逢韦以安着手进行屈臣氏振兴计划的中期。最终，货币危机（又称"黑色星期六"）在1983年9月24日发生，港元汇率创下历史新低。时任香港金融管理局银行政策部执行董事的李令翔先生在其论文中描述了当时的货币状况。

1983年8月中国正式宣布将在1997年7月1日或之前收回香港，无论与英国的谈判结果如何，政治不确定性加剧了危机气氛。1983年9月23—24日，周末达到了高潮，有消息称中英谈判已陷入僵局。在这两天中，港元兑换美元贬值了约13%，于9月24日收于9.6港元的历史新低。[1]

1983年10月17日香港政府宣布并实施联系汇率制度后，市场趋于稳定，联系汇率制度将港元与美元挂钩的汇率为7.80港元/美元，[2]如图1所示。由于香港进口了包括食品、美容和保健产品在内的大部分消费品，因此屈臣氏在这次货币危机中首当其冲，由此造成的价格也难以为消费者所接受。货币危机对韦以安是一次及时的考验。作为天生的"金龙"，他勇于接受挑战，为了降低屈臣氏转移给消费者的波动货币风险，韦以安与供应商达成共识在控制价格与库存量中寻找平衡，尤其是战略性物资，例如米、油等粮食。

---

[1] Raymond Li, Banking problems: Hong Kong's experience in the 1980s, Bank for International Settlements, Monetary and Economic Department, 1999:130 (https://www.bis.org/publ/plcy06d.pdf).
[2] Yam, Joseph, Hong Kong's Linked Exchange System, Hong Kong Monetary Authority Brief, Number 1,November 2005：28 https://www.hkma.gov.hk/media/eng/publication-and-research/background-briefs/hkmalin/full_e.pdf .

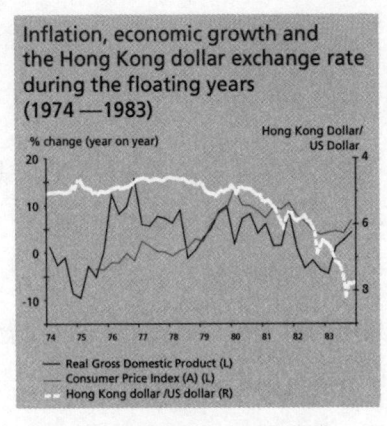

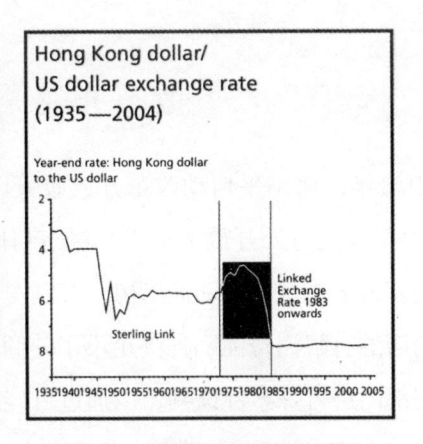

1974—1983年港元浮动年份的兑换率、通货膨胀与经济增长。

1935—2004年港元与美元兑换率走势

图 1　1983 年的"黑色星期六"和港元与美元的汇率挂钩[1]

（鸣谢：香港金融管理局）

韦以安和他的高级管理层在外汇损失造成的利润亏损中，吸取了惨痛的教训。他们没有因为受到这种短期阻碍而感到挫折，并迅速修改了他们的可持续业务战略。由于香港在1983年的"黑色星期六"事件中承受着全球或区域政治和经济危机的冲击，所以地域多元化被纳入了关键组成部分。韦以安在1983年底修订一年半前制订的《远程战略计划》并提交和黄李察信，其迅速获得肯定。其中关键之处是积极寻找境外投资机会包括内地、东南亚诸国与地区市场。汇丰银行的沈弼（Baron Michael Sandberg）也全力支持李嘉诚成为汇丰银行董事会成员之一。[2] 有趣的是，小堪富利士于19世纪90年代首次提出的积极海外发展的梦想，一个世纪后才由屈臣氏的后继者——韦以安兑现。

---

[1] 香港货币的外汇历史是从1863年的港元与银元为基础的合法货币开始的，直至1935年11月4日为止。接着在1935年12月英镑以1∶16港元代替净元到1967年12月调整为1∶14.55的汇率。1972年7月的往后两年曾经与美元有短暂的挂钩然后便在1974年11月开始自由浮动至1983年的"黑色星期六"事件发生。

[2] Enoch Yiu. Former HSBC chairman Lord Sandberg traversed crucial years of change in China and Hong Kong, South China Morning Post, 23 August 2017, Hong Kong. https://www.scmp.com/business/companies/article/2107978/former-hsbc-chairman-lord-sandbergs-memorial-be-held-september.

改革开放、合资超市

1978年，邓小平启动改革开放政策。深圳和香港有罗湖大桥相连，是内地于1980年成立对外开放的第一个经济特区。深圳的快速发展与社会稳定吸引了外商与家人的进驻。[1]1983年初，韦以安预见深圳经济特区的喷泉式发展，当地友谊商店的有限消费品品种满足不了外商与他们家人的日常需要，开始与深圳政府相关部门进行探索性谈判，以通过百佳超市进入内地零售市场。

1983年10月17日，港元与美元挂钩后，港元汇率稳定下来，韦以安便积极地再次与合作伙伴进行零售服务性行业合作专案的可行性研究，以通过百佳超市进入内地零售市场。当地的消费者将以外汇券购物。[2]

屈臣氏属下的百佳超市在与国营企业招商局深圳集团分公司作为当地合作伙伴进行了长达一年的谈判之后，终于自1949年离开广州36年后，重新踏入内地市场。屈臣氏于1984年10月在中国内地开设了第一家以合资服务的公司——占地面积为800平方米的蛇口百佳超级市场有限股份公司（Shekou PARKnSHOP Supermarket Ltd.），持股比例为60∶40。[3]这个零售合资专案是1984年12月19日在北京签署的《中华人民共和国政府和大不列颠及北爱尔兰联合王国政府关于香港问题的联合声明》（以下简称《联合声明》）的前奏曲，同时也反驳了市场上对和黄的负面谣言和表达对改革开放的信心。

1 这些外籍人士每到周末便通过罗湖来到香港边境的百佳超市与屈臣氏个人护理店购物。
2 中国的官方货币人民币是由内地银行发行的。1980年，中国采用了双币制，由国家持有的外汇储备授权中国银行负责发行外汇券，金额与数量按来华的国际游客的消费预测，他们在入境后首先要在中国银行的支行，兑换本国的纸币，该行局将发行等量的人民币外汇券。外汇券最终于1994年淘汰。
3 蛇口百佳超级市场股份有限公司是改革开放后第一家非工业类的合资企业，从此厘定了港商在内地与合作伙伴投资于服务性行业的规范。

中国台湾市场、对外开放

在美丽的中国宝岛台湾，屈臣氏品牌的代瘾药早在19世纪90年代后期就受到台湾当地烟民的青睐。1926年，台北当地商人李准智家族拥有的药房从屈臣氏进口了司各脱（Scotts）品牌鱼油。李氏家族翻新了3层高的大楼外墙面，在其表面上突出显示了屈臣氏的龙、狮徽标，并表示其零售店是屈臣氏的授权代理商（见图2）。1927年屈臣氏委任吴氏药房为台湾代理商并要求李氏药房终止使用未经授权的屈臣氏徽标而其仍自称为屈臣氏代理商，对当地客户造成混乱，也无法确定李氏药房售卖的屈臣氏品牌药物的真伪。

图2 中国台湾屈臣氏的第一家零售店——屈臣氏大药房

（资源来源：笔者私人图片库）

屈臣氏早已在日本注册了龙、狮徽标为其商标，在沟通多次不果后，旋即对李氏药房提起了诉讼与索赔经济损失。翌年，屈臣氏正式向日本东京法院起诉李氏药房无视知识产权法律的行为。案件审理经过几轮后，最终于1934年法院判决李氏败诉。屈臣氏与吴氏药房的代理经销关系一直到1941年12月25日日本占领香港后才被迫停止往来贸易。

1985年，屈臣氏在香港开设了60家药妆及上百家超市，使屈臣氏零售业务开始走上轨道。韦以安委派时任屈臣氏药妆总监文礼士（Rodney Milestone）探讨投资台湾市场的可行性。文礼士回顾了当年选择台湾作为第一个进入香港以外市场的理由。

1987年，台湾人口是香港人口的4倍，即2000万。在职女性的购物习惯与香港非常接近。我们在台湾调研两年后，有信心复制像香港那样的成功模式。[1]

当时台湾境外投资者必须协同国民党的党产中央投资公司成立合资公司，才能获得批准进入台湾市场开展业务。1987年6月初，屈臣氏与中央投资公司从50∶50达成协议获得了外国投资者身份的初步批准。一个多月后的7月15日，台湾当局实施"戒严令"38年后突然解除。这对外贸政策有着脱胎换骨的改变，无须合资伙伴，外商可以独资开业。屈臣氏被允许成立全资子公司。[2]此外，新台币升值后，进口商品变得更加便宜，这有助于屈臣氏在台湾的发展。一个月后，屈臣氏在台北市开设了第一家屈臣氏个人护理店（药妆），在最后一个季度又开设了两家。屈臣氏台湾药妆有限公司［Watson The Chemist（Taiwan）Ltd.］时任总经理尹辉立（Philip Ingham）在一次采访中回忆了以下内容。

为了保持快速发展的步伐，屈臣氏不得不走出香港。我们首先关注周边的中国台湾和新加坡。经过两年的市场研究与调查，我们得出结论，台湾市场可以接受屈臣氏的商业模式与消费理念。

更重要的是，由于台湾人均收入与消费增加，关税也相对减少，服务业占台湾经济产值的比重日益高涨。我们的商店里有轻快的音乐，并经常更换产品展示

---

1 笔者与文礼士访谈，2019年11月26日。
2 台湾地区领导人蒋经国于1987年7月15日宣布戒严令终止时，立即解除贸易限制，包括强制性当地合伙人与外汇管制。

以鼓励消费者定期造访。我们正在尝试创建现代、时尚、充满活力和朝气蓬勃的氛围。

另外，我们聚焦年轻人，尤其是女性。高达80%的客户为15~40岁的女性，这个比例与我们最初的计划略有不同。[1]

一年后，屈臣氏已在台湾建立了9家零售药妆。屈臣氏在短时间内受到台湾消费者的欢迎，同时引起了当地媒体的关注。《联合报》在1988年12月18日报道，滴露（Dettol）品牌的抗菌肥皂零售价居高不下。每块重125克的抗菌肥皂的零售价为新台币120元，屈臣氏在香港的药妆出售的相同货品只售新台币21元（或5.4港元），价格相差近5倍。[2]

香港的关税政策与台湾的截然不同，香港是免税港，进口产品除了个别豪华房车、香烟与洋酒外，食品、日用品等都是免税的，同时香港也没有销售税。另外，英国滴露原厂在香港的分公司直接卖给屈臣氏，没有中间环节。当时台湾卫生署规定，对非药用化妆品的进口必须经过台湾总代理。滴露在台湾的总代理雄恒行的进口价包括关税为新台币24元，然后以新台币28元卖给经销商雷能公司，后者在调整价格后卖给屈臣氏，最后到消费者手上的价格为新台币120元。屈臣氏在香港与台湾的毛利都是37%。屈臣氏与多方沟通后，最终零售价降低至新台币65元（16.7港元）。

跨渡南洋、重回新洲

屈臣氏在新加坡拥有悠久的历史，自19世纪末到20世纪30年代初，屈臣氏的主要产品为鸦片代瘾药、汽水、家庭药品等。屈臣氏品牌的鸦片代瘾药、汽水为当时最大宗的出口产品，营业额与盈利也是最高的。当时全球经济大萧条，西方国家对东南亚国家出产的原材料（如橡胶、矿物商品等）价格需求疲弱，因此

---

[1] Making It In Taiwan, Taiwan Today, March 1, 1990. https://taiwantoday.tw/news.php?post=13126&unit=8,29,32,45.
[2] 联合报,1988年12月18日星期日,焦点新闻第3版,百元药皂 后天降价为65元。

价格一落千丈并导致数以十万计的华人劳工返回中国南方省份，屈臣氏的业务亦大受打击。

朝鲜战争结束后，韩国为了节省外汇的流出，在1957年大量调高汽水进口的关税，屈臣氏转向马来西亚与当地合作伙伴生产汽水替代韩国市场，但因马来西亚当时政治动荡，业务没有开展起来。1973年，和记雄心勃勃的亚洲区增长计划推动屈臣氏扩大了对新加坡和马来西亚的投资，其中包括成立进口和分销医药产品的代理业务。随着1979年的和黄控股权的变更与李嘉诚的谨慎理财策略，屈臣氏在1980年底专注于香港的零售业务，之前投资在新加坡、马来西亚这两个市场的业务出售给森那美私人有限公司。

1984年，新加坡经历了数年的经济不景气并预见部分香港企业家意欲在1997年香港回归中国前部署分散风险的海外投资，已故新加坡总理李光耀邀请了一个香港商业大亨代表团出席新加坡国庆日典礼和活动。这次行程，李嘉诚对新加坡政府的领导才能与零售市场的潜力印象深刻，并认真地考虑将新加坡视为和黄的第二总部（见第12章）。当韦以安在1984年底提出1985—1987年的第二个3年商业计划，推荐具有类似香港文化背景与可观的人均GDP市场的中国台湾和新加坡作为屈臣氏的首选区外开发市场时，李嘉诚与和黄新任首席行政官马世民（Simon Murray）两人立即拍板批准。

韦以安与其管理团队在接下来的3年中使香港的零售药妆和超市业务发展到了一定的规模后，进军海外市场。

丹尼斯·凯西（Dennis Cassey）曾是英国Underwoods百货公司的总经理，他于1988年初加入屈臣氏担任新加坡和马来西亚的董事总经理。1988年4月，屈臣氏在新加坡的第一家零售药妆开业。该店铺占地4000平方英尺并位于滨海广场（Marina Square）购物中心。营业初期，屈臣氏就与当地龙头佳宁（Guardian）连锁药店进行了激烈的商业竞争。佳宁自1972年以来就一直占据稳固的零售药房地位，它以健康保健为口号，吸引中产阶级家庭。屈臣氏的主要目标客户是20岁出头的青年消费者，特别是专业和自由消费的女性。屈臣氏在新加坡零售市场中被消费者认为具有健康、时尚、美容理念的品牌形象，屈臣氏的门店、室内设计、布局和所展售产品也确实为狮城的年轻消费者带来了一股新鲜空气。

在进入新加坡市场的第一年,屈臣氏旋即在狮城开设了8家商店。除了吸引了狮城国内消费者外,自身国家缺乏优质品牌的东南亚、南亚国家包括印度、印尼和泰国的外国游客也慕名而来。他们对于地理位置邻近的新加坡是自然的选择。5年后,屈臣氏超越并取代了佳宁成为新加坡的保健与美容专卖店。

中国澳门市场、自然延伸

澳门位于香港西面63千米,现只需约1小时海路或陆路时间。在16世纪末为罗马天主教会通往中国和日本的门户,耶稣会会士于1602—1640年在澳门建造了圣保罗学院和圣保罗教堂,其前壁的遗址现称为"大三巴牌坊"。1757—1842年,广州是唯一对外通商的港口,清政府只允许中间商(以下简称"十三行")做进出口贸易。开始的时候,外商来华期间都只能在澳门居住,只在每年的定期贸易会才到广州与十三行进行贸易谈判。第一次鸦片战争(1840—1842年)后,由于澳门鸦片贸易的转口地位丧失给了香港,澳门开始在1849年多元化发展苦力贸易和博彩活动合法化以创收支援对该领土的管理与营运费用。自19世纪末以来,屈臣氏生产的汽水、疳积花塔饼和一系列进口葡萄酒,在澳门的几家本地葡萄牙人开设的药房销售。第二次世界大战期间,澳门因为葡萄牙"中立"的地位,大量难民从广东省与香港涌入,人口从1936年的12万一度在1941年末香港沦陷时暴增至50万。

20世纪50年代,澳门人口恢复至"二战"前的20万人口。1985年,屈臣氏首次在澳门推广蒸馏水Watson Water并在年度的澳门格兰披治(Grand Prix)大赛车被列为官方饮料,加强了屈臣氏品牌在澳门的营销活动。1986年,屈臣氏赞助两队英国赛车队参加并获得了第33届澳门格兰披治赛车奖杯,其中一队的第10号赛车车手,安迪·华莱士(Andy Wallace)驾驶了屈臣氏赞助的赛车赢得了奖杯。到了1987年,澳门人口达到30万人,成千上万的外地游客,特别是来自香港的游客在周中和周末来到苏打埠进行博赛游戏。[1]韦以安终于在1988于澳门开设了第一家药妆,迎接1989年澳门赛马会(Macau Jockey Club)开业时的消费者光顾。

东亚中产、同步成长

1981年,屈臣氏与和记的业绩合并后的营业额与税后净值为10.91亿港元和3 300万港元(见图3)。1982年是屈臣氏重新出发的一年。当年7月,屈臣氏的西药与进口代理部门转到和记的贸易部门,各自专注零售、食品与制造业及贸易领域。这年也是韦以安任职屈臣氏的第一年,业绩显示与上年相比有了改善,其制造业的表现尤其出色。这是由屈臣氏品牌的蒸馏水、果汁先生(Mr. Juicy)饮料等的包装从玻璃瓶到铝罐转换至四方硬纸盒或塑胶瓶,成本得以减轻,以及雪山冰淇淋营业大增,在过去的5年内首次有可观的盈利。到了1983年底,屈臣氏的百佳超市和屈臣氏药妆的门店数目从1981年的15家和5家分别增长至78家和30家,增幅420%及500%(见图4)。

1984年对香港与屈臣氏而言都是不平凡的一年。当年8月,和黄的首席行政官也从李察信变更为马世民大班。屈臣氏随着饮料和其他优质食品对内地出口的增加,同年10月与招商局在深圳蛇口重新成立第一家以60:40的比例的百佳超级市场。到了年底,屈臣氏食品与制造部门在香港的蒸馏水市场中占有80%的份额,果汁占有65%的市场份额,罐装饮料的市场占有率为1/4,2004年前香港冰激凌的市场份额为1/3。随着在香港前途的落实,屈臣氏在1985年步入快速成长期,从年初的31家药妆与97家超市增加到1988年的75家药妆与130家超市,其零售点总数在4年内约翻了一番。这是由于越来越多的专业年轻人士选择了新的生活方式购物,以及上升中的内地游客在香港过境,为商务伙伴和家庭成员购买纪念品、消费品。韦以安在1987—1988年带领屈臣氏冲出了鲤鱼门,进

---

[1] "苏打埠"一词来自香港,粤语拼音苏打(英文Soda)为漂白粉,意会澳门这个赌城把游客的口袋清洁如漂白粉一样。

入中国宝岛台湾，南下东南亚的新加坡，开展了期待已久的全球化历程。同时，在制造业方面，屈臣氏于20世纪80年代后期在广州也投资建立了冰淇淋工厂并在华南各省建立了营业网。

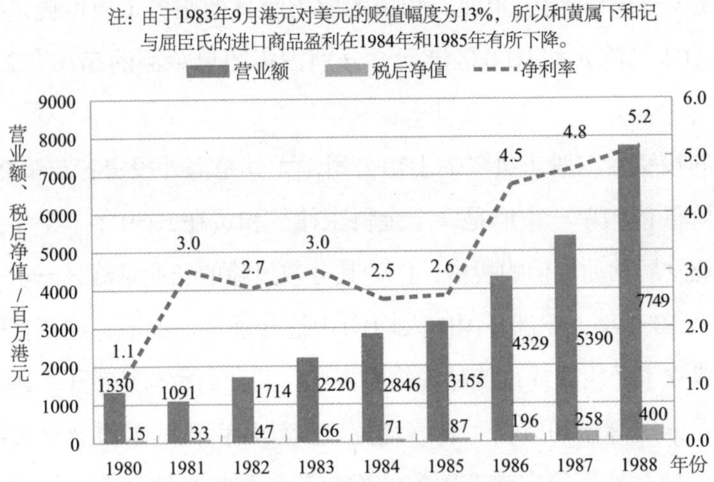

注：由于1983年9月港元对美元的贬值幅度为13%，所以和黄属下和记与屈臣氏的进口商品盈利在1984年和1985年有所下降。

图3　1980—1988年和黄贸易和零售部门的表现

（资料来源《和黄年度报告》）

注：20世纪80年代，百佳超市门店的增长几乎是屈臣氏药妆的两倍。

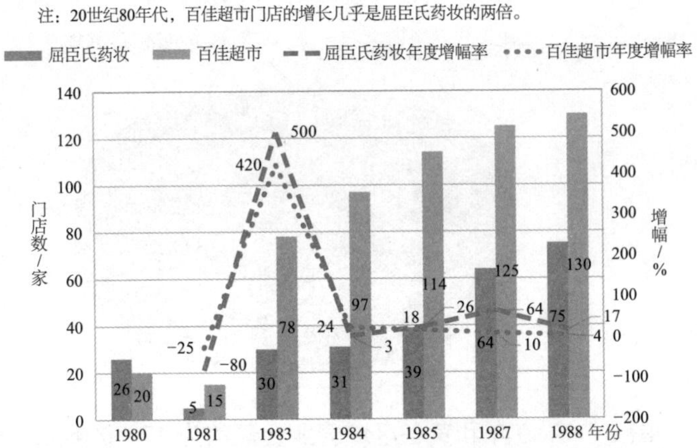

图4　1980—1988年百佳超市与屈臣氏药妆的门店数目

（资料来源：《和黄年度报告》）

和黄1989年的合并财务报表显示，公司的营业金额和税后盈利分别为176.6亿港元和41.1亿港元。其中，香港市场营业额和税前息前净利（EBIT）占总额的91%和87%（见图5、图6）。和黄虽然有一些境外投资，但基本上是一家本土公司而不是一家全球化的企业。和黄的贸易及其他服务（屈臣氏是关键一部分）贡献了101亿港元和10.5亿港元，分别占集团总金额的57%和25.6%（图7和图8）。

和黄是向投资者与股东负责的上市公司，尤其是海外投资者与策略性股东，回避风险与降低依赖单一市场是一个金科玉律。和黄在1989年下半年开始在英国与澳大利亚发展移动电信的投资，作为其分散风险的长期策略之一。

1989年—1997年，亚洲各国的人均GDP逐年递增。此时，屈臣氏先后在东南亚各市场建立了屈臣氏或百佳品牌的零售业，并在药妆与超市于中国和马来西亚、新加坡、泰国等市场取得了领导地位。虽然屈臣氏的零售业务大部分都是全资子公司，但在泰国等东南亚国家的零售业务是与当地国有企业或家族共享资金建立的，这是由于当时这些国家的法律不允许外资全资拥有全国性的零售及服务业。[1]

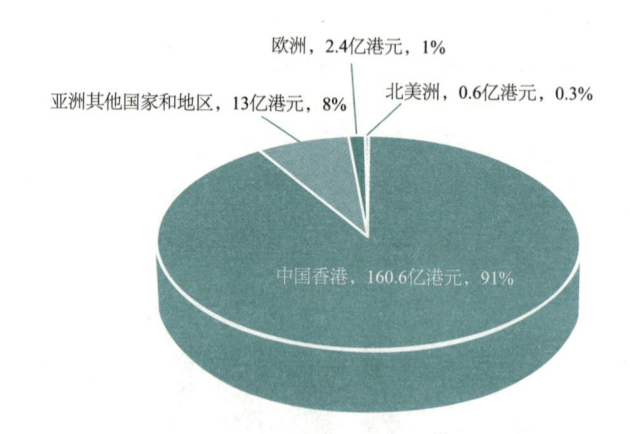

欧洲，2.4亿港元，1%
亚洲其他国家和地区，13亿港元，8%
北美洲，0.6亿港元，0.3%
中国香港，160.6亿港元，91%

图5　1989年和黄各区域营业金额约为177亿港元

（来源：公司注册署和黄年报）

---

[1] 截至目前，除新加坡外，东南亚国家都不允许外资为独资投资与经营第三产业；即使服务业与零售业。2020年11月签署的亚洲多国包括中国在内《全面经济伙伴协定》，现阶段仍然排除会员国独资参与第三产业。

第1部分/全球化之道

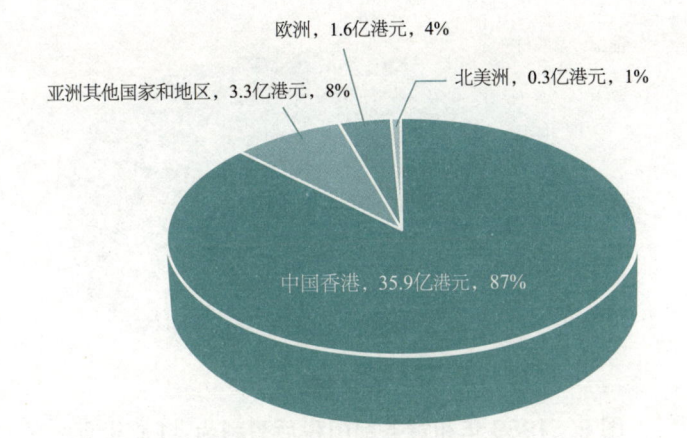

欧洲，1.6亿港元，4%
亚洲其他国家和地区，3.3亿港元，8%
北美洲，0.3亿港元，1%
中国香港，35.9亿港元，87%

图6　1989年和黄各区域税后盈利为41.1亿港元

(资料来源:《公司注册署和黄年报》)

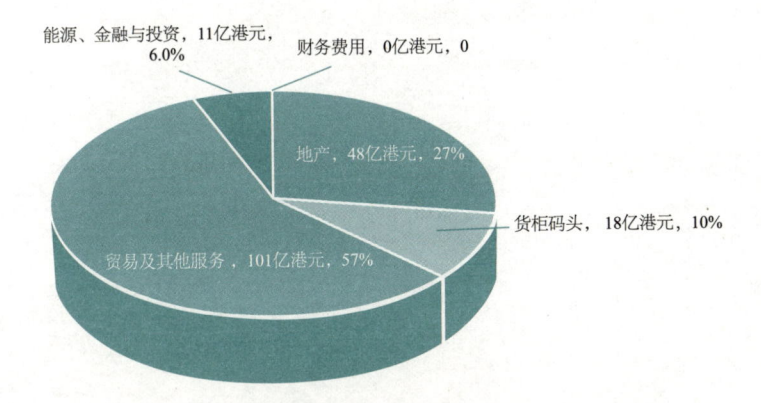

能源、金融与投资，11亿港元，6.0%
财务费用，0亿港元，0
地产，48亿港元，27%
货柜码头，18亿港元，10%
贸易及其他服务，101亿港元，57%

图7　1989年和黄各部门营业金额为178亿港元

(资料来源:《公司注册署和黄年报》)

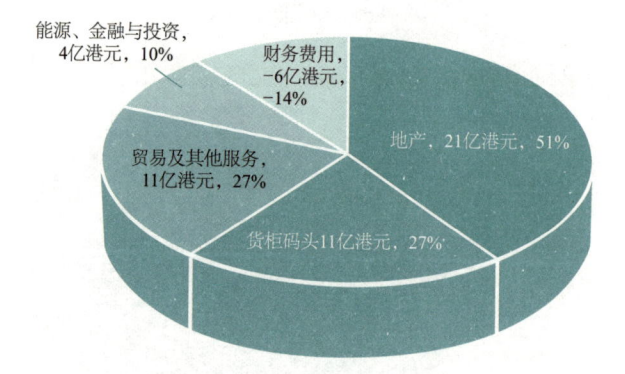

图 8　1989 年和黄各部门税后盈利为 41 亿港元

(资料来源：公司注册署和黄年报)

第 5 章
1989—1998 年：
投资亚洲、金融危机

重回神州、聚焦核心

在阔别北京近90年后（当时位于北京大栅栏屈臣氏经营的药房在1900年义和团运动期间被烧毁，屈臣氏终于在1989年5月30日于北京的王府饭店开业。该酒店是当时北京第一家豪华酒店，设有12家高端商店，出售珠宝和手表及进口时装）。[1] 时任屈臣氏药妆董事文礼士参与了与当时酒店业主的谈判，确保可以每月顺利从香港向北京屈臣氏发运货物和对每批货物进行清关和检查。文礼士回忆了在北京开设首个零售店。

将屈臣氏品牌打造成内地现代、高档、健康和美容商店的机会非常难得，和黄的董事总经理马世民与屈臣氏集团董事总经理韦以安都非常积极地进行扩张。屈臣氏的北京旗舰店被定位为在中国内地该领域的领导者。[2]

1989年10月，香港总督卫奕信提出了1500亿港元（合120亿英镑）的"玫瑰园计划"，目的是在新界大屿山赤鱲角建设一个新机场和相关基础设施。这个消息促使翌年1月和黄完成将和记与和宝两家公司作价8.7亿港元售予英之杰太平洋集团IPG。和黄董事总经理马世民说："两个营业部门的出售是公司希望专

---

1 北京王府饭店于1989年由英籍犹太裔嘉道理家族香港半岛酒店管理。2003年易名为王府半岛酒店。当时，王府饭店内的屈臣氏定位为高端、时尚的健康和美容商店，目标客户是酒店住客，包括来华高管和当地部分崇尚品质产品人士。
2 2019年11月20日，访谈草莓网董事长文礼士。

注于其集装箱码头、能源、房地产和酒店、电信和零售等核心业务。"[1]

电气电子、产品零售

丰泽集团是香港的电器和电子零售商,由香港电灯有限公司(以下简称"港灯")于1975年在香港成立。港灯自1890年独家提供电力给香港岛的工商业与家庭电力消费者。它是香港两个持有政府专利电力供应商之一(另一家是由英籍犹太人嘉道理家族拥有的独家供应九龙与新界地区的中华电力有限公司)。1985年,英资怡和洋行集团在企业重组过程中需要减轻债务时,转售港灯给予李嘉诚的和黄集团。

丰泽最终于1990年从和黄的能源与基建部门通过内部转售到专注零售业的屈臣氏零售、制造部门。同年,丰泽旗舰店在原黄埔船坞旧址开发的新落成的黄埔花园内的38 000平方英尺的"船"购物中心开业(内有大型百佳超市),服务区内私人屋苑的10 000个公寓和40 000名居民成为其潜在消费者。该丰泽旗舰店是第一家提供品牌产品的开放式采购电子和电器零售店,展示了最新上市的各种视听和家庭娱乐设备、移动和通信设备、相机和计算机、家庭和厨房电器等。

丰泽的一站式营商策略除了从大型跨国品牌量化购买白色家电的价值战略外,还推出了自己的品牌供应常规和季节性电器用品以提高盈利率。在香港,1991—1997年丰泽的实体门店由30家快速增加至49家,然后在亚洲金融危机的翌年仍然保持门店的数目与市场占有率(见图1)。1997年的亚洲金融危机对中国台湾市场的影响比东南亚的新加坡、马来西亚、泰国较小,在可控范围内,丰泽在1998年进入中国台湾市场,并很快在台北市开设了3家零售门面店。

1　Bangsberg, PT., Hong Kong Group Sells Two Units to Inchape, JOC, November 9, 1989. https://www.joc.com/maritime-news/hong-kong-group-sells-two-units-inchcape_19891109.html.

注：1997年7月的亚洲金融危机在1998年持续发酵。

年份	零售门店/家	香港市场占有率/%
1991	30	24
1992	31	28
1993	36	30
1994	43	30
1995	46	30
1996	46	30
1997	49	30
1998	49	30

图 1　1991—1998 年丰泽在香港的零售点和市场份额

(资料来源：公司注册署和黄年度报告)

屈臣氏的管理层很快就发现当时台湾的零售电子、电器市场并不值得建立可持续且盈利的业务，可能基于当地消费者以下文化习惯。

- 当地最大的竞争对手，璨坤在全岛都已有大卖场形式的电子、电器店铺满足台湾以工薪阶层为主的家庭客户选购他们心仪的廉价、多功能的产品。
- 注重成本的低收入消费者，特别是有家庭负担的中年在职主妇习惯把使用多年的电器拿去修理而不是热衷选购新款品牌、家电产品。
- 数以万计的"个人"店主以"7—11"便利店的开业时间，任劳任怨，风雨无阻地为附近地区居民服务。

丰泽认为高档的零售电子与电器业市场还没有成熟，短期内消费者不会改变他们的购物习惯，没多久便从宝岛撤离。这个宝贵经验让屈臣氏管理层对亚洲中产家庭的购买意愿与优先次序有了更透彻的了解，在进入新市场时会更多考虑各项成功因素。

再次踏足马来西亚

自18世纪中叶以来，华人劳工在马来西亚与印尼的锡矿和橡胶种植园工作。屈臣氏在19世纪末20世纪初出口到东南亚的产品为汽水、家庭药和代瘾药等供成千上万的华人劳工服用。20世纪20年代末，屈臣氏受到欧美经济大萧条的影响，出口东南亚的业务受到打击而萎缩。1953年朝鲜战争结束时，屈臣氏开始在马来西亚投资并以专营权的模式授权当地一家企业使用屈臣氏品牌生产汽水和西药。当时，适逢英国准备撤离马来亚（1948年马来亚联邦成立，1957年马来亚成为英联邦成员之一，1963年马来西亚联邦由马来亚、新加坡、沙巴、沙捞越组成，之前只有马来亚，1965年8月新加坡退出）殖民地，政治动荡，影响经济与贸易，屈臣氏的合作伙伴在当地的制造业务没法起步，公司于两年后夭折。

20世纪70年代初期，和记在董事会主席祁德尊的扩张策略推动下，屈臣氏在新加坡、马来西亚成立了一家西药代理公司以分销进口的处方药为主。1980年，和黄已归于李嘉诚旗下，当时为了聚焦香港的业务，盈利不高的海外代理商业务包括新加坡、马来西亚等投资都转让给森那美（Sime Darby Bhd）集团。8年后，和黄的财政因为在香港发展的地产专案而变得充裕，屈臣氏在1988年终于再次进入新加坡后成立零售药妆。初期，屈臣氏充满时尚、动力的概念与年轻化的品牌形象在新加坡与当时的佳宁药房集团一争市场，并于数年后实现收支财务平衡。随后，屈臣氏也在1994年初重新进入马来西亚。其第一家屈臣氏药妆在新加坡堤岸对面的柔佛州（马来语：Johor）首府新山市开张。一年内，屈臣氏开设了3家药妆门店。

马来西亚的业务发展充满了挑战，因为当地的Apex和佳宁连锁药房的品牌已广为消费者接受。3年后的1997年，屈臣氏在马来西亚开设了29家药妆商店，并超越Apex与佳宁连锁药房。

中央百货，合资药妆

泰国在20世纪90年代的医疗体系是公共和私人医疗服务的混合体。许多受雇于公立医院的医生白天在医院上班，晚上则将家中作为私人诊所替那些无法白天在公立医院排长队等候应诊或休病假的病人看诊。零售药房的运作犹如19世纪的草药师一样，在"7—11"的时段内营业，无须医生处方也可以提供从抗生素、降脂他汀类药物或用于湿疹的类固醇药膏到西地那非柠檬酸盐片（一种仿制的治疗阳痿药）等药物。[1] 屈臣氏于1990年进入泰国市场，在首都曼谷开设了第一家百佳超市，但在苦苦挣扎了一年之后百佳仍旧关门大吉。因为泰国中产阶级消费者更喜欢每天在菜市场购买新鲜食品，开放、自助、已预先包装好的冰鲜冻食品的概念和缺乏与菜市场摊贩主人的日常讨价还价的习惯，超市概念对曼谷的中产阶级而言还为时过早。

1996年是泰国零售保健和美容市场繁忙的一年。英国博姿（Boots）在曼谷开设了第一家零售药妆店。[2] 6个月后，屈臣氏药妆也在曼谷开业。首年，屈臣氏就在曼谷开了3家商店。但是，泰国是1997年亚洲金融危机中首当其冲的国家，经济受到沉重打击。无独有偶，博姿与屈臣氏的当地合作伙伴都是泰国华侨郑心平（Chirathivat）家族的企业：博姿的合资伙伴是中央零售食品集团（Central Retail Food Group），而屈臣氏药妆的合资伙伴是中央百货集团（Central Department Store），他们是直接竞争对手。[3]

虽然当时屈臣氏在泰国的业务规模不大，但当地轻工业代工贴牌性价比高，一度成为屈臣氏品牌的日用品主要来源之一。

---

1 （Viagra®威而钢）是辉瑞公司的注册商标，是西地那非治疗性功能障碍的原始品牌药物。
2 博姿（Boots）是英国最大的连锁药房，拥有1400家门店。在1849年由约翰博姿(John Boots)在英格兰中部诺定咸市（Nottingham）开业的草药店开始。2006年，博姿与瑞士 Alliance Unichem 合并，并于2014年底被美国沃尔格林（Walgreen）收购，易名为沃尔格林联合博姿（Walgreen Boots Alliance）。
3 郑心平（Chirathivat）家族于1927年从中国海南岛迁至泰国曼谷。博姿与屈臣氏这两家独立营运的连锁药妆在许多中央集团拥有的商场都有各自门市直接竞争。

亚洲市场风云变幻

1989年，屈臣氏在亚洲经营的260家零售门店中，有86家药妆占33%。1994年，屈臣氏在亚洲的447家零售门店中，有193家或占43%是药妆。翌年，屈臣氏的243家药妆门店数量终于超过百佳超市的223家。到了1996年底，屈臣氏药妆已发展至311家，在此期间业务拓展至7个国家和地区，药妆门店比1989年增长了2.6倍。中国台湾的增长最多，开设了133家药妆，中国香港开设了82家药妆门市，新加坡开设了43家门市（见图2、图3）。在1989—1998年的10年中，亚洲国家和地区的人均GDP每年都持续上升，增长率在6%~8%（见图4、图5）。内地人均购买力平价（Purchasing Price Partity，PPP）按人均GDP美元计算，从1990年的987.6美元增加到1997年的2 269美元为1990年的2.3倍。2022年，内地的人均PPP已达21 475美元，为1997年的9.5倍。

1997年7月2日突如其来的亚洲金融危机动摇了东南亚国家本来就脆弱的金融体系，其尝试以出口大宗商品拉动国内经济或吸引外国游客驱动旅游业的发展，但在拉动零售或服务性行业方面却成效不大。事由为其在未有充分准备下完全开放金融市场成为全球对冲基金的猎物。一夜之间股票、房地产和本国货币的价值暴跌，面对市场的恐慌性抛售而束手无策。首先受影响最大的是泰国，然后迅速蔓延至北亚地区的韩国，整个亚洲除了中国内地与中国台湾地区外，所有有屈臣氏业务的国家和地区在1998年人均GDP均下降到负数，跌幅最大的首3位为印尼、韩国与泰国。[1,2,3]中国的金融体系因为没有完全对外开放，不受对冲基金的袭击而侥幸避过亚洲金融危机。

---

1 由于缺乏外汇储备支撑其与美元的紧急钉住汇率,泰国政府被迫浮动泰铢。
2 "东亚及太平洋、南亚、欧洲和中亚,新加坡、马来西亚、泰国和中国香港特别行政区数据,世界银行https://data.worldbank.org/indicator/NY.GDP.PCAP.CD?view=chart。
3 Laplamwanit, N, A Good Look at the Thai Financial Crisis, Columbia University, New York. http://www.columbia.edu/cu/thai/html/financial97_98.html.

注：1995年屈臣氏在亚洲的门店已超过香港市场。

年份	1989	1990	1991	1992	1993	1994	1995	1996	1997	1998
其他零售门店	39	28	33	31	32	37	61	65	72	103
屈臣氏药妆	86	96	112	128	151	193	243	311	385	435
百佳超市	135	151	163	174	193	217	223	232	247	250
总数	260	275	308	333	376	447	527	605	704	788

图2　1989—1998年屈臣氏零售门店

（资源来源：公司注册署和黄年报）

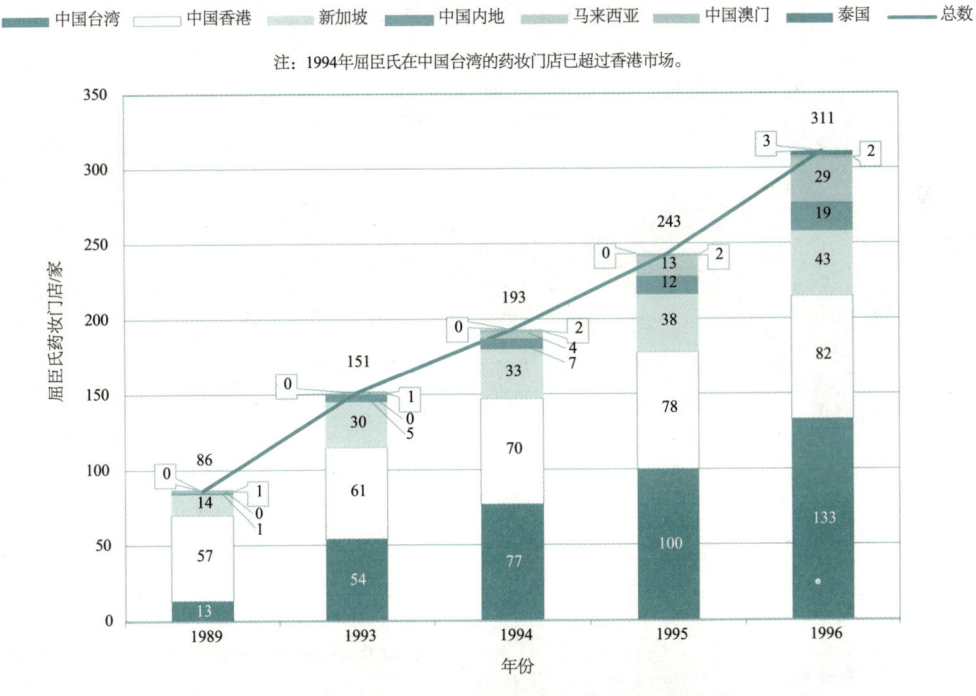

■ 中国台湾　□ 中国香港　□ 新加坡　■ 中国内地　□ 马来西亚　□ 中国澳门　■ 泰国　— 总数

注：1994年屈臣氏在中国台湾的药妆门店已超过香港市场。

图3　1989—1998年屈臣氏药妆门店分布

（资料来源：公司注册署和黄年报）

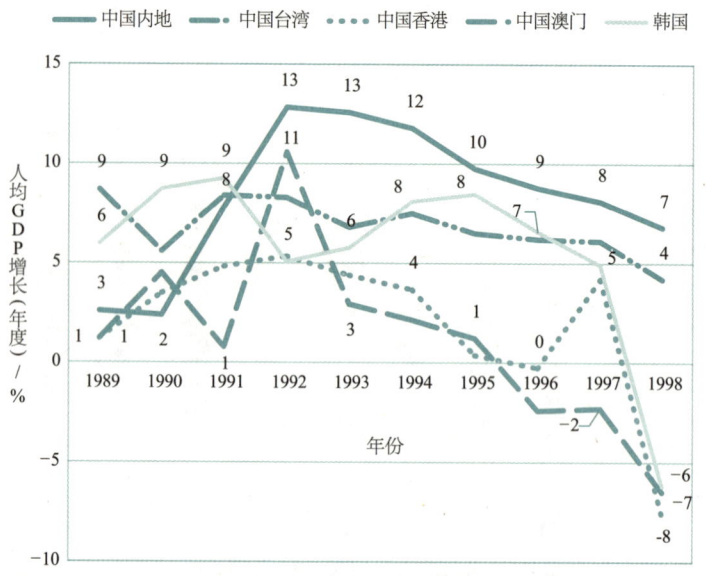

注：自1992年开始，中国内地的GDP增长一直领先，紧贴着是中国台湾、韩国、中国香港，而中国澳门为最后；1998年，韩国、中国香港及中国澳门都已是负增长5%以上。

图4　1989—1998年东亚市场人均GDP增长（年度）

(资料来源：世界银行)

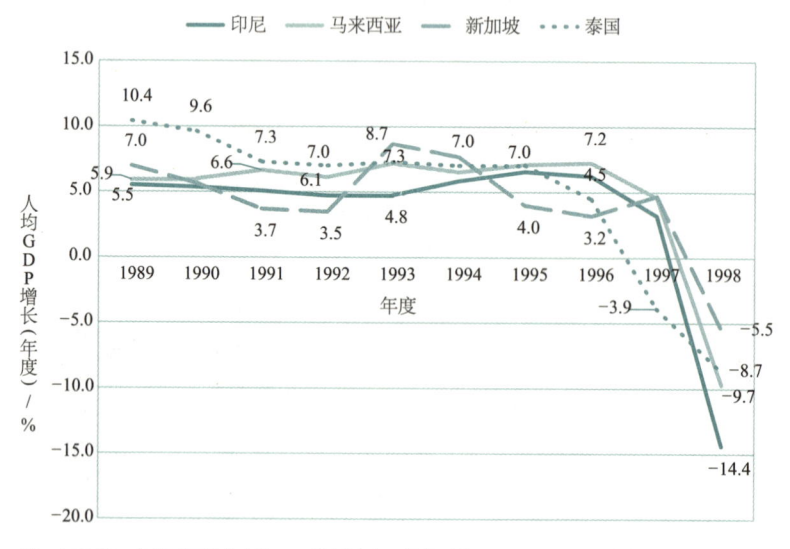

注：1998年，东南亚国家的人均GDP跌幅最大，首先是印尼(-14.4%)，紧随着的是马来西亚(-9.7%)，然后是泰国(-8.7%)，最后是新加坡(-5.5%)。

图5　1989—1998年东南亚市场人均GDP增长（年度）

(资料来源：世界银行)

"星级"产品：纯水、冰淇淋

屈臣氏进入冷冻食品制造业是在1973年8月，通过收购1950年在香港成立的芬兰雪糕有限公司（Finland Ice Crean Limited）及其位于九龙的10 400平方英尺的工厂。这是屈臣氏收购后的垂直整合战略的一部分，最终目标是扩大其冷冻食品品类，供应在1972年收购的百佳超市连锁商店。

1980年，翟天安博士成为屈臣氏的食品与制造部总监，他开始为饮料业务制定可持续的商业策略，并选择冰淇淋及蒸馏水作为其在未来20年维持盈利的法宝。[1,2]同年，屈臣氏开发了雪山（Mountain Cream）品牌的冰淇淋，通过相同的分销渠道，屈臣氏于1985年成为醉尔斯（Dreyer's）高档冰淇淋品牌的香港分销商，其在香港和内地的产品都属于高端消费者市场。屈臣氏在20世纪80年代后期在广州建立了冰淇淋工厂并在华南各省建立了营业网络。

屈臣氏大瓶装水也很快地进入了办公室饮用水市场，还通过街角商店和超市的相同分销渠道发展了冰激凌的冷冻食品业务。1985年的澳门格兰披治大赛车赛事，屈臣氏品牌的蒸馏水被运动爱好者评价为"凉爽、运动、时尚"（现代青少年简称为"火"）的止渴提神饮料。屈臣氏的营销模式是与客户订立一个长期饮用水合约时便免费提供冷却器，客户无须预先购买冷却器便可以享用高质矿泉水。在香港取得10多年的消费者与办公室饮用水市场成功经验之后，屈臣氏也在欧洲饮料市场进行市场调查，并于1998年进军英国（见第6章）。

1997年5月，屈臣氏与瑞士旅游零售集团（The Nunance Group，TNG）成立了合资企业，在亚洲主要经营机场免税零售连锁店。[3,4]和黄零售、制造及其他服务的另外一个重要企业是和记黄浦（中国）有限公司（以下简称"和

---

1 屈臣氏的前身广东大药房在广州十三行已装置了苏打泉。1876年屈臣氏首次推出其品牌苏打水。1904年屈臣氏品牌的蒸馏水在香港岛北角的新建厂房落成后，开始在市场上供应。
2 Lo, York, Finland, London and Swiss – 3 Ice Cream Brands from the 1960s, April 13, 2021. https://industrialhistoryhk.org/finland-london-and-swiss-3-ice-cream-brands-from-the-1960s/.
3 Nuance-Watson第一个项目是获得了香港的国际机场5年（1998—2002年）主要机场免税零售特许经营权，其后陆续在东南亚机场开展业务。
4 P.T.Bansberg, Duty-Free Giant Shut Out of New Hong Kong Airport, JOC, May 29, 1997. https://www.joc.com/maritime-news/duty-free-giant-shut-out-new-hong-kong-airport_19970529.html.

中")。1998年初,和中行使协议的权利,得到特殊溢利33.32亿港元。其余的20%权益可以在2007后的10年内授予保洁公司。[1]

虽然1998年的亚洲金融危机对和黄的零售、制造及其他服务营业部门的营业额有重大影响,从1997年的214.4亿港元只增幅1%至215.8亿港元,但EBIT却从13.36亿港元下滑37%至8.42亿港元。屈臣氏零售、制造和其他服务部门对和黄的营业额与税后盈利贡献为34%与5%(见图6和图7)。

1998年,和黄在香港市场营业额和税前息前净利(EBIT)贡献分别从1989年的91%和87%降低到1998年的57%和70%,分别下降了34%与17%(见图8和图9)。这个地域投资比重的改变明显展示和黄在追求持续性的有盈利的发展,如何平衡全球化策略与风险的分散的艺术。屈臣氏作为和黄5个支柱业务群之一的关键——零售与制造业,韦以安已经在英国积极地开拓业务,他的下一步会是如何带领屈臣氏的全球化业务更上一层楼?

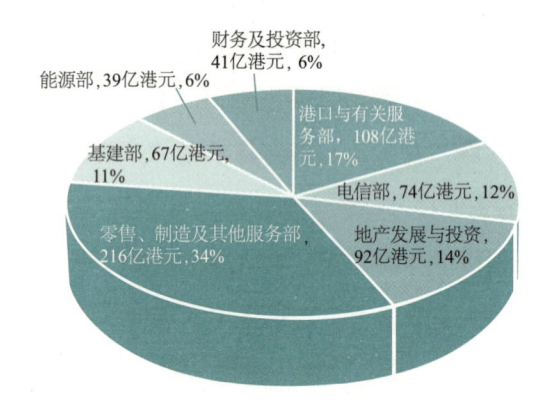

图6　1998年和黄营业额637亿港元的按业务部门占比

(资料来源:公司注册署和黄年报)

---

[1] 和中在1980年成立,是一个专注投资在中国内地的策略性投资者。开始的时候,和中引进国外的大型跨国企业到中国投资建厂,生产当地需要的产品。其中一个典型的例子是于1988年与美国的跨国消费日用品公司,保洁公司成立保洁和记有限公司合资企业在广州生产及分销一系列的洗发、护发、香皂、洗洁剂、牙膏及纸产品等。当初,和中与保洁的协定是和中可以在合资10年后向保洁转让部分权益,剩下的部分可以在合资的20年后转让。

第1部分／全球化之道

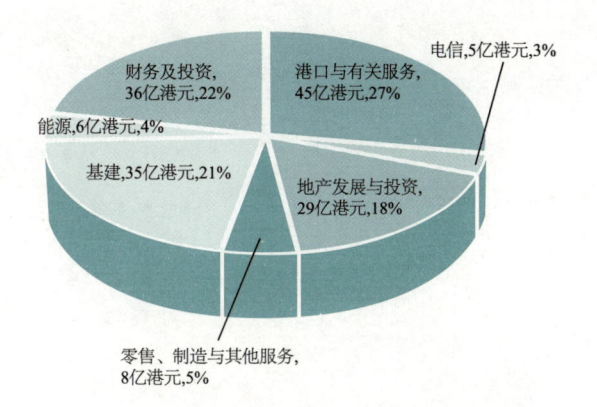

图7　1998年和黄EBIT 164亿港元的按业务部门占比

- 电信,5亿港元,3%
- 港口与有关服务,45亿港元,27%
- 财务及投资,36亿港元,22%
- 能源,6亿港元,4%
- 基建,35亿港元,21%
- 地产发展与投资,29亿港元,18%
- 零售、制造与其他服务,8亿港元,5%

（资料来源：公司注册署和黄年报）

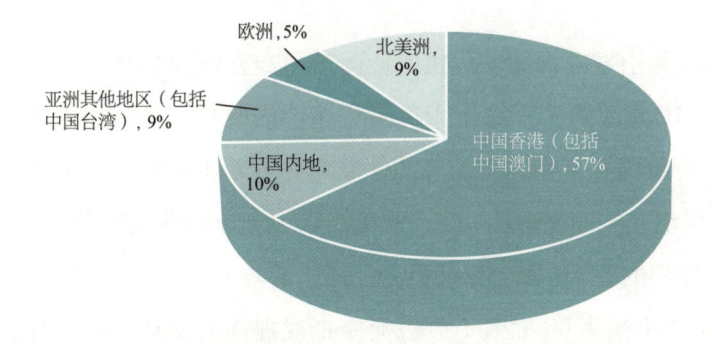

图8　1998年和黄营业金额635亿港元的按地理区域占比

■ 中国香港　■ 中国内地　■ 亚洲　■ 欧洲　■ 北美洲

- 欧洲,5%
- 北美洲,9%
- 亚洲其他地区（包括中国台湾）,9%
- 中国内地,10%
- 中国香港（包括中国澳门）,57%

（资料来源：公司注册署和黄年度报告）

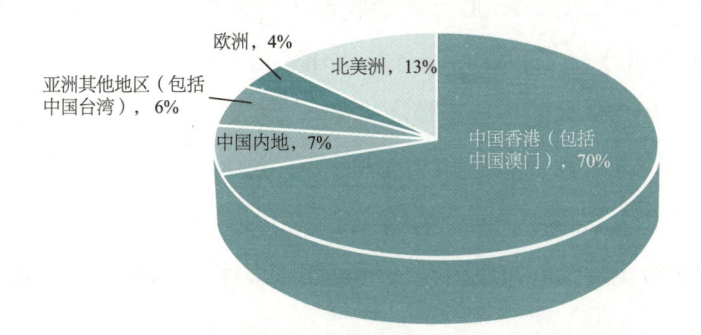

图9　1998年和黄EBIT 164亿港元的按地理区域占比

■ 中国香港　■ 中国内地　■ 亚洲　■ 欧洲　■ 北美洲

- 欧洲,4%
- 北美洲,13%
- 亚洲其他地区（包括中国台湾）,6%
- 中国内地,7%
- 中国香港（包括中国澳门）,70%

（资料来源：公司注册署和黄年报）

第 6 章
1999—2001 年：
创建品牌、跨国并购

"千禧虫年"，纽约恐袭

1997年7月引发亚洲金融危机的疲弱市场一直延续至1999年下半年。屈臣氏在1998年10月收购了一家位于英国牛津郡的瓶装水公司作为进军欧洲的前奏，从此落脚英国并开始注意英国的保健与美容零售业动态。和黄在1999年的收入为724亿港元，同比增加14%，香港市场占全球营业额的61%。零售与制造业占和黄营业额的1/3达241.33亿港元，同比增幅10%。

2000年"千禧虫"（Y2K）危机促使企业提前购买计算机硬件、软件和增聘资讯科技人才，当年欧亚的经济年度增幅一度上升，亚洲的新兴国家人均GDP增幅为3.4%~8%，东欧为4.2%~4.6%，而西欧为3.0%~4.2%（见图1~图4）。当年9月4日屈臣氏投资7000万英镑收购了总部位于英格兰东北部达勒姆郡（County Durham）的173家Savers Health and Beauty（以下简称"Savers"）以高折扣价为卖点的药妆零售连锁店（见本章第四节）。[1]这次收购可被视为屈臣氏雄心勃勃进入欧洲之前在英国的热身赛。2000年，和黄零售与制造业营业额再创高峰达272亿港元，同比增幅13%。2001年9月11日在美国纽约世贸中心的恐怖袭击令全球信心再度崩盘。[2]但屈臣氏因为在欧洲收购饮用水与药妆业

---

[1] Watsons Personal Care Stores (UK) Holdings Ltd. For the Period Ended December 31, 2001:1 https://find-and-update.company-information.service.gov.uk/company/04051648/filing-history.

[2] 人们普遍认为，"千年虫"(Millennium Bug)在踏入20世纪第一天，计算机程序中的日期可能会更换和可能会导致各种错误，例如日期显示不正确、自动日期记录或实时会失误，但这些错误从未发生过。

务，营业额却有所增幅。

图1　1998—2001年东亚主要市场年度人均GDP调整

（资料来源：世界银行）

中国内地　中国香港
韩国　　　中国台湾

年份	中国内地	中国香港	韩国	中国台湾
1998	6.8	4.2	−7.7	—
1999	6.7	10.5	6.8	1.5
2000	7.6	8	6.7	6.4
2001	7.6	—	—	3.7

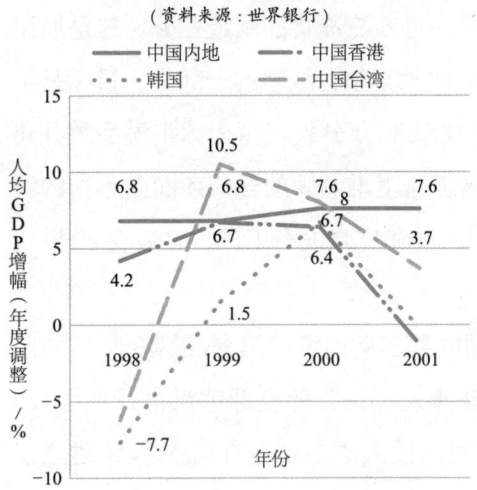

图2　1998—2001年南亚主要市场年度人均GDP调整

（资料来源：世界银行）

印尼　　马来西亚
新加坡　泰国

年份	印尼	马来西亚	新加坡	泰国
1998	−14.4	−9.7	—	−5.5 / −8.7
1999	—	4.9	—	3.6
2000	6.4	—	3.5	—
2001	2.5	2.2	−1.7	−3.7

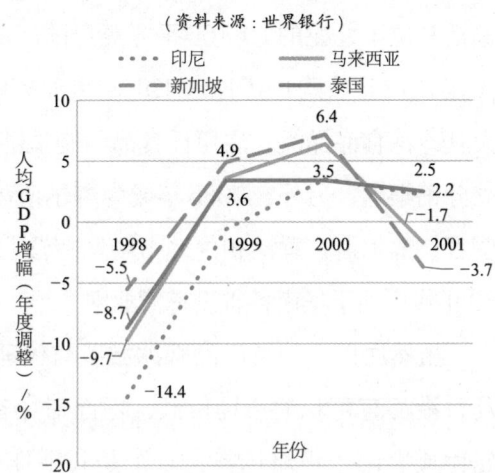

图3　1998—2001年西欧四国人均GDP增长

（资料来源：国际货币基金会）

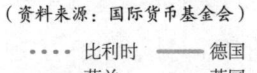

比利时　德国
荷兰　　英国

年份	比利时	德国	荷兰	英国
1998	2.0	—	4.7	3.3
1999	2.0	3.0	5.0	3.2
2000	3.0	3.4	4.2	—
2001	0.8	1.7	2.3	2.8

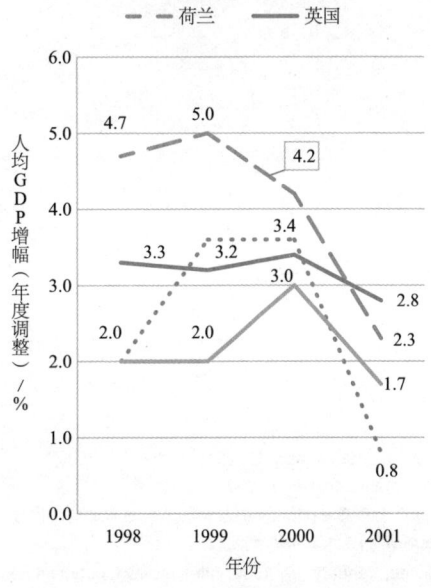

图4　1998—2001年东欧三国人均GDP增长

（资料来源：国际货币基金会）

捷克　匈牙利　波兰

年份	捷克	匈牙利	波兰
1998	−0.3	4.2	4.6
1999	1.4	3.2	4.6
2000	4.3	4.2	4.6
2001	2.9	3.8	1.2

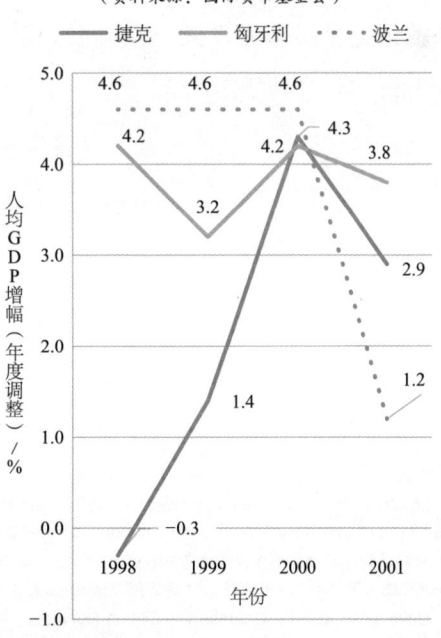

出售雪山，永别冰淇淋

屈臣氏在1973年8月通过收购于1950年在香港成立的芬兰雪糕有限公司，包括其位于九龙的10 400平方英尺的厂房而进入冷冻食品制造业务。这是屈臣氏在1972年收购PARKnSHOP超市业务后的垂直整合战略的一部分，目标是扩大其冷冻食品品类。屈臣氏食品与制造部在1980年开发了雪山冰淇淋品牌并建立分销渠道，另外在1985年成为醉尔斯高级冰淇淋品牌的分销商面向不同的消费者。醉尔斯在香港和内地市场均有营业，并在广州设有工厂，之后在20世纪80年代后期于华南各省设有营业网。[1]

虽然屈臣氏的雪山品牌冰激凌与代理的醉尔斯高级冰淇淋品牌在华南地区及香港都有可观的市场份额，但面对如雀巢及和路雪等全球冰淇淋行业强敌，屈臣氏有两个策略选择：一个是长期作战，投入更多资金在各个区域建立工厂、品牌、渠道与高昂的冷冻链（运输与储存冰淇淋）与制定价格吸引的产品群组；另一个选择是善价而沽，聚焦高利润的零售药妆业务。[2]联合利华预见屈臣氏的雪山与醉尔斯品牌冰淇淋符合强化和路雪在华北地区与华东地区的领导地位。于是双方谈判一拍即合，屈臣氏在1999年1月以9500万美元将其业务出售给联合利华集团。[3]

---

[1] Lo, York, Finland, London and Swiss – 3 Ice Cream Brands from the 1960s, April 13, 2018. https://industrialhistoryhk.org/finland-london-and-swiss-3-ice-cream-brands-from-the-1960s/.

[2] 和路氏(Wall's)在英国创办于1786年，并在1922年被英荷联合利华公司(Unilever)收购。其和路雪品牌冰激凌于1994年建立了中国冰激凌业务，随后在70个城市(主要在中部和北部省份)建立了分销网。

[3] Unilever to Acquire Chinese Ice Cream Business。Food Online, January 19, 1999. https://www.foodonline.com/doc/unilever-to-acquire-chinese-ice-cream-busines-0001.

进入欧洲，第一跳板——Powwow 饮用水

屈臣氏生产蒸馏水的历史已超过百年。在香港，屈臣氏品牌的蒸馏水与苏打水都是市场上的领先品牌。1998年第四季度，屈臣氏水公司收购了一家位于英国牛津郡的朗汉斯伯勒（Long Hansborough, Oxfordshire）水晶泉水（Crystal Spring Water）品牌的瓶装水公司与位于中部的Braebourne Waters品牌的矿泉水公司。这两个品牌共占英国家庭与办公室饮用水（以下简称"饮用水"）市场的17%。韦以安旋即任命冯尼根为屈臣氏水(欧洲)的首席行政官，启动矿泉水的业务（见图5）。

虽然欧洲的家庭与办公室饮用水的市场非常庞大，但是推广品牌的成本与物流费用的控制是一个挑战。然而，这个行业的进入门槛并不是高不可攀，因此还是有众多小型入瓶厂与一些地方政府有泉水资源合作，造成市场容易进入，防守困难（见第7章）。

Powwow饮用水品牌是和黄在英国投资的电信业务橙（Orange）品牌的同一家广告策划者Wolff Olins，其于1999年创立。自2000年开始，屈臣氏在收购一些欧洲国家矿泉水和泉水品牌后便统一使用Powwow品牌。

一年之内，屈臣氏总共收购了12家欧洲矿泉水、饮水机及其辅助设备和用品制造厂。在英国，Powwow 的业务除了2000年还没有走上轨道，第二年就获得3180万英镑营业额与250万英镑EBIT，达到了7.9%的盈利率。

图5 Powwow 里程碑

- 1998年8月 屈臣氏水（英国）控股有限公司成立
- 1998年10月收购Crystal Spring与Braebourne矿泉水公司
- 2000年创建Powwow品牌
- 2001—2002年继续在欧洲收购多家矿泉水公司并建立Powwow品牌知名度
- 2002年英国饮用水市场占有率达46%，在欧洲与英国共有1500名员工，年度销售额达12亿欧元
- 2003年1月雀巢投资5.60亿欧元收购Powwow品牌饮用水业务

进入欧洲，第二跳板——Savers 药妆

1987年，资深药妆管理者李察·唐克斯（Richard Tonks）从风险投家3i获得了15万英镑的资金，于当年12月在英格兰北部杜伦郡（County Durham）成立了Savers售卖OTC药品、洗护用品的折扣药妆店。（见图6）[1,2]其目标客户住在英格兰北部的二、三线城市。Savers在2000年1月以总成本为590万英镑收购了Gehe集团属下Llyods的115家Supersave连锁药妆店，分摊为每家商店51304英镑。[3] 2000年1月底，Savers在距达勒姆市（Durham）37千米的达林顿郡（Darlington）开设了一个新的配送中心以应对更大的配送量。时任英国Gehe公司首席执行官的迈克尔·沃德（Michael Ward）接受英国药剂周刊采访时有以下描述。

图6 Savers 折扣药妆店

（资料来源：笔者私人图片库）

在过去的两年中，Supersave投入了大量的时间和精力以提高商店的业务绩

---

1 在创办Savers之前，唐克斯是Tip Tops打折连锁药房的运营总监。
2 Tip Top in Franchise Move, Chemist & Druggist, London, August 1, 1987: 231. https://archive.org/details/b19974760M5820.
3 Savers在收购后部分常年年值的药妆。

效。出售Supersave药妆零售店的决定使我们能够专注于核心药房业务。[1,2]

Savers的1999—2000年度营业额和EBIT为5150万英镑和510万英镑，同比增长为71%和173%。EBIT占收入的百分比也从6.2%增加到10%，可能原因是更大的规模经济和供应商批量折扣利润率的提高所致。[3,4,5]自2000年9月4日被屈臣氏以7000万英镑收购后，Savers的战略便基于以下3个主要驱动因素。[6]

- 选择门市位置在低租金的非中央购物区。
- 热门品牌产品的折扣大于竞争对手。
- 明亮、标准陈列，提供便利的愉悦体验。

到了2001年5月27日，药妆门店增加至197家。[7]屈臣氏的季刊WatsOn有以下的描述。

其简单的商店设计，强大的物流和较低的运营成本凸显了其深厚的折扣（经营）模式，与屈臣氏的现有价值保持同步，从而为其收购提供了更多动力。Savers对快消洗浴用品的关注在市场上产生了共鸣，在过去两年中推动了门店数量的大幅增长。[8]

Savers的创办人兼常务董事唐克斯成功整合Supersave Drug Stores与监督Savers业务顺利过渡到屈臣氏旗下，之后他继续担任该职位两年。屈臣氏在收购Savers后的第一年业绩按往年于2001年5月27日结算。第二年的财务核数调整为7个月，以符合和黄与屈臣氏的公司年度结算日为2001年12月31日1997—2001年Savers营业额与税前利润如图7所示。然而，若将其推算为12个月，其年度同

---

1 Llyods sells 115 Supersave drugstores, The Pharmaceutical Journal, 15 January 2000.
https://www.pharmaceutical-journal.com/news-and-analysis/lloyds-sells-115-supersave-drugstores/20000118.article.
2 在英国，零售药房和药妆都出售非管制类群组的食品和维生素类保健品，但是，药房聘有药剂师专注于医生处方的配制而药妆不雇用药剂师，其依靠消费者购买个人洗浴、保健和非处方类的家庭消费者。
3 Overview, 1999 Gehe Annual Report: 61, Accessed December 3, 2019. www.Mckesson.eu.
4 Savers Health and Beauty Limited, Directors' Report and Financial Statements Registered Number 2202838, 27 May 2000:1,8,19. https://beta.companieshouse.gov.uk/company/02202838.
5 Llyods Chemists Limited, Directors' Report and Financial Statements Registered Number 1335858, 31 December 2000:5,8. https://beta.companieshouse.gov.uk/company/01335858/filing-history?page=1.
6 Savers Health and Beauty Limited, Directors' Report and Financial Statements for the year ended 31 December 2006:1 Registered Number 2202838.https://beta.companieshouse.gov.uk/company/02202838.
7 Savers 1999年EBIT的10倍估算值是1850万英镑，加上Supersave的520万英镑的购买价，当时Savers价值估计为2370万英镑。
8 ASW health and beauty stores – Worldwide, Wats On, No. 55, April 2002, ASW:15.
https://www.aswatson.com/wp-content/uploads/old/eng/pdf/watson_magazine/2002/55-watsON- e.pdf.

比营业额和年度同比税前利润则变得明显下降（见图8）。屈臣氏在融合新收购的Savers药妆企业中，最大的挑战来自同英国全国性的大型连锁超市集团在抢夺连锁药房、药妆的个人洗护产品市场时，以较大的折扣吸引消费者和政府复核最低工资下及全球市场上经历了排山倒海式变化等导致英国的人均GDP下滑了0.6%。[1]

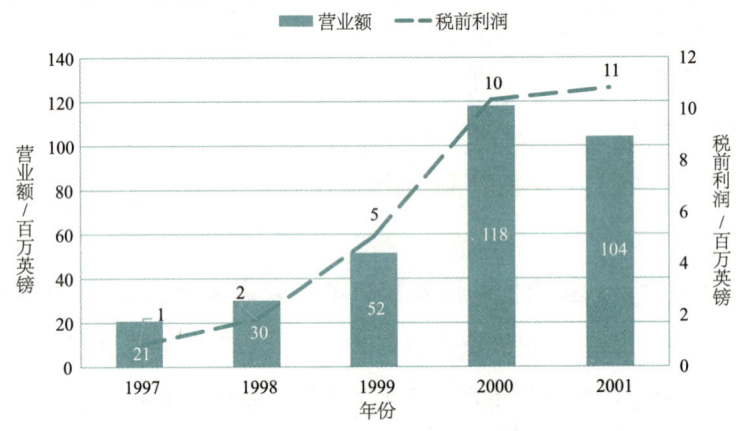

注：2001年Savers的财务核数调整为7个月，以符合和黄与屈臣氏的公司年度结算日为2001年12月31日。

图7　1997—2001年Savers营业额与税前利润

（资料来源：英国公司注册署）

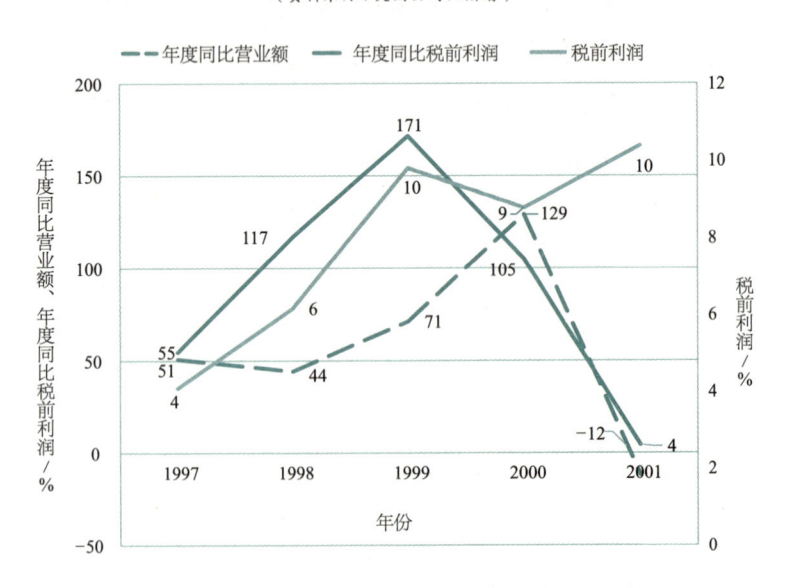

图8　1997—2001年Savers年度同比营业额与年度同比税前利润

（资料来源：英国公司注册署）

1　主要成本的租金和工资都在符合政府规定的最低工资方面做了上调等因素严重影响了Savers的业绩。

1999年和黄零售、制造及其他服务部门的营业额为238.05亿港元,年度同比增幅10%;EBIT为13.13亿港元,年度同比增幅56%。[1] 2000年的部门营业额为271.38亿港元,年度同比增幅14%;EBIT为6.7亿港元,年度同比减少49%。[2] 当年9月收购英国Savers连锁药妆导致2001年的营业额增幅8%至293.10亿港元,但EBIT为5.4亿港元,年度同比减少19%。[3]

和黄的零售、制造及其他服务部门在2001的营业额为集团总营业额890.38亿港元的1/3,即296.79亿港元。营业额与EBIT从1998年的215.8亿港元和8.42亿港元分别增长,跃升至2001年的293.10亿港元和5.37亿港元,为1998年营业额1.4倍,而EBIT则减少36%。屈臣氏药妆的零售门店从亚洲6个国家中的780家门店,增加了英国,达到7个国家的1139家门店,年度同比跃升16.7%和46%。真正的挑战来自英国Tesco、Sainsbury和Asda等连锁超市从品牌生产厂家购买个人卫生用品的折扣比药妆要大得多。他们的优势是在扩大健康和美容产品组合时只需增加边际成本,而不是像Savers和Superdrug商店等必须承担全部的分销和管理的行政费用。

---

1 当年的营业额增幅主要是访港旅客上升带动免税店的营业,在英国的Powwow饮用水的销售和其他服务部门例如Tom.com的电商服务的开展。EBIT的大幅上升则来自屈臣氏出售在内地与香港的雪山品牌与醉尔斯高级雪糕代理业务。

2 营业额的增幅主要来自香港丰泽、机场免税店的营业额增加,屈臣氏在东南亚及英国药妆的扩张,内地零售与制造业等良好进展。EBIT的减少主要原因是上一年的盈利包括冰激凌业务的出售与保洁在内地合资公司的营业。若剔除这两项的一次性溢利后,EBIT增幅为358%。

3 营业额的增幅主要是百佳营业额与海外扩张的原因,EBIT的减少主要是一次性广州保洁和黄的重组费用及利润营运下降,尤其是屈臣氏台湾的毛利下降。

第 7 章
2002—2003 年：
"鲸吞"机遇、跻身全球

进入欧洲，千载难逢

屈臣氏在 2000 年收购了拥有 170 多家分店的 Savers 折扣药妆，韦以安接着瞄准了欧洲大陆零售健康和美容领域，并紧随其后，在 2002 年 8 月收购了总部设于荷兰中部伦斯沃德（Renswoude）市的 1 900 家 Kruidvat 折扣药妆门市。Kruidvat 集团拥有几个零售品牌，其中包括比利时 ICI Paris XL 连锁香水店、荷兰的 Kruidvat 和 Trekpleister 药妆折扣店和英国的 Superdrug 药房与药妆折扣店；并拥有德克·罗斯曼（Dirk Rossmann）家族在德国的连锁药妆折扣店 40% 的股权及一个在中欧地区的波兰、匈牙利与捷克的同类业务 50% 的股权。

此项收购 Kruidvat 集团活动，使零售与制造业务在和黄的多元化投资组合中占 43%，成为其最大的收入来源。由于韦以安的药妆商业模式在亚洲及欧洲的新兴国家都已落地生根，以及在中国大陆与中国台湾的成功经验，若在其他人口众多的国家例如巴西、印度、南非等复制，屈臣氏将成为全球独一无二的药妆模范。屈臣氏在 2003 年 1 月将 4 年前建立的欧洲 Powwow 品牌饮用水业务出售给瑞士雀巢集团，使自己能够专注于零售药妆市场的增长计划。尽管进入欧洲市场的策略是有效执行的，但是比利时、荷兰和卢森堡（以下简称"比荷卢"，Benelux）经济联盟和德国经济在 2003 年呈现萎缩，同时东南亚（除中国大陆以外)的国家和地区仍然未能完全恢复,因此直接影响了屈臣氏零售业务的增长。

并购荷兰 Kruidvat 药妆

威廉·格林伍德(Willem Groenwoudt)于1927年在荷兰北荷兰省东南部城市比瑟姆(Bussum)开设了他的第一家超市。格林伍德于20世纪50年代退休时,他的女婿雅各柯·德里克[Jacobus Cornelis de Rijcke,(1924—1997)]接管了8家格林伍德超市。在接下来的40年中,德里克通过收购许多区域性超市连锁店建立了数千家超市连锁店。[1] 1975年,德里克在迪克·西勃兰特(Dick Siebrandt)的协助下,在家乡比瑟姆开设了首家Kruidvat药妆折扣店。[2] 8年后的1983年,Kruidvat在荷兰已建立了100家连锁门店。4年后,Kruidvat集团也收购了比利时的ICI Paris XL香水连锁店。

在1974—2002年的28年间,荷兰的Kruidvat演变为欧洲大陆跨越比荷卢、英伦海峡(从一家药妆门店包括英国Superdrug药妆品牌)、中欧的1 900家零售药妆店。Kruidvat的发展里程碑在药妆行业已成为一个家族传奇,当德里克家族决定出让其药妆集团予屈臣氏时便改变了历史轨迹成为后者的全球化历程的一部分。Kruidvat集团的发展里程碑,如图1所示。

---

1 早期,Groenwoudt超市集团收购了DeRu,Minten,Beerkens等以及1996年的Nieuwe Weme超市集团。
2 比利时的第一家Kruidvat药妆店也在1992年开业。

1974—1975年	• 西勃兰特成为第一名员工，协助德里克开业经营Kruidvat折扣药妆，陈列架上有拜耳（Bayer）品牌的止痛药，与古典音乐光碟陈列架并列放置。
1983年	• 成立后的8年间，Kruidvat 的营运模式已在荷兰开展了100家以社区为中心的折扣药妆。
1992年	• 第一家Kruidvat折扣药妆在比利时开业。
1996年	• 与Dirk Rossmann家族在德国经营连锁药妆折扣店合资各50%，在波兰、匈牙利与捷克建立连锁药妆店。 • 收购了比利时的(这就是巴黎意为：ICI Paris XL）香水连锁店。
1997年	• 创办人兼董事会主席雅各柯·德里克在5月过世。 • 7月迪克·范海德(Dick Van Hedel) 加入Groenwoudt零售超市、药妆集团担任总裁。
1998年	• 在荷兰，收购Trekpleister 175家药妆折扣店并保留旗下1600名员工。
2000年	• 在出售超市业务后，集团从Groenwoudt改名为Kruidvat，聚焦健康与美容零售业务。
2001年	• 10月，Kruidvat投资2.8亿英镑收购700家Superdrug药房、药妆连锁门店。
2002年	• 8月，德里克家族收购了Dirk Rossmann家族在德国经营连锁药妆折扣的40%股权。 • Kruidvat转让价值13亿欧元的1900药妆折扣门店包括旗下全资英国Superdrug 予屈臣氏。

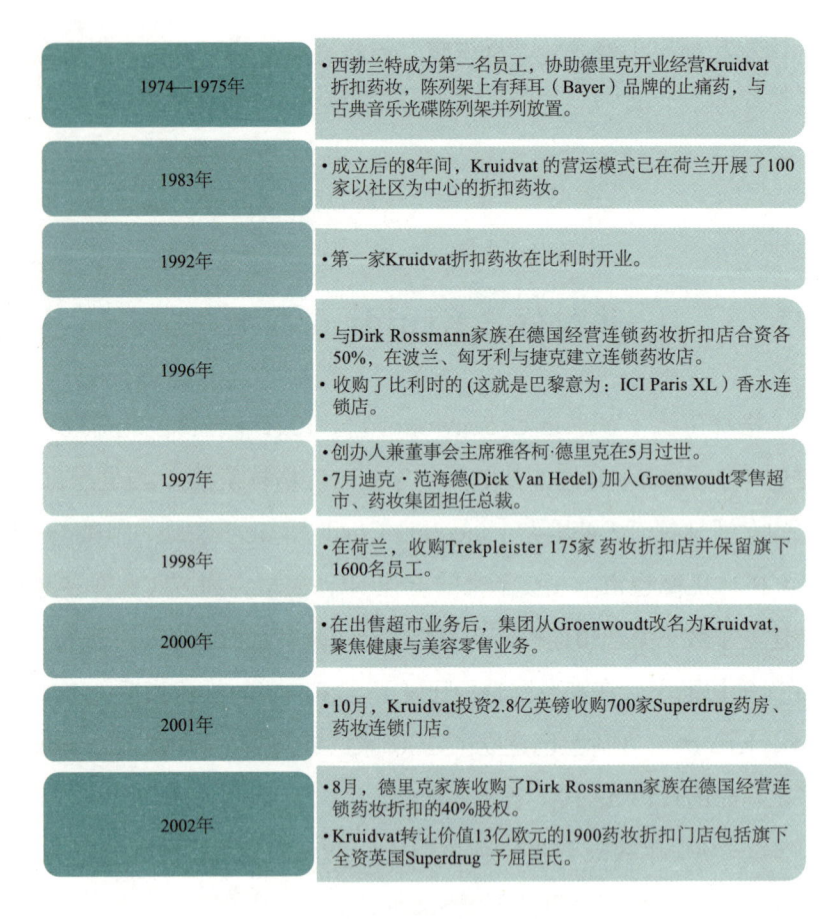

图 1　Kruidvat 集团的发展里程碑

（资料来源：综合和黄年度报告，WatsOn，媒体报道等）

Superdrug 企业历史

Superdrug的发展史，如图2所示。

1966年2月，罗尔多（Ronald）和彼得·戈德斯坦（Peter Goldstein）兄弟收购了一家名叫"领先超市有限公司"（Leading Supermarkets Ltd.）的空壳注册公司并于5月成功更名为Superdrug Stores。第一家Superdrug药妆在伦敦西南部的普特尼（Putney）区开业，为低收入人群提供洗护用品、家居护理、非处方类或称"OTC"药品及快消品等折扣药妆。凭借低价格和批量策略，到1981年它迅速发展到300家药妆门店。

随着来自其他大型药妆折扣店的价格竞争，戈德斯坦兄弟在1987年3月出售Superdrug予沃尔沃斯（Woolworths，一年后改名为Kingfisher）。其1987年2月28日结束的财年业绩显示，上一年的营业额为2.03亿英镑，税前利润为1226万英镑，同比增长23.8%和18.6%。这是由于增加了43家商店，并且每家商店的营业额都有所提高。戈德斯坦兄弟在此次交易中换取沃尔沃斯的股票相等于市值7000万英镑或每家Superdrug药妆门店作价为24万英镑。[1,2]

20世纪90年代末，英国的大型超市集团（如Asda、Safeway、Tesco等）积极进入零售保健和美容市场争夺药妆自19世纪下半叶就已建立的个人清洁、卫生快消品类别，价格竞争日益激烈。这些大型超市在入货价格上因为向原厂直接订购品牌产品，有着足够高的边际利润让利给消费者，使消费者得以团购价即时在超市货架上挑选喜爱的品牌日用品，而省去事前组织→拼单→下单→托运→分货→买单等烦琐流程。Superdrug在2000财年的财务报告中的税前利润比1999财年减少了2180万英镑，利润下降的主要原因是与超市的价格战而导致毛利下降了2.1%即1820万英镑和320万英镑的利息支付。当时，在英国享有盛名的如博姿，莱斯（Llyods）

1966年5月28日
第一家Superdrug在伦敦Putney区开业

1968年
在伦敦增加至3家Superdrug门店

1971年
增加至40家门店，美国Rite Aid Corp.收购了49%股权。

1981年
增加至300家门店，配送中心设在伦敦市郊克里登（Croydon）区

1987年
Woolworths收购了Superdrug

1988年1月
Superdrug收购了600家TipTop与Share药妆门店，一年后Woolworth改名为Kingfisher

2001年7月
Kingfisher出让700家Superdrug门店给荷兰Kruidvat药妆集团

2002年8月22日
屈臣氏收购荷兰Kruidvat药妆集团

图2 Superdrug的发展史

1　Annual Report and Accounts 1987（For the Period Ended 28th February），Superdrug Stores Plc. Companies House, London, 9 September 1987：3-4, 8-12.
https：//find-and-update.company-information.service.gov.uk/company/00807043/filing-history.
2　Roland and Peter Goldstein, The Sunday Times, Sunday, April 26, 2019.
https：//www.thetimes.co.uk/article/ronald-and-peter-goldstein-fw0jt2fx68p.

等药妆也无一幸免。

预见大型超市来势汹汹，对英国零售药妆市场已经敲响了警钟，Kingfisher集团董事会考虑是维持Superdrug的药妆业务还是待价而沽。最后，Kingfisher集团决定出售Superdrug，在加强资产负债表的情况下，聚焦于更有吸引力的增长市场中的另外两个核心业务上。2001年，Kingfisher通过分拆沃尔沃斯（Woolworths），出售700家Superdrug药妆和时代零售财务（Time Retail Finance）业务。Kruidvat集团于2001年7月20日耗资2.8亿英镑现金购买包括其拥有的1440万英镑资产。[1] 在收购Superdrug时，Kruidvat董事会打算将其发展成为英国领先的药房兼药妆连锁店，就像在荷比卢3国的定位一样。但是如果执行这个业务优化的计划将需要新的贷款来支援这个策略，而英国超市刚发动猛烈的价格战，而这个氛围可能会持续数年，进而使得投资回报可能遥遥无期。德里克家族在2001年第四季度决定独子彼得（Pieter）为继承人，因其不希望终生从事零售业，故决定出售Kruidvat集团。

Kruidvat 比荷卢、零售地盘

ICI Paris XL零售店由布雷尼希（Brenig）夫妇于1968年5月在比利时布鲁塞尔首都大区以南的富裕郊区伊克塞勒（Ixelles）成立。当时是一家香水、美容护理和彩妆专门商店。ICI Paris XL的字面含义为"巴黎就在这里"。ICI Paris XL的货品组合是精选在巴黎高街备受消费者青睐的时尚香水、美容护肤品给予当地消费者。当1992年在比利时布鲁塞尔开办第一家Kruidvat药房时，ICI Paris XL香水店的成功迅速引起了Groenwoudt集团管理层的注意。Groenwoudt集团德里克董事长在4年后的1996年收购了高档时尚的ICI Paris XL，目的是在比荷卢三国之间复制其业务模式。到2002年屈臣氏收购Kruidvat集团时，ICI

---

[1] Kingfisher Announces Completion of Superdrug Sale. Kingfisher Plc. Disposal，Investegate，July 20，2001. https：//www.investegate.co.uk/kingfisher-plc--kgf-/rns/disposal/200107201434292695H/.

Paris XL已经在比利时发展成8家商店,在荷兰也发展成56家商店。

1980年4月3日,荷兰德波斯超市(De Boer Supermarket,DBS)集团的零售药妆业务Trekpleister在荷兰东北部的阿森(Assen)成立了一家自助药店。

1997年,DBS与1925年成立的Unigro连锁杂货店合并为SuperdeBoer零售超市集团。同年5月德里克去世。不久,范海德于当年7月加入Groenwoudt集团并迅即制定了新的企业发展策略,着手于利润更高的保健和美容业务。一年后的1998年,Groenwoudt集团收购了已成长为拥有175家药妆的Trekpleister。由于ICI Paris XL与Trekpleister的品牌知名度几十年间已经在当地社区建立起来,虽然它们的投资与营运者更换了数次,但是这两家药妆与美妆的品牌还是保留着。

屈臣氏与Kruidvat:英国的邂逅

德里克于1997年5月突然去世,而他的独生子彼得才21岁,还没准备继承家族企业。[1] 德里克的遗孀蒂尼·玛丽亚[Dini Maria,(1936—2019)]与Groenwoudt集团公司迅速在两个月后的7月初任命任职于Nutrica的高级管理人迪克·范海德为集团总裁。1998年初德里克家族收购荷兰Trekpleister药妆连锁店之后,Kruidvat集团在荷兰成为一家领先的药妆连锁店,占当地市场的38%。范海德认为与超市业务相比,在21世纪零售药妆业务的发展性及利润都更高。他的建议获得了德里克家族的认可,随后在2000年将Groenwoudt集团的超级市场出售给了Laurus Group(之前,荷兰的De Boer Unigro和Vendex食品合并后的连锁超市名称)。

---

1 Van Riessen, Paul, In memoriam: Dini de Rijcke-Groenwoudt, the silent force behind the founder of Kruidvat, Quote, May 1, 2019. Accessed December 11, 2019.
https://www.quotenet.nl/nieuws/a27328980/in-memoriam-dini-de-rijcke-groenwoudt-de-stille-kracht-achter-de-oprichter-van-kruidvat/.

德里克家族在出售超市业务后，集团名称从Groenwoudt更名为Kruidvat，目的是大展拳脚与建立一个全新的跨国药妆品牌。2000年9月，一个积极进取的香港企业，和黄属下的屈臣氏集团已将触手伸进了欧洲的后门，德里克家族失去了收购英国Savers Health 和 Beauty的消息令其开始对屈臣氏的举动开始关注。范海德在德里克家族的支援下，利用手头充盈的资金开始专注于欧洲大陆和英国的保健及美容业务，并在2001年7月从英国Kingfisher Plc.收购了Superdrug药妆与其营运的700家连锁门店。但是，到了2001年第四季度，26岁的德里克家族继承人彼得表示他对发展慈善事业的兴趣比继承家族的零售保健和美容行业更为热衷。范海德从家族那里得到的指示是探讨药妆行业内的经营者是否对完全收购Kruidvat集团感兴趣。

相同价值、经营理念

德里克家族期盼新主人的经营文化对Kruidvat自1974年成立以来的零售药妆理念与管理层能够得以传承。2001年圣诞节前，范海德邀请他认识多年的屈臣氏集团总经理韦以安在伦敦泰晤士河岸北的一家不起眼的餐厅里举行了私人晚餐。范海德携带了德里克家族的一个机密资讯——出售其在欧洲大陆和英国的1817家包括其中1493家全资拥有的连锁零售药房、药妆的股权。因为韦以安之前负责屈臣氏在2000年收购了英国Savers连锁零售药妆，所以他熟悉这类药妆业务的商业模式与盈利的成功因素。

在晚餐桌上，韦以安表达了对德里克家族经营的健康与美容零售事业的高度赞赏，因为范海德设计的Kruidvat商业模式已在欧洲健康与美容业的圈子内享有高度的评价。韦以安渴望收购Kruidvat，这不仅可以让屈臣氏成为全球零售健康和美容业领先者，而且可以令屈臣氏实现质与量的飞跃。

另外，Kruidvat与屈臣氏的经营哲学非常接近，收购后的融合风险也相对较小。范海德在这顿圣诞节之前的晚餐结束时得到韦以安的承诺，他会与和黄集团董事总经理霍建宁汇报并争取在新年后得到和黄董事会主席李嘉诚的反馈意见。[1]第二天韦以安给范海德发了一封电子邮件感谢他的晚餐,同时重申他将在新年初回复屈臣氏的决定。

低价收购、艰巨任务

当天下午,韦以安从伦敦返回香港并旋即向屈臣氏董事会主席霍建宁汇报。他陈述欧洲药妆市场的大环境,即政治、经济、社会、科技(PEST)分析与强弱危机(SWOT)分析和收购Kruidvat集团的利弊后,表示若以英国的Savers为基地,建立一个1800家零售健康与美容连锁门市网,至少要花10年的时间,收购Kruidvat的整合风险较不停收购要少。

圣诞节过后,当和黄董事会主席李嘉诚听完韦以安的收购Kruidvat建议后,当场祝福韦以安可以成功收购。但是,收购价要以低于Kruidvat的10倍市盈率为目标。这是一个难以实现的要求,只因类似业务交易的市盈率均高于李嘉诚的期望。这本来是一场谈判的过程,所以韦以安不想表现出对Kruidvat收购有过高的期望。他在圣诞节和新年期间制定了一项谈判战略,以阐明屈臣氏如果成为Kruidvat的全资拥有与管理者,会为员工和客户带来什么价值和协同效应,更重要的是为什么屈臣氏会成为首选的收购者而不是其他投资者。

经过9个月的漫长谈判,屈臣氏终于在2002年8月22日宣布以12.5亿欧元收购Kruidvat的1900家门店与药妆。这个投资决定使屈臣氏和Kruidvat零售健康和美容商店的总收入在2002年超过70亿欧元。

Kruidvat首席执行官范海德在回顾此次被和黄"鲸吞"时有如下描述。

在当今的商业世界中,像和黄具有雄厚经验和国际竞争力的股东收购一家公司是罕见的,此次收购将帮助我们达到新的高度。[2]

---

1 Li, Sandy, AS Watson man at helm laid foundation on Krudivat deal. South China Morning Post, 30 August 2002. 2019. https://www.scmp.com/article/389770/watson-man-helm-laid-foundation-kruidvat-deal.
2 2002年8月22日和记黄埔收购欧洲主要零售集团Kruidvat,和黄官网新闻稿。https://www.ckh.com.hk/en/media/press_each.php?id=995.

图3至图7为屈臣氏集团旗下横跨欧洲的全资与合资连锁药妆、美妆品牌。

图3 ICI Paris XL 香水美妆店
（比利时哈瑟尔特）

图4 Kruidvat 药妆门店
（荷兰阿姆斯特丹）

图5 Rossmann 药妆门店（德国 Olderwald）

图6 Superdrug 药妆门店（英国伦敦）

图7 Trekpleister 折扣药妆店（荷兰鹿特丹）

（资料来源：笔者 私人图片库）

欧盟允许、药妆龙头

当屈臣氏收购Kruidvat集团时，德里克家族刚完成收购罗斯曼家族在德国拥有（Dirk Rossmann GmbH，DRG）的连锁药妆折扣店的40%股权，同时也在1996年与DRG在中欧建立合资零售药妆。在衡量各种因素后，屈臣氏决定暂缓收购Kruidvat的德里克家族投资在DRG的40%股权。屈臣氏只向欧盟委员会（European Commission，EC）申请收购Kruidvat在比荷卢三国、英国的1900家连锁零售药妆、美妆的业务，即两倍屈臣氏亚洲的药妆业务。

但是一些屈臣氏高管还是表示担心，EC可能会要求屈臣氏卖掉Savers商店附近的一些Superdrug药妆门店以防止零售药妆业被屈臣氏垄断。屈臣氏在收购Kruidvat集团一周后的8月29日通知了欧盟有关收购Kruidvat集团的交易。欧盟委员会在对屈臣氏可能的垄断行为进行了一个月的调查后，最终于2002年9月27日宣布了EC正式的批准声明。

该调查还证实，无论是否考虑了来自超市的竞争，都没有竞争问题。仅就专卖店市场而言，竞争对手连锁店博姿（Boots）仍将是英国的市场领导者，合并后的实体仅次于第二名。这个市场的特点是有多个大型企业，例如美体小铺（The Body Shop）和劳埃德药房（Lloyds Pharmacy），以及许多较小的参与者。如果将超级市场包括在分析中，则当事方将是第四大竞争对手，市场份额不到10%。Boots仍将是市场领导者，其次是特易购（Tesco）和森宝利（Sainsbury）。鉴于这些因素，委员会得出总结认为，这一行动不会导致建立或加强主导地位，因此决定通过该项交易。[1]

1　Commission clears the acquisition of Kruidvat by AS Watson in the retail of health and beauty products. Press Release，European Commission. September 27，2002.
https：//ec.europa.eu/commission/presscorner/detail/en/IP_02_1388.

并购磨合、重新定位

2002年10月，德里克家族将包括Superdrug Stores在内的Kruidvat投资组合出售给屈臣氏，总价值略低于13亿欧元（合8.3亿英镑）。屈臣氏2002年的年度业绩显示，当年的确是非常艰难的一年，Superdrug的毛利率进一步下降1.7%或1640万英镑，分销成本增长了1.3%或1260万英镑，行政成本跃升了800万英镑，同比差额为3700万英镑。随着英国零售市场竞争的加剧，Superdrug与其姊妹公司Savers一样，毛利率下降且EBIT大幅下滑，加上分销成本和管理费用的增加，导致2003年的EBIT结果惨不忍睹。

屈臣氏在收购Superdrug之前，已初步规划了与Savers在运营上的协同效应。屈臣氏在欧盟批准收购Kruidvat之后不久，韦以安便开始改组期待已久的保健与美容部门（以下简称"健美部"）并在2003年1月执行（见第12章）。Philip Ingham成为英国屈臣氏健康与美容集团的董事总经理并旋即将Superdrug的形象改造为新颖、时尚和具有特色风格的药房、药妆连锁零售店。[第一个全新Superdrug旗舰店于2003年9月在英伦岛中部的伯明翰（Birmingham）市的最大斗牛场商场（Bull Ring Centre）开业，Superdrug的消费者视它为时尚的健康和美容中心，与面向家庭的博姿药房为处方中心的感觉不一样。]

在过渡到收购Superdrug后的第一年，2003年的财务业绩有大幅改善，EBIT为2883万英镑。在2000—2003年，英国的零售保健和美容市场发生了翻天覆地的变化，领先的连锁超市进一步扩大了其产品范围，将个人护理品类以外的美容护理品也囊括在内。在1997—2003年，Superdrug的EBIT占营业额的比率的平均数为3.45%。在大型超市强攻个人保健与美容市场后，2003年屈臣氏在英国的Superdrug EBIT为2.9%。表1为Superdrug 2002年度与2003年度损益表；图1为1997—2003年Superdrug营业额与EBIT。

表1　Superdrug 2002年度与2003年度损益表

项目	年度 2003	年度 2002	年度同比	备注
	亿英镑			
营业额（a）	9.87	9.67	0.21	同比增长2.1%
营业成本（b）	(6.48)	(6.62)	0.14	同比减少2.1%
毛利（c）	3.39	3.04	0.35	同比增长12%
分销成本（d）	(2.93)	(2.82)	(0.11)	同比增长3.9%
行政费用（e）	(0.29)	(0.39)	(0.10)	同比减少2.6%
EBIT毛利（息税前利润）（f）	0.29	(0.07)	0.22	扭转业务利润19.3%同比增加
应付利息及类似费用	(0.11)	(0.13)	(0.02)	同比减少15%
税前利润（经常性活动）（g）	0.18	(0.20)	0.38	扭亏为盈
利得税（反回税金）	(0.07)	0.02	(0.09)	
年内未分配利润（亏损）	0.12	(0.17)	0.29	跃升85%

2002年和2003年Superdrug财务报表的解释与说明

21世纪之前，英国零售个人护理用品市场是由药妆折扣店（如Savers和其他专业门店）主导的。在21世纪之交，传统药妆连锁店例如博姿（Boots）、Lloyds和Superdrug扩大了其个人护理产品群组，以期与连锁大型超市竞争。阿斯达（Asda）、森宝利（Sainsbury）和特易购（Tesco）等全国性大型连锁超市也向消费者开展了药房、药妆服务。这些市场上的竞争导致超级市场营运者提供消费者一站式的每周食品、必需日用品时有更多、更佳和更具吸引力的优惠价格药妆产品选择，改变了超市与药妆分别提供食品与非食品的区别，从而改变了消费者的习惯。

（a）营业额

2003年的业绩显示收入达9.87亿英镑，增加了2030万英镑，同比增长2.1%。

（b）营业成本

达6.48亿英镑，减少了1410万英镑，同比减少2.1%。

（c）毛利

产品群组的适时调整包括增加自有品牌促使毛利润百分比也增长了12%,毛利润增加了3445万英镑。

（d）分销成本

分销成本从 29.2% 增加到 29.7% 即 0.5%，相当于 1080 万英镑。

（e）行政费用

作为收购协定的一部分，Superdrug 在 2002 年向 Kruidvat 的慈善基金会一次性支付了 1000 万英镑但没有在 2003 年再支付。（该 1000 万英镑捐献可以视为收购 Kruidvat 的部分成本）

（f）EBIT 毛利（营业利润）

2003 年再次回到正轨至 2883 万英镑。

（g）税前利润

为 1830 万英镑。若 2002 年的 1000 万英镑捐献不包括在行政费用内，2002 年的 EBIT 将会上调至 1662 万英镑，EBIT 将相当于营业额的 1.7%。

（资料来源：英国公司注册署）

注：1997—2000 年财年是从当年 2 月 1 号开始至下一年的 1 月 31 号结束；
2001 年与之后的财年改为 12 月 31 号结束相当于 47 周的营业额或按比例减少 9.6%。

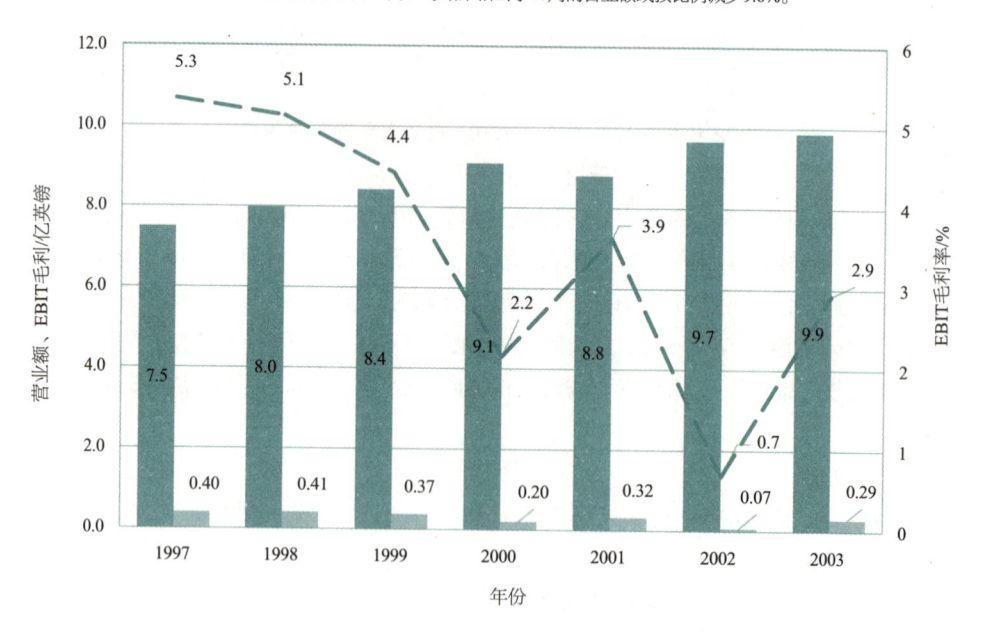

图 1　1997—2003 年 Superdrug 营业额与 EBIT

（资料来源：英国公司注册署）

SARS 突袭、旅游兴旺

当美国2001年9月11日的纽约恐怖袭击余震即将完全复苏时,重症急性呼吸综合征(SARS,非典)突然在2002年底在中国华南地区的广东被发现。继而迅速在香港暴发并持续了6个月。[1] 香港处于东亚地区的交通枢纽和通往中国内地的门户战略性地位,因此SARS对人们旅游、出差等影响最大。当政府于2003年3月SARS暴发期间对旅客实施强制隔离检疫7天后,该流行病于数月内在中国内地迅速消亡,随后,SARS在亚洲其他地区也基本销声匿迹。[2] 尽管内地与香港的零售业于2003年上半年受SARS影响,但屈臣氏的销售额与利息及税前盈利仍有所增加,主要是新店扩充和经济规模效益所致。

入境旅游业在香港本地生产总值、就业和5个领域即零售贸易、住宿服务、餐饮服务、跨境客运服务与其他行业中占很大一部分。[3] 为了振兴内地、香港和澳门的零售经济,中央政府立即在当年7月28日启动放宽内地居民访港的旅行政策。这个港澳个人游政策,不仅是香港、澳门两个特区的一个里程碑,而且使居住在内地三线城市的人可以自由地在港澳地区旅行。访港的内地游客从2002年的683万人激增至2006年的1375万人,4年内增长了1倍多[4](见图2)。

1　严重急性呼吸综合征(SARS,非典)是由冠状病毒(SARS-CoV)引起的人畜共患病毒性呼吸道疾病。到了2003年第一季度末,SARS已传播到中国大陆和中国台湾地区以及东南亚,包括马来西亚、新加坡和泰国及欧美华人聚居的社群。SARS严重限制了亚洲的经济活动。2003年4—6月,香港是一个"疫区",入境游客大量减少,零售业遭受了严重冲击。

2　遏制政策或俗称强制性检疫已成为众多国家政府与地区用来制止非典蔓延的有效公共卫生措施。

3　Yun-Wing Sung et.al. The Economic Benefits of Mainland Tourists for Hong Kong: The Individual Visit Scheme (IVS) and Multiple Entry Individual Visit Endorsements (M-Permit), Shanghai-Hong Kong Development Institute, Occasional Paper No. 34, The Chinese University of Hong Kong, September 2015: 8. Accessed March 29, 2020. http://www.cuhk.edu.hk/shkdi/pub/OP34.pdf.

4　非典暴发前,中央政府设定了年度出境游客人数和团体出行频率的年度配额,以确保出境游客的旅行安全和旅行社的质量。对于内地人而言,这是一个突破,他们不必参加旅行社组织的团体旅行团,就可以自由自在地个人出境旅行,最初是去香港、澳门地区,现在是全世界大部分国家。

屈臣氏锐变之道

图例：内地港澳个人游　内地团体游客　非内地游客　总访港旅客数

注：2003年，SARS疫情后，中央政府在当年7月28日实施部分城市港澳个人游政策，2002—2004年，内地游客来港人数从683万跳跃至1230万，增幅80%。

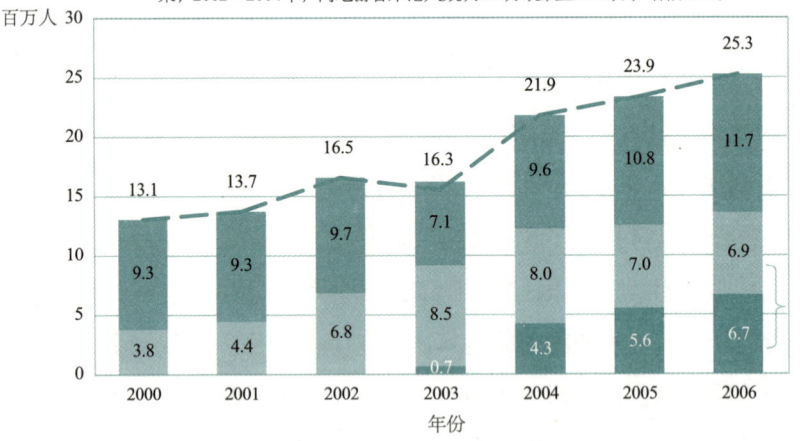

年份	内地港澳个人游	内地团体游客	非内地游客	总访港旅客数
2000	3.8	—	9.3	13.1
2001	4.4	—	9.3	13.7
2002	6.8	—	9.7	16.5
2003	0.7	8.5	7.1	16.3
2004	4.3	8.0	9.6	21.9
2005	5.6	7.0	10.8	23.9
2006	6.7	6.9	11.7	25.3

图2　2000—2006年访港旅客（百万人）

（资料来源：香港旅游局）

聚焦药妆、善价而沽

自1998年屈臣氏在欧洲开拓饮用水后，韦以安在2000年9月收购了Savers的176家连锁药妆。两年后，他接续在2002年8月收购了荷兰Kruidvat集团的1900家药妆零售门店，当年9月获欧盟批准，从此厘定屈臣氏在欧亚药妆业的地位，而其每天庞大的现金流成为和黄的重要财务储备，到该年年底已达2560家药妆门店，年度同比增加1770家，增幅达224%（见图3）。

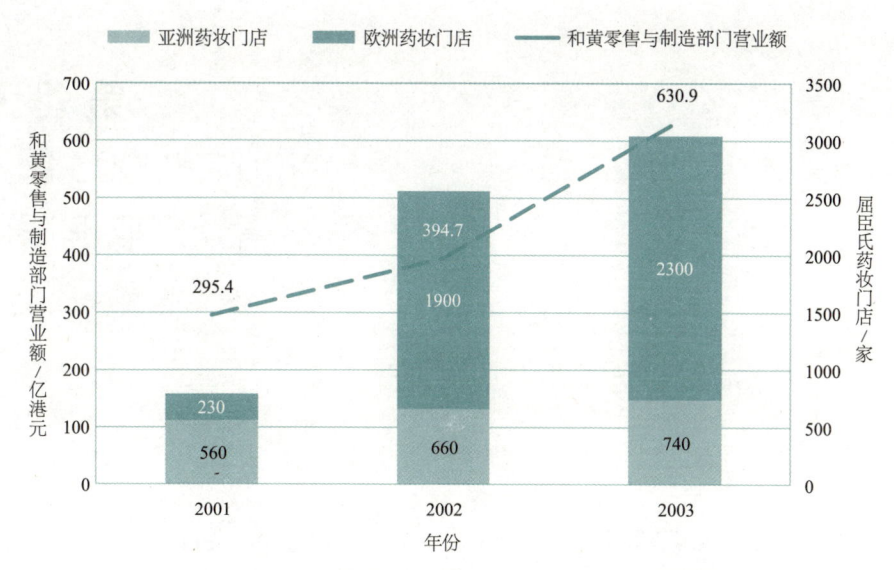

图 3　2001—2003 年和黄零售与制造部门营业额及屈臣氏药妆门店

(资料来源：和黄年报)

2003年，和黄零售与制造部门包括以屈臣氏为主要业务的营业额与息税前盈利（EBIT）为630.9亿港元与23.05亿港元，年度同比分别上升了60%与124%，分别贡献予和黄43%与11.45%。主要进账来自2002年收购的Kruidvat保健及美容产品零售集团，以及亚洲与英国原有的保健及美容产品业务。

韦以安因此在和黄董事会的支持下作出了新世纪商业方向大改变，把屈臣氏的多元化业务从横向整合到纵向整合，聚焦药妆零售业并善价而沽其他的非核心业务，Powwow是首项出售的饮用水业务并开始寻觅买家。雀巢公司自1987年收购了拥有美国40%市场的Arrowhead品牌以来，一直在寻求扩大其在欧洲饮用水业务目标的投资。当机会来临时，双方一拍即合。2003年2月4日雀巢终于以3.82亿英镑或5.6亿欧元收购了屈臣氏的Powwow饮用水品牌与其在欧洲7个国家的分销网。在亚洲，屈臣氏仍然如火如荼地积极推广其品牌的蒸馏水、苏打水。韦以安表示了当初的如下考虑。

虽然香港与内地的蒸馏水业务占整个集团的一小部分，但其中一个考虑点是公司社会责任的角色，积极参与推广的多项公益活动中包括香港的校际田径、网球公开赛与澳门的年度赛车活动等。[1]

1　2020年11月11日，与韦以安访谈。

第 8 章

2004—2006 年：
再攀高峰、收购陷阱

入股德国 DRG、第二大药妆集团

德克·罗斯曼（Dirk Rossmann）于 1946 年出生。他 12 岁时父亲去世，他母亲为支撑整个家庭独立经营其父亲留下的一个小药店，过着朝不保夕的艰难生活。小罗斯曼 16 岁初中毕业后转去职业学校攻读药剂助理员的课程，一年后毕业，协助家里药店的业务。经过 10 年的工作并省吃俭用，他于 1972 年 26 岁时就开设了名为 Dirk Rossmann GmbH（DRG）的德国第一家自助药妆门店。[1]

第一天开业，DRG 药妆取得了巨大的成功，消费者涌向他的药妆购买打折的个人护理产品。次年，德国政府放松了对洗护用品零售价格的控制，这个决定促使 DRG 药妆折扣店的快速成长。1979 年，DRG 的营业额达到 5000 万德国马克，但其控股权益比率降至 20% 以下。罗斯曼于是向位于德国下萨克森州的首府的汉诺威财务集团（Hannover Fianz Group，HFG）求助注资持有 10% 的股份。到了 1982 年，罗斯曼的连锁药妆已经发展到了 100 多家门店，其中大部分在当时的西德北部。1990 年 10 月东西德统一时，HFG 为 DRG 在国内东部市场的扩张提供了融资，把持股量提升至 38%。一年之内，DRG 在德国东部地区开

---

[1] GmbH 为德语的"有限公司"简称。

设了100家门店。[1,2] DRG在1993年与荷兰德里克家族的Kruidvat零售药妆集团合资成立罗斯曼中欧控股公司,两集团各拥有50%股权。[3]

1996年是罗斯曼人生中最低谷的一年,虽然他积极进军中欧地区,但是公司采用过时的低薪政策使零售店内的员工工作积极性不高,最后业务不振导致现金流资不抵债,DRG的业务面临破产。他在股票市场的投机交易令个人财务损失,其健康也因心脏病发作而遭受重创。庆幸的是,DRG在零售药店业务中拥有20年的往绩和在市场内的脚踏实地作风,在银行家中享有良好声誉,DRG的开户银行愿意向其提供贷款以帮助其度过所面临的金融危机。[4]

HFG在前22年(1980—2001年)里从开始时的10%股份到增持DRG的38%的股份,罗斯曼(Rossmann)家族另外持有2%的股份,总计40%的股份于2002年初出售给了Kruidvat。当屈臣氏收购Kruidvat时,它一直等到两年期的未行使权,才在2004年8月收购Kruidvat手中的DRG 40%的股份,这很可能是等待德国及其邻近中欧国家的千禧年(Y2K)复苏缓慢所致,同时屈臣氏也在忙于解决英国Savers与Superdrug在收购合并后的融合问题。当时,DRG已在德国及邻近国家建立1100多家零售药妆网,光在德国就有786家门店。韦以安对收购DRG 40%的股份发表了如下评论。

屈臣氏决定购买DRG股份是因为德国市场前景非常好,德国是欧洲最大的健康与美容市场,且具有巨大的发展潜力。集团的战略目标是扩大在欧洲的业务,因此选择在德国投资为我们提供了绝佳的机会。

在过去的两年中,我们与DRG有着非常好的业务关系。我们认为此次收购将加强屈臣氏的欧洲业务与DRG之间的协同效应。[5]

---

1 Your Equity Capital Partner, Rossmann, Hanover Fianz. https：//hannoverfinanz.de/printversion/en/services/examples/rossmann/.
2 Jean-Pierre, Rossmann was ahead of his time - why Rossmann GmbH does not have to be afraid of Amazon and the likes. The Economic News, June 22, 2017. https：//die-wirtschaftsnews.de/drogeriekette-rossmann-historie-zukunft-und-die-konkurrenz/.
3 并继续发展其在波兰、匈牙利和捷克共和国等中欧国家的零售药妆业务。
4 Tonnersmann, Jens, Dirk Rossmann the Unbelievable, that everything went well again. Zeit Online, March 16, 2017. Accessed December 12, 2019.
5 Ngai, Malina, A.S. Watson acquires 40% stake in German retail chain Rossmann, Press Release, A.S. Watson, 24 August 2004. www.ckh.com.hk.

并购香水、彩妆业龙头——玛利娜

在20世纪60—70年代，巴黎、伦敦、法兰克福和米兰等首都或大城市的高端香水品牌和特别调配香熏的主要营业渠道为娇兰（Guerlain）、弗拉戈纳德（Fragonard）、塞尔吉·卢滕斯（Serge Lutens）等专业门店。从80年代开始，玛利娜、丝芙兰（Sephora）等连锁店已在欧洲大陆崭露头角，为富裕或喜爱高端香水和化妆品的消费者提供美容和香精零售服务。

2006年，欧洲、美国、中国和日本的化妆品和盥洗用品市场总量为1362亿欧元，按零售价计算包括西欧（欧盟15国）拥有627亿欧元，占46%，其中169亿欧元或27%归在香料、香水和彩妆的组合内。在同一市场中，新加入的12个欧盟国家分别贡献了59亿欧元或4.3%，[1,2,3]（见图1和图2）。

预见这一高利润与高增长市场，韦以安在和黄董事会支持下于2005年4月收购了法国最大的玛利娜连锁香水和高档彩妆零售店。屈臣氏并于同年8月收购了英国The Perfume Shop香水和高档彩妆零售店并成为欧洲的香水和高档彩妆的领导者。然而，这两个高端香水与彩妆零售企业与传统的中阶与低价药妆行业有着巨大的区别，前者需要长期投入广告与推广费用，而后者则需要经验丰富的管理者。[4]

伯纳德·玛利娜（Bernard Marionnaud，1934—2015）在童年时代就帮助他的父母在巴黎市西南郊的市场摆摊营业家庭药与洗护用品，从而了解消费者的心态与购物习惯。

---

1 《欧洲化妆品行业研究》最终报告，2007年10月《全球洞察力》：8.为欧洲委员会准备，企业和工业总干事。https://ec.europa.eu/growth/content/study-european-cosmetics-industry-2007-0_en。
2 西欧由最初的欧盟15国组成，包括奥地利、比利时、丹麦、芬兰、法国、德国、希腊、爱尔兰、意大利、卢森堡、荷兰、葡萄牙、西班牙、瑞典和英国。
3 东欧欧盟12个国家是保加利亚、塞浦路斯、捷克共和国、爱沙尼亚、匈牙利、拉脱维亚、立陶宛、马尔他、波兰、罗马尼亚、斯洛伐克和斯洛文尼亚。
4 当年，LMVH属下的丝芙兰香水和高档彩妆零售店的规模、门店量与营业额均在玛利娜之后，但在过去连续20年的连续投资下，丝芙兰现已成为全球第一的香水和高档彩妆零售店。

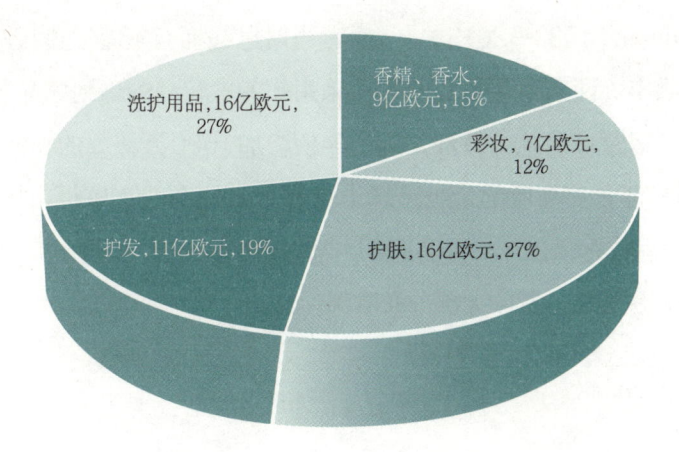

图 1　2006 年东欧（欧盟 12 国）零售市场销售额为 59 亿欧元（按产品类别）

（资料来源：欧盟委员会企业与工业总干事）

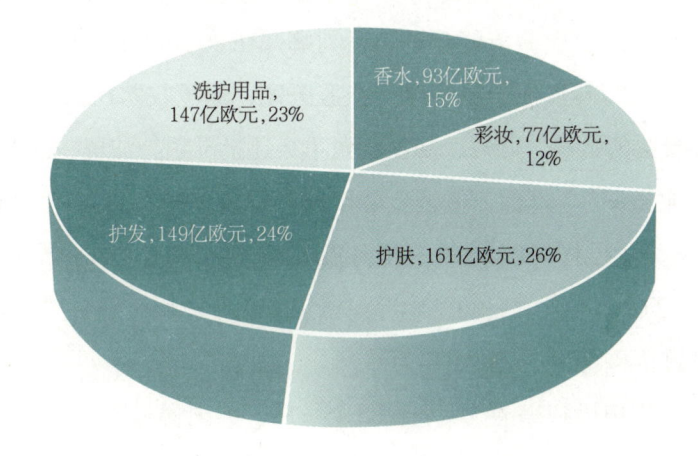

饼图数据：
- 洗护用品，16亿欧元，27%
- 香精、香水，9亿欧元，15%
- 彩妆，7亿欧元，12%
- 护肤，16亿欧元，27%
- 护发，11亿欧元，19%

图 2　2006 年西欧（欧盟 15 国）零售市场销售额为 627 亿欧元（按产品类别）

（资料来源：欧盟委员会企业与工业总干事）

饼图数据：
- 洗护用品，147亿欧元，23%
- 香水，93亿欧元，15%
- 彩妆，77亿欧元，12%
- 护肤，161亿欧元，26%
- 护发，149亿欧元，24%

1958年，年仅24岁的玛利娜在父母居住的Clarmart地区公寓楼下开设了第一家以玛利娜为品牌的香水店（玛利娜 Perfumeries SA）。[1] 1996年，玛利娜已发展成为拥有96家门店的零售企业，同时把并不盈利的香水与彩妆业务卖给了

---

[1] Clamart：le parfumeur Bernard Marionnaud est mort, Le Parisen, July2, 2016. Accessed January 2, 2020.http://www.leparisien.fr/hauts-de-seine-92/clamart-92140/clamart-le-parfumeur-bernard-marionnaud-est-mort-22-07-2015-4964519.php.

Marcel Frydman（1932—2015）。[1] 后者当时已经拥有48家连锁香水、彩妆零售店且利润颇丰。两家零售企业合并后采用知名度较高的玛利娜品牌，在行政、采购、物流等运营环节统一管理，第一年便增加1000万法郎的利润。玛利娜于1988年在巴黎证券交易所的二级市场上市并于1991年进入主板市场，从而筹集了资金用于日后收购和合并。到了2004年底，玛利娜已扩展至海外其他13个市场和增至1300家零售店，其中大部分在欧洲。

尽职调查，蓄意误导

根据2003年玛利娜公布的营业额为11亿欧元和2004年上半年营业额为5.4亿欧元的资料，屈臣氏参与公开竞购玛利娜并在2005年1月14日以5.3亿欧元的价格包括承担可转换债券成为唯一控股公司，这项收购在2005年4月7日获得了欧盟委员会的批准。此外，屈臣氏董事会还批准额外注资8亿欧元以资助其正在营运的业务。[2,3] 然而，法国金融市场管理局（AMF）在玛利娜于2005年2月底宣布该集团已将其2003年的净利润从3900万欧元大幅下调至最初发布的1280万欧元之后，不久就启动了内部财务审查机制。玛利娜最终于2005年4月宣布其2004财政年度净亏损9800万欧元。[4]

屈臣氏在收购玛利娜的交易结束3个月后，英国税务局也在2005年7月14日批准屈臣氏以2.2亿英镑的价格收购伦敦证券交易所上市公司Merchant Retail Group Plc（MRG）的全部已发行股本相当于其在2014—2015年度税前利润的

---

1 Décès de Marcel Frydman, ex-PDG de Marionnaud, patron atypique du luxe, Modifié le 24/04/2015, Le Point, Ecoomie. Accessed January 2, 2020.
https://www.lepoint.fr/economie/deces-de-marcel-frydman-ex-pdg-de-marionnaud-patron-atypique-du-luxe-23-04-2015-1923838_28.php.

2 屈臣氏收购了Marionnaud的90.69%，意向重新公开发售剩余股份。2005年4月8日屈臣氏新闻稿。
http://www.hutchison-whampoa.com/en/media/press_each.php?id=1665.

3 Le gendarme de la Bourse épingle Marionnaud, Ecoomie, Le Monde, Paris, France. October 13, 2005.
https://www.lemonde.fr/economie/article/2005/10/13/le-gendarme-de-la-bourse-epingle-Marionnaud_698810_3234.html.

4 AMF审计了2002年的账目、资产负债表以及所有财务往来通信并判断Marionnaud的2003年财务报告为"虚假、不准确和误导"。

6.5倍。英国 The Perfume Shop（TPS）于1992年3月在英国西南部大伦敦的米德尔塞克斯（Middlesex）地区成立。同年7月，TPS 收购了 Eau Zone Ltd. 的6家零售香水门店的业务和资产。[1] 在接下来的14年中，MRG 已撤除其他业务并专注于 TPS 的增长，发展成为一家拥有110家高档零售香水店的公司。截至2005年3月31日的财政年度，TPS 的全年营业额和税前利润分别为1.06亿英镑和1610万英镑，零售香水业务的利润/营业额比率非常高，为15.3%（见第9章）。[2]

新兴市场、从西到北

自1991年苏联解体后，众多原加盟共和国的成员们选择了贸易自由化，有鉴于此屈臣氏开始积极部署在这些市场投资。屈臣氏于20世纪80年代后期和90年代初在东南亚的业务发展中累积了丰富的新兴市场经验，这在欧洲新兴市场同样有用。

Drogas 零售家庭用品与药妆店于1993年在北欧波罗的海、拉脱维亚（Latvia）开设了第一家零售药店，接着于2001年在立陶宛（Lithuania）也开了第一家药妆店。2003年 Drogas 的营业额为1580万欧元，利润为200万欧元，利润/营业额比率为12.7%，按行业标准衡量其表现出色。截至2004年5月，Drogas 在拉脱维亚和立陶宛两国分别经营着59家与24家共83家零售药店，市场份额为30%。同月，拉脱维亚和立陶宛加入欧盟。屈臣氏收购 Drogas 时的估值超过2000万欧元，是其市盈率的10倍多。当时英国的联合博姿（Alliance Boots）和德国 DM 集团也参与竞投，但均败给了屈臣氏。

大卫·凯西（David Cassey）于1988年加入屈臣氏，随后被任命为新加坡、

---

[1] 香水商店有限公司董事报告和账目，注册号2699577，伦敦公司首页，1993年3月27日。https://beta.companieshouse.gov.uk/company/02699577/filing-history?page=1.

[2] 通过 ASW 的收购，2005财政年度的结束日期缩短为40周，与12月31日作为年度结束日期一致。TPS 的2006财政年度将是截至12月31日的正常12个月会计年度。

马来西亚、菲律宾和中国台湾地区的零售保健与美容业务总经理。2004年6月他被调任为屈臣氏东欧公司的执行董事，管理刚被收购的Drogas业务与其拓展计划。屈臣氏是波罗的海国家加入欧盟的首批主要外国投资者之一。Rota的主要股东Rafails Deifts——原Drogas的经营者有以下描述。

Drogas是Rota历史上最成功的长期开发专案，将此业务出售给屈臣氏是一个睿智的决定专案。[1]

从Rota到屈臣氏的过渡过程非常顺利，因为新任屈臣氏Drogas首席执行官的杰涅夫（Andrej Jernev）之前是Rota的总经理，于此进行了无缝的交接。[2] 杰涅夫曾经在拉脱维亚可口可乐担任该国市场的总经理时采用了许多最佳实践管理技能，他得到了一线商店经理们的支持，并得以在Rota实施。2005年10月，屈臣氏在爱沙尼亚首都塔林（Tallin）开设了以"屈臣氏个人商店"（Watson Personal Store）品牌代替Drogas为商标的两家药妆门店。这是由于爱沙尼亚的消费者认为，Drogas品牌为东欧品牌而屈臣氏则是一个国际品牌。

俄罗斯、土耳其、乌克兰

在完成了西欧主要市场的收购之后，屈臣氏在2005年和2006年获得了机会收购了土耳其宇宙（Cosmos）集团的7家药妆、俄罗斯圣彼得堡范围（Spektr）集团的24家药妆，以及在乌克兰DS集团的99家药妆。又见这些市场只在起步阶段，本地品牌还没有成为全国性的品牌，因此统一这些本地的药妆品牌为屈臣氏品牌是最为合适的安排。自家品牌的现有产品可以即时带来更高边际利润，从长远而言，屈臣氏成为一个全球品牌的商誉也会有更高的品牌价值。

土耳其位于亚洲西南部的半岛，在黑海和地中海之间，也是欧亚两大洲之

---

[1] Drogas被香港零售巨头收购. 2004年6月10日.波罗的海时报（The Baltic Times）. https://www.baltictimes.com/news/articles/10244/.

[2] 在此之前，杰涅夫（Jernev）是Interpegro Lativa的董事总经理，可口可乐在当地的合资伙伴以及可口可乐的总经理。在Interpegro工作期间，杰涅夫在拉脱维亚的超级市场管理方面拥有10多年的经验。

交界。北部隔着黑海有乌克兰，东北部有俄罗斯，它是屈臣氏投资的东欧和近东地区的众多市场中位居榜首的增长引擎。2001—2010年的十年间，其人口从6510万增加到7270万。[1] 屈臣氏是第一家进入土耳其的保健与美容市场的跨国药妆企业。此后不久，本地和其他跨国企业都相继参与了这一领域的竞争赛。[2] 带领屈臣氏在土耳其业务的是阿赫迈·亚尼科格鲁（Ahmet Yanikoglu，以下简称"格鲁"），他在1993年与其他3个合伙人共同创立了宇宙个人护理零售商店，并在1994年12月出任为总经理。[3]

该公司在土耳其最大城市伊斯坦布尔（Istanbul）发展成了拥有7家宇宙品牌的连锁药妆店。2005年3月12日，Cosmos被出售给屈臣氏后，旋即在当年第二季度更名为屈臣氏个人护理店（Watsons Personal Store，WPS），在2006年开始以每年40%~50%的速度增长。格鲁在接下来的13年中一直在屈臣氏任职负责监督其在86个城市的330家零售药妆门店的快速扩张，直到2017年12月退休。过去数年，因为经济发展比较缓慢，目前屈臣氏拥有约350家药妆门店。

2000年初，人口超过1.44亿的俄罗斯是主要的新兴市场之一。经过苏联在20世纪90年代解体后的10年阵痛，俄罗斯的经济在2000年开始回到正轨。凭借低廉的租金和政府补贴的公用事业，俄罗斯人的可支配收入略高于其他东欧国家。在21世纪头十年的下半期，俄罗斯的零售业记录了两位数字的增长，2005年的零售额估计同比增长15%。跨国保健与美容业零售又有见俄罗斯的主要城市缺乏便利的门店地理位置、寥寥可数的购物商场、人口萎缩等影响其业务裹足不前。当时，在俄罗斯投资的药妆只有屈臣氏（2005）、联合博姿（2006）等几家看到了俄罗斯市场的潜在机会。[4]

范围（Spektr）集团于1990年在圣彼得堡市（St. Petersburg）成立了药妆

---

1 Population levels, Population and Migration, OECD Data, Turkey. http://www.oecd.org/sdd/01_Population_and_migration.pdf.
2 Time to grow in cosmetics, Ekonomist Online, July 22, 2018. https://www.ekonomist.com.tr/kapak-konusu/kozmetikte-buyume-zamani.html.
3 Our Conversation with Watson's General Manager, Ahmet Yanikoglu, Capital, February 25, 2016. Accessed January 5, 2021.https://www.capital.com.tr/is-dunyasi/soylesiler/talep-cok-yuksek-yeni-sirket-gelir?sayfa=2.
4 Sanders, Paul, Foreign retail groups in Russia - The limits of development, Paper Presented at the IX International Academic Conference of Economic Modernization and Globalization, Higher School of Economics, Moscow. April 1-3, 2008: 8. Accessed January 5, 2020.

企业。2005年10月，屈臣氏收购了范围集团65%股权和接管了其旗下的24家连锁药妆店。原来的创办人兼股东仍然保持着35%股份直至2018年转让了剩余股份给屈臣氏，后者将其在圣彼得堡市的64家门店的名称从范围改为屈臣氏药房（Watson The Chemist），从此屈臣氏统一官方的品牌与产品系列。屈臣氏与联合博姿都是积极进取的保健与美容零售业大哥，但在俄罗斯的发展却不甚理想。[1]

乌克兰（Ukraine）曾是苏联的联邦共和国之一，位于东欧和西亚中间的一个发展中国家。在20世纪90年代中期，乌克兰是一个拥有约4680万人口的苏联第二大人口的国家。在2005年屈臣氏在俄罗斯收购了范围药妆集团后，顺理成章也在乌克兰收购了DC健康和美容连锁店。DC是1992年成立的基本（Asnova）集团的一部分，该集团还拥有超市和物流公司。截至2004年底，DC是乌克兰最大的零售药妆集团，拥有99家门店。

DC集团创办人安纳托利亚·斯特罗根（Anatoliy Strogan）在2006年7月决定出售DC的65%股份，将其收益发展于其他事业。DC对屈臣氏来说是一个极具吸引力的收购目标。[2] DC成立之初就被定位为便利店类型的保健和美容店，由于产品种类很少，所以很难达到临界数量。收购后不久，屈臣氏制定了一项新战略——将DC从街角小家庭式零售洗护杂货商店转变为一家时尚、面积更大的自选型的香水装饰性化妆品的专门店。[3]

纵横亚洲、当地伙伴

中国香港、中国台湾和新加坡、韩国（号称"亚洲四小龙"）的经济在20世

---

[1] 2005—2018年，屈臣氏只在俄罗斯的圣彼得堡开展了药妆业务，增加了40家零售门店，平均每年3家。其竞争对手，沃尔格林联合博姿（Walgreen Boots Allaince，2014年美国沃尔格林与欧洲联合博姿合并后的新名，WBA）也只在莫斯科发展，共有65家药妆，比屈臣氏多一家。

[2] A.S. Watson Group Adds Ukraine to Global Retail Map, Press Release, July 19th, 2006, Accessed January 6, 2020. https://www.aswatson.com/watson-news-id-207/#.XhNNRVUzaOU.

[3] 2011年，DC在乌克兰改名为屈臣氏，目前在89个城市拥有300家零售药妆门店和21家店中店。

纪70—90年代经历了迅速的发展。到了21世纪初，亚洲四小龙已经发展成为高收入经济体（见图3）。[1,2,3]当时，除了中国与越南以外的其他亚洲国家，许多大型企业集团都是家族企业，它们多是地产商并拥有商业区内的购物中心、连锁超市、百货公司，它们是推动当地经济和主要劳动人口的雇主。同时，除了中国香港与新加坡外，进入这些市场零售或服务行业中具有专业经验的跨国公司通常与知名的当地家族建立合资、合作、特许经营伙伴。后者的优势就是无障碍地穿梭于模棱两可的当地法律、法规的迷宫。在2004—2006年，韦以安和他的屈臣氏管理团队与印尼、菲律宾、泰国及韩国的当地或华裔家族建立了合资企业，合作发展零售保健与美容业务，从而进一步扩大了其在亚洲的市场份额。

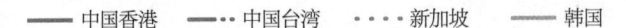

注：1. 2001—2002年，出口驱动的Y2K问题导致世界经济放缓，新加坡、韩国和中国台湾的经济体出口下降；
2. 2003年上半年的非典疫情，中国香港人均国民总收入（GNI）下降但在下半年快速增长。
3. 2004年新加坡的主要业务增长是由于机械和运输设备的出口，以及运输业和旅行服务业的增长。

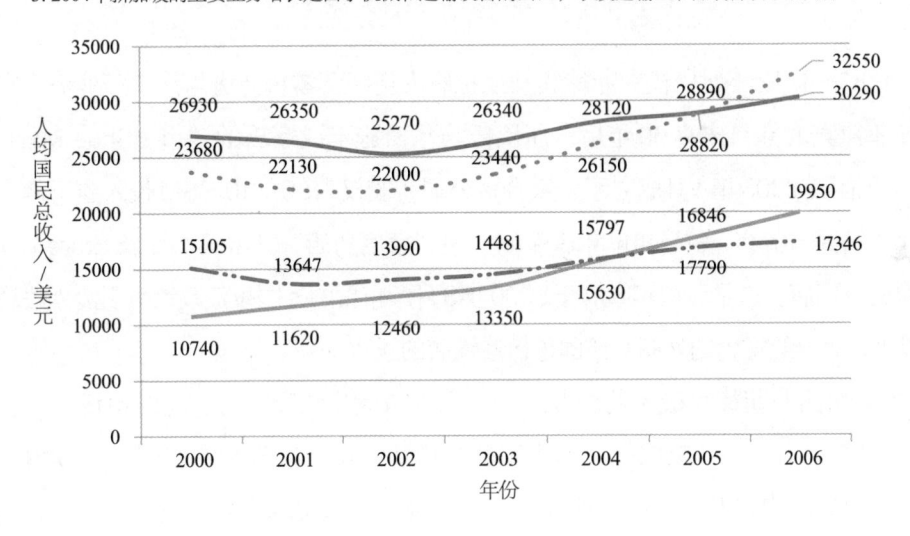

图3　2000—2006年人均国民总收入（GNI）阿特拉斯方法（美元现值）

(资料来源：世界银行NDC)

1　对于当前的2023财政年度，低收入经济体的定义是，按照世界银行阿特拉斯（Atlas）方法计算的人均国民总收入在2022年为1135美元或更少；中等收入较低的经济体是人均国民总收入在1136~4465美元的国家；中等偏上收入经济体是人均国民总收入在4466~13845美元的国家；高收入经济体是人均国民总收入达到或超过13846美元的国家。世界银行：https：//datahelpdesk.worldbank.org/knowledgebase/articles/906519-world-bank-country-and-lending-groups。
2　人均国民总收入（GNI），阿特拉斯方法（当年美元价格）。世界银行：https：//data.worldbank.org/indicator/ny.gnp.pcap.cd。
3　GNI人均GDP（现价美元），中国台湾统计局。

21世纪，韩国的药妆才刚起步，为进入这种地方保护性很强的市场，屈臣氏于2004年11月与当时韩国LG集团属下GS Group（GSG）的子公司LGM成立了50∶50的合资企业。LGM在2002年7月成立，拥有LG25便利店（2000家）、LG超市（73家），以及其零售业务组合中的其他大型超市和百货商店合并而成。[1,2,3] 屈臣氏与LGM的共同战略愿景是将屈臣氏个人护理店的概念发展成韩国领先的零售保健和美容连锁店。双方在签署合资协定4个月后，第一家GS-Watsons商店于2005年3月开业。随后于2005年6月在首尔市中心的明洞区开设了一家旗舰店（见第9章）。[4]

菲律宾SM、合资零售

1883—1912年屈臣氏在菲律宾马尼拉唐人街经营零售药房与汽水厂业务。在离开菲律宾北部吕宋岛90年后，屈臣氏与华裔施至成家族的鞋市（Shoe Mart，SM）集团在2005年4月成立了一家合资公司，股权为60∶40。SM投入旗下两个品牌"保健与美容"（Health & Beauty）及"家庭药店"（Family Drug Store）共61家药妆门店。这是菲律宾政府于2000年3月颁布新的外国投资政策吸引海外投资者以来，第一笔重大的外商对该国零售连锁店的投资。

SM集团是菲律宾最大的企业之一，它拥有大型购物中心、超级市场、其他零售连锁店，以及61家保健、美容和药品商店。施氏家族赞赏屈臣氏在零售药妆行业中的品牌和专业知识，认为与屈臣氏合资可以实现成为当地零售药妆领先品牌的目标而无须花费时间进行管理。

邓尼斯·凯西（Dennis Cassey）被任命为菲律宾屈臣氏药房的第一任董事

---

1 屈臣氏进入韩国与LG mart建立屈臣氏健康和美容零售连锁店，新闻稿，2004年11月16日。https://www.ckh.com.hk/zh/media/press_each.php? id=1551.
2 2003年12月31日的韩元（SKW）汇率等于0.05英镑。https://fxtop.com/en/historical-currency- converter.php.
3 LG集团是韩国排名前三的上市企业集团，GSG是从LG集团分拆出来的专门从事零售和能源相关业务，例如LGM，LG Caltex Oil和LG Sports。LGM 2003年的营业额为2.9万亿韩元（合24亿美元或5亿英镑）。
4 韩国最大的健康与美容商店，新闻稿，2005年6月30日。https://www.aswatson.com/watson-news-id- 261/#.XhVDIlUzaOU。

总经理，领导合资企业的发展。在此之前，他曾担任台湾屈臣氏个人护理用品商店7年的区域经理。他在菲律宾的第一份工作是将现有商店重新命名为"屈臣氏药房"并以时尚、更大、更明亮和更有品位的装潢吸引消费者。2006年5月，一家800平方米的旗舰店在马尼拉大都会区的亚洲购物中心开业，另设有美发店、美甲、水疗中心、面部护理和美容室的一站式美容院。

它是亚洲第一家为顾客提供全面个人护理的健康和美容商店。对于年轻的专业人士来说，这也是购物的天堂。通过充分利用彼此的优势，屈臣氏与施氏家族的合资企业取得了巨大成功。屈臣氏可以独立运作而施氏家族则随时随地为合资企业提供支援。施氏家族还聘请了前屈臣氏的高管Nigel Healy作为顾问来监督该家族的整个零售业务组合。

马来西亚、延迟起飞

屈臣氏在1994年进军马来西亚，并在新加坡海峡对面的马来西亚半岛南端的柔佛巴鲁（Johor Bahru）开设了第一家保健和美容店。在短短的10年内，它以屈臣氏个人护理店品牌在马来西亚东部和西部发展了70多家零售保健和美容商店。[1] 2003年上半年，亚洲的零售药房业务尤其是中国香港、马来西亚和新加坡受到SARS的严重打击，尽管消毒制剂和外科口罩的销量猛增，但仍然弥补不了消费者减少购买高级香水、彩妆与护肤品等的营业金额。当年下半年，马来西亚零售药房、药妆业务一落千丈，零售市场恶化。这是澳大利亚Pan Pharmaceuticals召回了已在市场里的30万包保健品所致。在本地股票市场上市的顶尖保健有限公司（Apex Healthcare Berhad，AHB）药房和药厂与分销公司的整体利润在2003年受到严重打击，股价也同步下跌。

AHB的董事会承受着来自股东的巨大压力，要求改善其财务业绩，这促使

---

[1] 2004年7月12日，马来西亚屈臣氏（Watsons Malaysia）收购Apex Pharmacy Deal，以加强屈臣氏在健康与美容领域的零售业务。2023年8月10日浏览：http：//www.hutchison-whampoa.com/en/media/press_each.php？id＝1454。

AHB董事会求售公司属下的药房和药品柜台的零售部门，但仍保留其盈利的仿制药和分销业务。屈臣氏原定计划于2004年7月以1400万马币（约2870万港元）的价格收购AHB的24家药房和35家零售柜台，这将是马来西亚零售保健和美容行业的一次重大合并。马来西亚外国投资委员会（FIC）最初拒绝在2004年12月11日限期之前批准该交易。在AHB的董事会努力游说马来西亚政府负责官员后，AHB最终作价1245万马币（约2490万港元）于2005年5月31日把20家Apex药房转让给屈臣氏和由其5年无偿使用Apex商标。

印尼安排、"特许经营"

印尼是东南亚人口最多的国家，2005年人口为2.27亿，是一个煤炭、橡胶、石油资源丰富的国家，其农业和服务业在东南亚，介于马来西亚和澳大利亚之间。[1] 像韩国和泰国一样，印尼当时对商业投资也有非常严格的外资国持有法律。因此，在这个有前途但充满挑战的市场中，寻求可靠的本地合作伙伴是屈臣氏进入市场和业务持续增长的先决条件。屈臣氏进入印尼是通过与Duta Intidaya Tbk（DIT）公司达成主要特许经营协定。DIT成立的唯一目的是作为屈臣氏个人护理店业务的国家特许经营者。首家屈臣氏商店于2006年1月在印尼南雅加达的Pondok Indah购物中心开业。[2] 它的3个股东分别持有以下股份。[3]

- PT Sehat Cemerlang（SC）为75.8%；
- Total Alliance Holdings Ltd.（TAH）为14.09%；

---

1 荷兰东印度群岛，即现在的印度尼西亚（以下简称"印尼"），曾是由荷兰东印度公司破产后于1800年成立的殖民地。1945年8月在日本投降后不久，印尼宣布独立，但在1945—1949年，荷兰发动两次殖民战争，企图重占，遭到印尼人民抗击。1949年，成立印度尼西亚联邦共和国。

2 Sidik, Syahrizal. ARTO Acquisition, This is the Record of Jerry Ng and Patrick Walujo. Market, CNBC Indonesia, August 22, 2019. https://www.cnbcindonesia.com/market/20190822145201-17- 93936/akuisisi-arto-ini-rekam-jejak-jerry-ng-dan-patrick-walujo.

3 Shareholder Structure and Composition, Company Profile, Duta Intidaya Tbk, 2018 Annual Report: 47. https://www.idx.co.id/StaticData/NewsAndAnnouncement/ANNOUNCEMENTSTOCK/From_EREP/201904/4fb9232b60_074083a3dc.pdf.

- PT Bintang Indah Abadi（BIA）为10.01%。

SC及BIA均由瓦庐霍（Patrick Sugito Walujo）先生控制。[1]TAH的股东代表则是和黄与屈臣氏的执行董事。

Savers 业务整顿

在2000—2006年的七年内，屈臣氏完成了和黄与风险分散全球化策略性部署的第一阶段历程。从2000年初的2000家零售门店每年跳跃性地增长至2006年的7700家零售门店，其中超过75%或5800家全资或合资保健与美容零售店位于欧洲（其中包括4200家健康和美容用品以及1600家豪华香水和化妆品）。这个经历对每一个屈臣氏的管理层成员尤其是韦以安来说有一份荣誉感。

2005年，Savers的年度同比收入增长了11%，但是由于来自连锁超市的价格竞争，毛利率从12%下降到10%，少了2%。屈臣氏的行政费用（包括门店的租赁和工资成本）总共增加了970万英镑（见图4和图5）。[2]该年度的EBIT为2900万英镑，其中包括Savers从位于巴哈马的A.S.Watson（Enterprises）Ltd.获得转让知识产权的一次性收入2000万英镑。[3]步入2006年，Savers面对更恶劣的市场环境，收入下降4%，毛利率从10%滑落到5%，EBIT亏损1650万英镑。屈臣氏管理层最终在2005开展了以下新的策略来解决历年累积的问题。[4,5]

- Savers与Superdrug的行政、物流、采购等职能集中管理作为节流的一个方案。

---

1 Patrick Sugito Walujo曾是太平洋世纪日本有限公司的高级副总裁，公司是20世纪90年代后期李嘉诚第二子李泽楷（Richard Li）所拥有。Walujo曾是高盛（Goldman Sachs & Co.）的投资银行家，安永会计师事务所（Ernst & Young）的合伙人，他是Northstar Group（一家私募公司）的创始人。公司管理的资产达20亿美元，26.66万亿印尼盾。

2 行政费用包括经营租赁和工资支付费用。

3 Savers Health and Beauty Limited. 2005年年度报告：4-10. 2023年8月10日浏览：https://beta.companieshouse.gov.uk/company/02202838/filing-history.

4 引用3. Annual Report of 2006：1-6.

5 屈臣氏英国与Savers 的关键管理层包括Ian Webley、Dennis Casey、Kevin Calvin和Brian Ingham，他们分别在2015年6月、9月、10月及2006年1月离任。

- 重组房地产投资组合，把效益不振的Savers商店改建为屈臣氏其他美妆与药妆零售品牌，如The Perfume Shop和Superdrug。
- 专注在主要品牌的产品并给予消费者超优惠价格。

注：2001财政年度只有7个月，即从2001年6月1日开始至当年12月31日止。从2002年开始，Savers按屈臣氏财政年度从1月1日开始到12月31日结束；
2005年，Savers获得一次性2000万英镑的利润为转让其知识产权予屈臣氏企业(巴哈马)有限公司。

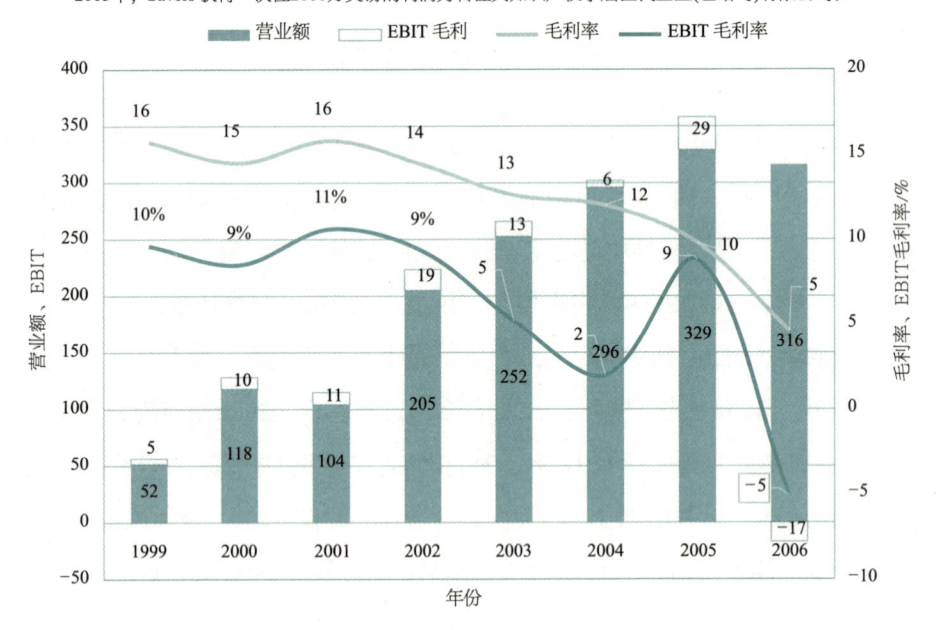

图4　1999—2006年Savers营业额（百万英镑）与毛利率（%）

（资料来源：英国公司注册署）

注：1. 2001财政年度只有7个月，即从2001年6月1日开始至当年12月31日止；
2. 2002年开始，Savers按屈臣氏财政年度从1月1日开始到12月31日结束；
3. 2005年，Savers获得一次性2900万英镑，此费用是母公司屈臣氏注资和Superdrug获得其品牌的知识产权（商标）费用。

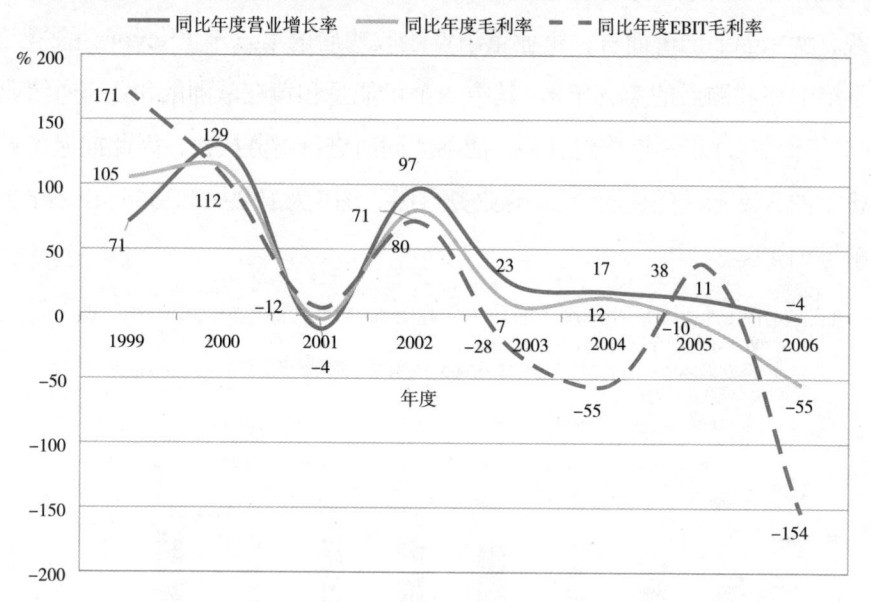

图 5 1999—2006 年 Savers 同比年度营业、毛利、EBIT 毛利 %

（资料来源：英国公司注册署）

Superdrug 重回正轨

在2002年第四季度收购Superdrug之后不久，屈臣氏就制定了新的战略，将Superdrug品牌重新定位为位于一线和二线城市的面向年轻女性的一站式时尚保健和美容商店，以区别博姿药房（Boots The Chemist）的目标客户主要是年轻母亲。一年后，Superdrug的2004年财务业绩显示：由于持续的价格折让侵蚀和人工成本上升，EBIT下降了22％。这及时敲响了警钟，即现有的商业模式需要立即进行彻底改革。

Superdrug的EBIT在营业额中所占的百分比在2003—2006年徘徊在0~2.2％。犹如Savers的转让知识产权例子，2005年 Superdrug 从母公司屈臣氏集团获得转让知识产权的一次性收入6000万英镑。在大多数收购和兼并中，除了为收购有关业务进行的前期投资外，企业重组成本将在收购后的第一年内进行拨备。就Superdrug而言，企业重组发生收购后的第三年（Savers的第二轮企业重组则在收购后的第五年）。其中一个可能是和黄在欧洲的3品牌通信业务在2003年和2004年两年严重亏损，而不能同时进行财务拨备，因此推迟了对屈臣氏旗下的Savers与Superdrug的业务重组。图6为1999—2006年Superdrug营业额与EBIT。

注：1. 2001年财年只有47周营运数据（2001年2月4日至12月31日）与屈臣氏的财年结算时间一致；
2. 从2002年开始，年度从1月1日至12月31日；
3. 2005年获得7400万英镑EBIT毛利，其中6000万英镑是母公司屈臣氏注资与Superdrug获得其品牌的知识产权（商标）。

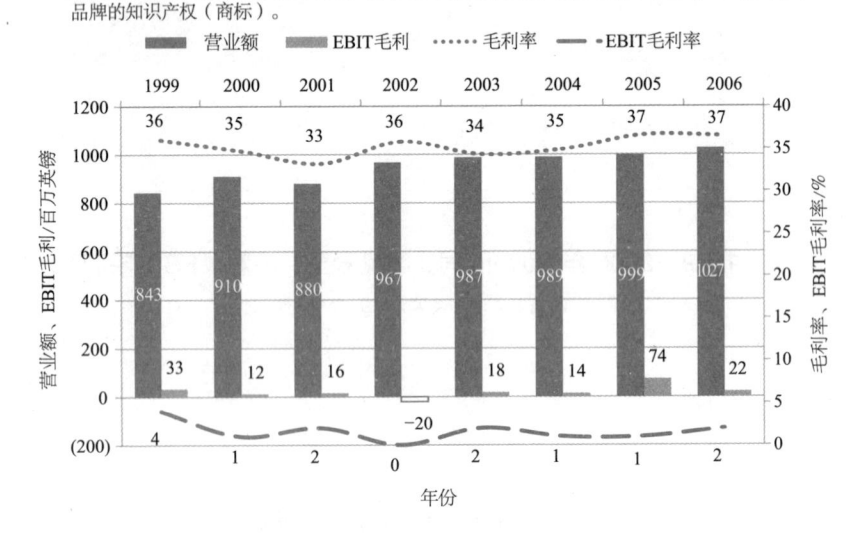

图6　1999—2006年Superdrug营业额与EBIT

（资料来源：英国公司注册署）

海外收购、资金来源

虽然亚洲与全球经济在20世纪90年代下半期和21世纪最初几年充满挑战，但是和黄在逆市中仍然有不错的表现，这是因为它在多年前于国内及欧洲的投资陆续有超高的回报。这些非经常性的利润除了弥补逆市时固有业务的收入与利润减少的短缺外，同等重要的是为和黄提供资金，使其得以继续发展、收购、重组业务，让这些"明日之星"项目可以健康与持续性发展。屈臣氏是其中一个受惠的部门，以下是两个典型非经常性利润提供的来源。

从20世纪80年代初开始，和记中国有限公司（HWC）的年度收益被合并到零售、制造和其他服务部。当时，HWC由一位业务主管杜志强董事总经理负责，他与韦以安都向时任和黄董事总经理马世民（Simon Murray）汇报。1988年，全球最大的日用消费品公司宝洁（P&G）与HWC出资分别占69%和31%的股份，在中国广州合资生产与营业企业，为期20年。[1] 宝洁与HWC的合资品牌包括内地的飘柔（Rejoice）、海飞丝（Head & Shoulder）、帮宝适（Pampers）尿布和玉兰油（Olay）等品牌快消品，这些产品受到家庭消费者的青睐。10年后的1997年和1998年，HWC出售了价值6.5亿美元的11%的股份给宝洁，获取了净47.62亿港元出售收益（两年内分别实现了14.3亿港元和33.32亿港元的特殊利润）。[2,3] 另一个破天荒的例子是1999年10月和黄出售所持英国Orange通信公司的44.8%股份与德国Mannesmann工业、通信集团作价1130亿港元。对和黄而言，这些空前的收益及超高的回报有以下作用：

- 及时解决亚洲金融危机带来的严重打击；
- 支付市场疲弱时股民仍然期待的股息；
- 弥补和黄在其他方面投资的亏损。

更重要的是，现金储备可以随时按需求投资，包括战略性的行业，例如屈臣氏于2000年在英国收购Savers和业务企业重组上的内部贷款；2004年Superdrug向屈臣氏（英国健康与美容）有限公司与Kruidvat UK Limited的2.37亿英镑贷款分别支付6.21%和4.4%的票据利息。

---

1 和记黄埔有限公司1997年年度报告：33。于2023年8月10日浏览：https://doc.irasia.com/listco/hk/hutchison/annual/97/ar1997.pdf。

2 和黄是保证合资企业外汇需求平衡的一方，以便宝洁公司的所有本地制成品都可以在国内市场上出售，而当时的出口配额则不包括在内。

3 假设年中付款，以香港税务局港元的平均购买率计算，1997年6月30日和1998年分别为12.5656和12.7197兑1港元。2023年8月10日浏览。https://www.ird.gov.hk/eng/tax/ind_stp98.htm

分散风险、支付代价

屈臣氏在香港的零售业务面临的主要挑战是高租金及工资固定支出。因此，净利润率之低，可与欧洲（以英国为代表）、东南亚（以新加坡为代表）等区域和国家业务相比。据保守估计，屈臣氏在中国内地的零售业净利润率比所有国家、地区高15%以上。[1]而在印尼、菲律宾、泰国和中国台湾，租金和人工成本比中国香港或新加坡低得多而且可控。[2,3]随着1997年6月30日英国殖民统治的结束和1997年7月1日香港特别行政区的成立，香港的房地产市场在1997年达到顶峰。

由于泰国发生了亚洲金融危机，零售租赁市场从1997年7月开始急剧下降，并迅速蔓延到整个亚洲。在香港，楼价下跌一直持续到2003年的上半年，由于SARS流行而跌到了谷底（见图7）。与1997年6月相比，价格下降了52%。2000—2002年，屈臣氏收购了Savers及Kruidvat的保健与美容零售门店，并进行之后的整合。自2000年初以来，英国的零售保健和美容市场在价格竞争方面日益受到新进入者（领先的大型连锁超市）将其产品范围扩展到个人护理类别中给予消费者批量折扣的挑战。这对Savers及Superdrug的营业额和息税前利润造成巨大的压力，导致其持续下滑。接着在2003—2006年，屈臣氏继续在欧亚地区进行一个接着一个地收购、合资、整合等极具挑战的战略性项目。2003—2006年，和黄的零售与制造业的营业额与EBIT毛利率一直徘徊在2.7%~3.7%。（见图8）

1　在内地，大型购物中心的商店租赁市场惯例是部分固定租金与部分与营业额挂钩而不是固定租金，导购员（或称营业助理）的收入比例为基本工资的20%，而佣金则是80%。同时，屈臣氏在内地药妆销售的自己品牌产品组合比例与毛利率也较高。

2　Private Retail Rental and Indices, Property Market Statistics, Rating and Valuation Department, Hong Kong, https://www.rvd.gov.hk/en/property_market_statistics/index.html.

3　Nominal Wage Indices（for employees up to supervisory level（excluding managerial and professional employees）by selected industry section, HSIC Version 1.1-based statistics, Wages and Earnings, Census and Statistics Department, Hong Kong.
https://www.censtatd.gov.hk/hkstat/sub/sp210.jsp?tableID=019&ID=0&productType=8.

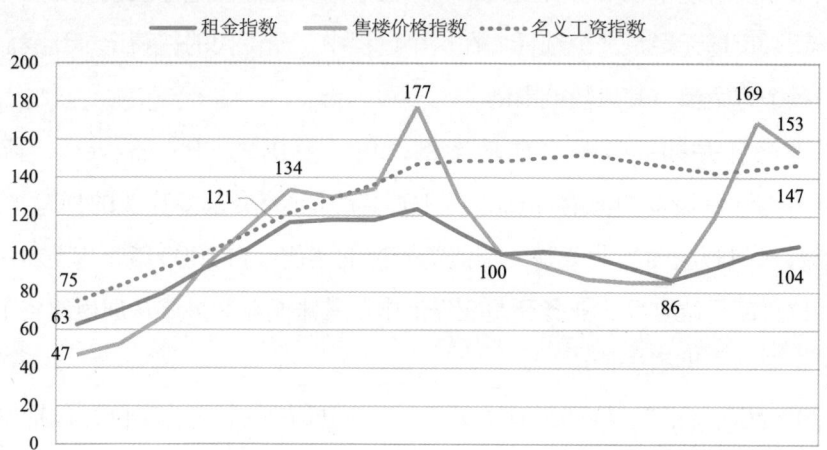

注：由于亚洲金融危机和SARS，楼价从1997年下半年到2003年上半年大幅下降。

图7　1989—2006年香港年度私人零售物业租金指数、售楼价格指数与名义工资指数（1999 = 100）

（资料来源：香港统计处）

注：2006年EBIT毛利率下跌，主要因为法国玛丽娜在收购后第二年业绩倒退。

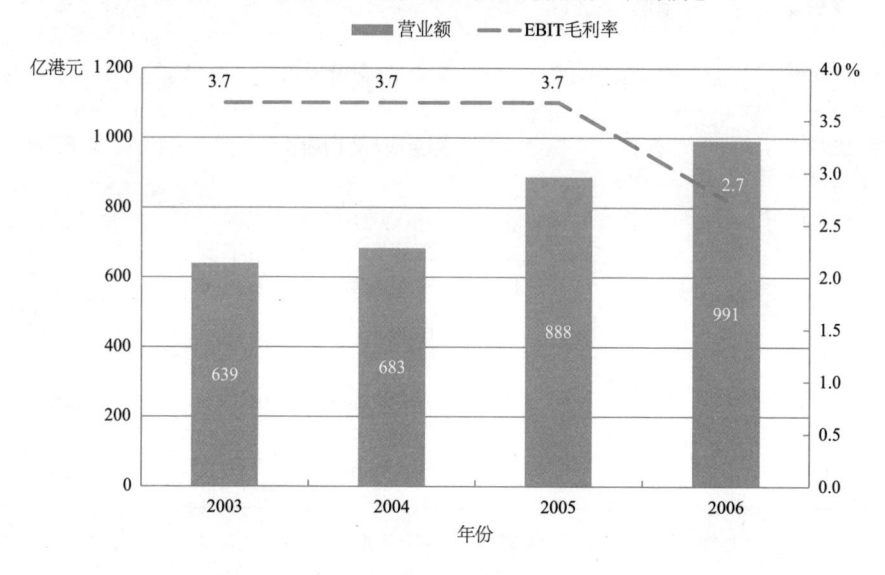

图8　2003—2006年和黄零售与制造业营业额与EBIT毛利率

（资料来源：香港税务局公司注册处）

按韦以安所说不让所有鸡蛋放在同一篮子内,选择性地分散投资在全球各个发展与新兴市场无疑是一个选择。在这个过程中,屈臣氏的往绩记录让我们留意到以下各个方案都有其风险或限制。

(1)海外并购:有多个成功案例,包括英国的TPS、Savers,荷兰的Kruidvat与北欧波罗的海的Drogas,土耳其的Cosmos及乌克兰的DC。法国的玛利娜香水与彩妆零售业务是一个值得研究的案例,自2005年收购至2012年,换了多位首席行政官后,业务还是在浮沉中。其账面业绩最终从屈臣氏转至和黄财务投资部门(见第9章)。

(2)合资、合作、特许经营(见表1):同样有多个成功案例,包括泰国的中央集团,菲律宾的SM集团,印尼的Duta Intidaya和德国的DRG集团等。韩国的GS控股也是一个非常特别的案例,在合资经营了13年后最终在2017年买入屈臣氏的50%股权,自己经营(见第9章)。

表1 屈臣氏在亚洲和欧洲的合资伙伴

成立或合资业务年份	国家/地区	合资家族、公司名称	屈臣氏持股比例(%)
1996	泰国	郑心平/中央集团	70
2004	菲律宾	施至成/SM集团	60
2004	韩国	具仁会/GS控股	50
2005	印尼	Patrick Sugito Walujo、Duta Intidaya Tbk	特许经营
2004	德国	Rossmann/DRG集团	40
2006	乌克兰	Strogan/DC	65

(资料来源:综合报道)

第 9 章
2007—2021 年：
有机增长、新冠疫情

"改朝换代"，规避风险

2007年1月1日，黎启明接任韦以安并被委任为屈臣氏集团署理董事总经理，掀开了屈臣氏历史的新篇章。在过去的16年里，全球零售市场的变化就好像一个经常更换的视频，行业内重大历史事件几乎年年都发生。美国次贷危机始于2007年12月，随后迅速蔓延到亚洲和欧洲，导致2008年全球经济衰退并迅即引发了2009年的欧洲主权债务危机（也称为"欧元区危机"），一直持续到2017年才稍有好转。在此期间，欧盟还应对来自撒哈拉以南非洲的新一批非法移民带来的挑战。然后，从2017年开始英国脱欧导致消费疲弱，2018年中国经济放缓，紧接着中美贸易争端。中国香港在2014年9月至12月期间发生了"占中"事件及在2019年6月严重冲击香港社会的"修例风波"和2020年初开始蔓延的新冠疫情大流行，然后2022年2月的俄乌军事冲突，正所谓一波未平，一波又起。

黎启明迎难而上，开始时选择了专注于有机增长、提高运营效率并从2012年开始执行客户联通策略（见第13章）。屈臣氏在过去的14年中成功地在中国内地开拓市场，从2006年底的约250家门店增至2020年12月底的4115家，成为保健与美容行业的翘楚，地位一时无两。但在印度市场受制于种种原因却久久未能进入（见第14章）。2014年，和黄出售屈臣氏24.95%股权予新加坡主权基金淡马锡（Temasek）。这让其加快步伐落实客户联通策略，并在2018年扭转在中国内地曾经因为电商的攻势猛烈而增幅一度放缓的市场。2019年，屈臣氏开始在越南投资开办零售药妆业务。2020年席卷全球的新冠疫情对X、Y、Z世代消费者在此背景下一起向线上购物的行为在许多国家与地区已成新常态之一！[1]

一波未平，一波又起

黎启明接掌屈臣氏之前，曾于1998—2000年担任和黄地产发展与控股部酒店分部的董事总经理，之前在1994—1997年担任屈臣氏的财务总监，因此他对和黄的远景、经营理念与屈臣氏的模式营运都了如指掌，是一位理想的接班人。当时，黎启明的最大挑战有三：

- 设计一个风险管理的作业系统与优化在欧洲已收购的药妆与美妆业务；
- 建立以"全球思维、本地行动"的接班人与中层管理队伍；
- 重新评估与制定屈臣氏第二阶段的全球化策略。

西欧是2008—2009年全球金融危机中最严重的地区之一，其后在2010年跃升，后因2012年的欧债危机再次下跌。[2] 在东亚，个别国家与地区受惠于中国2009年的救市措施呈现经济反弹。在2007—2020年，亚洲和东欧发展中市场的中等收入城市人口增长势头不减。受益最大的国家和地区是中国和东南亚、波兰、土耳其、乌克兰等。[3] 2022年2月，俄乌军事冲突发生后，全球经济因为能源及供应链受到影响。

英国在2016年6月举办全民公投并以52∶48的比例支持脱离欧盟的结果在过去七年中对消费者及零售业造成负面影响。但对屈臣氏盈利打击最大的是港币自1983年10月与美元挂钩实施以来，英镑、欧元及人民币兑美元在2014—2019年分别下跌21%与20%。这3种货币约占长和2019年零售业EBIT的75%。2020年的新冠疫情大流行对包括实体零售业的负面影响。

---

[1] X（80前）、Y"80""90后"、Z"95""00后"世代消费者。
[2] 2008—2009年的金融危机缘起于美国次级抵押贷款的效应，引发全球金融危机，西欧也受到冲击。但2012年希腊债务危机继而引发的欧洲的债务危机持续发酵，很快蔓延到意大利和西班牙。虽然在2014年有小阳春的出现，一直到2017年情况有所改善，但从2018年之后的形势又再次反复向下。
[3] 这是由于对基础设施和新城镇的投资在快速的城市化和工业化进程中为农村居民创造了就业机会。

迎新投资、蓄势待发

黎启明在上任的前3年进行机构重组和提高营运效率（这是通过减少库存以释放现金流及开设更多门店、集中采购职能、选择性增加自己品牌品种提升利润来实现的）。[1] 这些措施的执行克服了2007—2010年的周期性经济动荡。为了进一步优化零售业的业务组合，他在2010年先后把不盈利或需要管理层高度关注的业务剥离或转让到和黄的其他部门或卖掉，聚焦在高盈利与在发展中国家可以持续发展的保健与美容零售业务。同年，随着4G与智能手机的迅速发展，屈臣氏的客户越来越趋向年轻化，他们的消费习惯与婴儿潮的很不一样。黎启明开始部署客户联通策略（见第13章）。

当淡马锡在2014年成为战略投资者时，对于快速增长的重视再次成为重中之重。由于屈臣氏在香港以外的收入已超过利润的90%，英镑、欧元和人民币对港元的贬值抵销了过去5年的利润增长。2014—2019年，屈臣氏全球药妆业在合并后EBIT毛利率保持相当稳定，为9.0%~10.1%，其他零售业以超市为主的EBIT毛利率却徘徊在0.4%~3.1%。2019年度的其他零售分部获得的收益总额及EBIT分别减少8%及15%。[2,3] 2015—2019年的5年间实施了客户联通策略和新开了4391家门店，门店增长了29%，其中中国内地有1859家，占42%，亚洲有1427家和欧洲为1065家。2020年新冠疫情席卷全球，使全球零售业受到打击，虽然屈臣氏门店数量的增长还在继续，但是速度则缓慢了一些。在2022年初开始复苏时但后因俄乌战事而恶化。

2014—2022年屈臣氏零售业业绩如图1所示；2007—2019年屈臣氏英国药妆业绩如图2所示。

---

[1] 假如按保健品而言，全球品牌的快消营养补充剂与通过外包制造者的毛利率在30%至60%或更高，因此自有品牌在产品组合与营业和利润的比例至关重要。

[2] 其他零售包括百佳、百佳永辉、丰泽、屈臣氏酒窖及瓶装水与饮品制造业务。

[3] 长和2019年年报，零售业：25-33: https://doc.irasia.com/listco/hk/ckh/annual/2019/car2019.pdf.

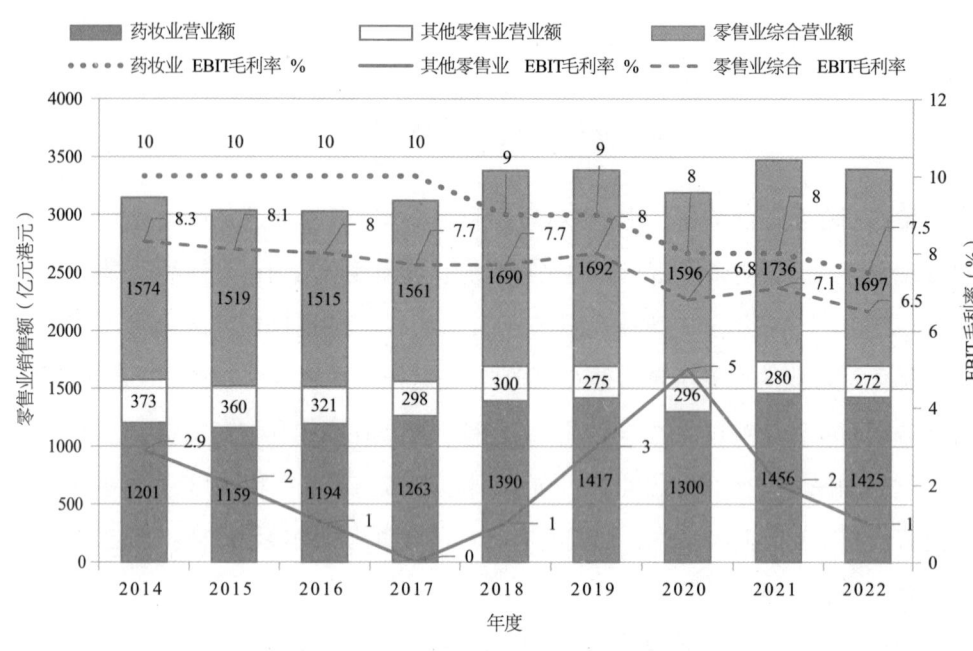

图 1　2014—2022 年屈臣氏零售业业绩

（资料来源：香港公司注册署）

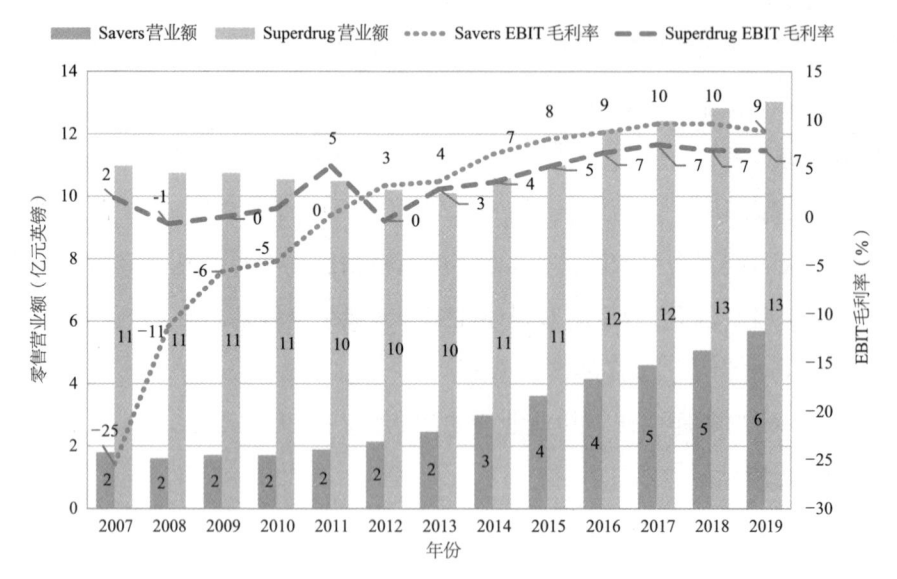

图 2　2007—2019 年屈臣氏英国药妆业绩

（资料来源：英国公司注册署）

英国脱欧、扭转颓势

屈臣氏在英国的药妆业务表现犹如教科书描述的典型成功商业案例那般，在5年间实现企业营运的惊人逆转，这是由于和黄在2006年投入了急需的业务重组的资金，让擅长商业策略的管理层执行了期待已久的地域扩张策略和推出了产品优化策略，包括高毛利的自我品牌保健与美容产品组合。因此，Savers 折扣药妆在2007—2010年的4年内转亏为盈，并且Superdrug 的盈利也有倍增。随后，Savers和Superdrug从2013年起均显示出可观的利润增长。从2016年中开始，在英国脱欧的阴影笼罩下、工商业趋向保守的投资态度与消费者的消费令原本低迷的零售业更加雪上加霜，屈臣氏在英国的两家药妆企业（Savers 与 Superdrug）在2016—2019年的EBIT毛利率却一直保持着9%与7% 实在是一个"赞"的表现。

在这里值得一提的有以下两位屈臣氏英国的资深管理者在2007—2020年在药妆业不断带领潮流，有效地持续性创新策略（见第11章、第12章）。

屈翠容（Joey Wat）于2004年在英国加入屈臣氏，任职策略计划与发展主管并协助时任董事总经理Philip Ingham制订振兴计划。2007年她出任Savers董事总经理，2011年晋升为Savers与Superdrug 首席营运官，专注Superdrug的业务，一年后再晋升为董事总经理，一直到2014年。[1]

麦克纳布（Peter McNab）在2000年Savers被屈臣氏收购时，是当时Savers管理团队的成员。他在2004年短暂的离开之后，于2007年重新加入Savers担任商务总监，随后于2011年接任为Savers的常务董事并在2014年5月继任为屈臣氏在英国的董事总经理。[2]

---

1 屈翠容原籍福建省厦门市，初中时来到香港，高中时以优异成绩考入香港大学，毕业后加入麦肯锡公司（McKinsey & Company）并担任管理顾问长达10年。2014年9月，屈翠容加入肯德基中国区任职总裁，常驻上海。2018年3月，屈翠容成为百胜中国（Yum China）的首席执行官，领导1300个城镇的8750多家餐厅。
2 麦克纳布自1998年担任Savers商务总监，2004年离任并在2007年重新加入屈臣氏一直至今。

神州大地、与时俱进

自1980年以来，屈臣氏的发展一直在其计划之内。快速的城市化发展模式，自1978年实行的开放政策，使城市家庭可支配年度收入的增加、国内生产总值的增长令人瞩目。1982年，内地的城市化率达到21%，而在1990—2022年这33年里，城市化率从26.4%跃升至6.5%，城市家庭可支配年度收入也从1510元飙升至49 283元，增长了33倍。这主要归因于对基础设施的投资，以及过去33年来中国作为世界产业基地出口创汇所带来的经济成果。屈臣氏于1989年在北京王府饭店开设了第一家屈臣氏个人保健美容店。整个90年代，屈臣氏在内地的商店增长缓慢，一直到2005年1月14日才在广州建立了第100家屈臣氏个人护理店。到了2023年中，屈臣氏在内地已建有3780家药妆实体店，同时也接收了部分香港怡和集团牛奶公司直属万宁药房在华南地区一些州的药妆门店。[1,2]除了2020年的新冠疫情的影响，内地零售业包括保健和美容业务在之前年份的高盈利迅速增长归因于以下5个主要动力。

- 自1978开始实施的改革开放与一胎政策，尤其是在20世纪90年代后的经济腾飞，使居民可支配收入按年递增，其消费意愿大幅提升。
- 千禧世代和Z世代非常渴望拥有新颖全球品牌与外界建立联系。[3,4]
- 许多国内商场的租赁政策是按部分租金及部分营业额百分比，因而降低了营运成本。
- 导购员收入与营业额挂钩而不是固定工资，比例一般为80∶20。
- 1/3以上的快消品是高毛利屈臣氏自己品牌或独家零售商。

内地城市化与国内生产总值（GDP）增幅如图3所示；2005—2022年内地屈臣氏药妆门店数与营业额，如图4所示。

1　到2018年，万宁的门市数仅有240家，约占屈臣氏门店的7%，且主要在华南地区。自2004年开始在广州投资至今，万宁已不能与屈臣氏相提并论。

2　万宁内地大撤退 老牌美妆个护集合店不香了. 新浪财经，2020年8月14日. https://finance.sina.com.cn/chanjing/gsnews/2020-08-14/doc-iivhvpwy1016724.shtml.

3　千禧世代（或称新世纪年代）是人口统计学家描述出生于1980年到2000年的一代人。

4　Z世代或称互联网世代描述出生于1995—2009年的一代人，统指受到互联网、即时通信、短信、MP3、智能手机和平板电脑等科技产物影响很大的一代人。

注：2023年2月28日，国家统计局发布2022年末全国人口14.12亿，城镇化率为65.2%。内地城市化政策有助屈臣氏在三、四线城市扩展。

图 3　内地城市化与国内生产总值（GDP）增幅

（资料来源：综合国内媒体报道）

*2020年，屈臣氏药妆在内地的门店虽然年度同比增加168家或4.3%，但因为上半年在疫情期间多个城市封城，营业额大幅下降19%，许多消费者转往网上购物。

图 4　2005—2022年内地屈臣氏药妆门店数与营业额

（资料来源：综合媒体报道）

2007年，罗敬仁（Christian Nothhaft）被任命为屈臣氏中国药妆的首席执行官，以推动未来的快速增长。在此之前，他曾担任屈臣氏香港丰泽电子和电器零售业的常务董事两年。2007—2016年的10年间，屈臣氏在国内从100家门店增加至2929家药妆门店。当时，屈臣氏陈列的1500种品牌产品中，高利润（估计平均为60%毛利率或以上）独家或自有品牌产品占有1/3或500种。门店每月平均营业额为100万元人民币，税息折旧及摊销前利润（EBITDA）为25%，一般在15个月内收回投资150万元人民币开设新店的费用。2014年2月，阿里巴巴推出了天猫国际，消费者直接上网购买自己熟悉与惯用的国际品牌，如欧莱雅、资生堂、宝洁等原装打折美妆品。消费者行为的改变造成每家零售商店的营业额迅速下降。这种趋势在2016年已被证实为不可逆转，屈臣氏的年度营业额为209亿港元，相比2015年下滑4%，如果排除人民币因素实际增长只有2%。[1]

2015年底，罗敬仁退休，高宏达（Kulwinder Birring）在2016年初加入屈臣氏中国为首席运营总监，负责制定营运与执行客户联通策略。他在熟悉市场与营运流程后，在2017年3月接替罗敬仁的岗位为署理行政总裁。面对国内的6000万屈臣氏会员，高宏达针对年青一代客群（包括上海正大广场的崭新屈臣氏店铺）迅速作出相应的调整：零售门店内装修风格、品牌结构与商品组合焕然一新，加速翻新与开新店维护与占领市场份额及提供新的体验，包括专业彩妆团队免费为会员提供肌肤测试、美容保养等体验服务。随着2018年客户联通战略的启动，盈利能力的上升趋势得以维持。接着连续两年获得7%的营业额增长，但2020年的业绩因为新冠疫情的影响而再次受到打击，年度同比下跌19%。2022年的业绩因为新冠疫情一直到年底才开始稳定下来。

业务重组、美妆撤除

2014年3月，新加坡政府的一个主权基金的控股公司淡马锡以440亿港元间

---

[1] 2016年长江和记实业有限公司年报，业务回顾——零售，中国保健及美容产品：29 https://doc.irasia.com/listco/hk/ckh/annual/2016/tc/orretail.pdf.

接收购屈臣氏24.95%的股权。这使和黄零售部门（即屈臣氏）的估值为1760亿港元，是其2013年营业额的1.2倍或EBITDA的12.5倍。之前，屈臣氏的业务可以分为以下4个类别：

- 药妆类：屈臣氏有7个药妆品牌，包括原来提供健康和美容服务的屈臣氏（主要分布在亚洲，如中国、东南亚、土耳其）品牌、Drogas（波罗的海国家）、Kruidvat（荷比卢三国）、Trekpleister（荷兰）、Rossmann（德国）、Savers（英国）和Superdrug（英国）。
- 豪华化妆品和香水：ICI Paris XL（荷比卢三国）与TPS（英国）（但不包括总部设在巴黎的玛利娜，后者在2013年的财务报表中作内部转让至投资及其他业务部门，但管理仍然由黎启明负责）。
- 其他零售，包括百佳超市、丰泽电器与电子消费品、屈臣氏洋酒、Nunance 屈臣氏免税店。
- 制造业包括饮料和蒸馏水。

2016—2022年，内地的屈臣氏药妆门店从2929家增加至3836家，增加907家，增幅31%。这些商店通过更深入内陆省份的2级和3级城市来帮助维持营业增长。2020年第一季度开始新冠疫情全球大流行，屈臣氏整年零售与制造业营业额年度同比下跌6%至1596亿港元，EBIT下跌20%至109亿港元。[1] 药妆业为其主要业务，占营业额的80%，也是受打击最大的业务板块。这是因为自2020年2月开始，新冠疫情蔓延致使许多药妆门店停业及顾客流量下降令营业额大减，当年的盈利下降。虽然在2022年底有所恢复，但内需及全球经济受俄乌战事影响，估计到2024年才开始复苏。

永辉合资、超市业务

众所周知在零售业中，超级市场能够产生庞大现金流，但利润率甚低。在全

---

[1] 长江和记实业有限公司，2020年中期报告：12-13. https: //doc.irasia.com/listco/hk/ckh/interim/2020/intrep.pdf.

球范围内，沃尔玛（Walmart）、乐购（Tesco）等大型超市的EBITDA只有一位数的低位。在除日本以外的亚洲地区，屈臣氏的大型百佳与怡和集团的惠康超市连锁店也被认为只可实现低个位数EBITDA。

2020年，屈臣氏全球的零售总额与EBIT为1596亿港元与109.3亿港元，贡献了长和集团40%与20%的份额。屈臣氏集团内的16 167家门市中，其他零售包括百佳超市、丰泽电器有468家，占3%。该分部的营业额与EBIT则贡献了275.3亿港元与8.6亿港元或17.2%与7.9%份额。但是其EBIT毛利率则只有3%。若排除屈臣氏与广东永辉在2019年合资的一次性收益6.3亿港元，其他零售部门的2019年EBIT只有2.3亿港元，低于1%的EBIT毛利率。[1,2]

2020年，屈臣氏在其他零售分部的非核心业务反而获得同比收益增长20.5亿港元或7%至296亿港元，EBIT毛利率（排除2019年一次性转让部分股权与永辉所得的6.3亿港元）史无前例地跃升11.1亿港元至13.4亿港元或492%。这个变化主要由于疫情期间很多人都没有上班，留在家中，因而对食品、消毒、清洁用品及个人计算机、智能手机类的需求增加。尤其是香港百佳超级市场的表现远远超越预期。同时丰泽的高价电器、电子类产品也有不俗的表现。2022年，屈臣氏集团内的16 142门店中，其他零售门店有412家，占2.6%。全年零售营业额与EBIT为1916亿港元与110亿港元，而分别占长和系的37%与15%份额。

法韩投资、各有隐忧

自2005年屈臣氏收购法国玛利娜香水、美妆企业后，其业绩一直不振。虽然玛利娜于2012年在13个国家或地区的1200家商店创造了11亿欧元（约合

1　2018年10月，屈臣氏宣布与内地最大的连锁超市永辉和排名前三的线上营业平台腾讯，以40：50：10的杂货零售业务合资。屈臣氏在2019年的一次性收益为6.33亿港元。预计永辉最终将在适当时候成为百佳超市的拥有者。
2　2019年长江和记实业有限公司年报，业务回顾——零售、其他零售：33。
https://doc.irasia.com/listco/hk/ckh/annual/2019/car2019.pdf。

100亿港元）的营业额，是法国香水和化妆品专业业务的领导者，但根据2013年当时和黄年度报告中重述的零售与制造业绩与其附注说明，玛利娜在2012年的业务收入为101亿港元，EBITDA及EBIT亏损分别为5400万港元与3.09亿港元。这相当于屈臣氏2012年业绩的综合营业额的6.8%或EBIT的3%。自2013年开始，玛利娜的财务报表也从和黄零售与制造业部门转移到其他财务与投资部门，其2014年在法国市场的份额也从2006年的28%的第一名下跌至2014年在丝芙兰（Sephora）之后。[1] 许多跨国企业在法国的收购专案在日后的管理上都遇到类似的挑战，究竟法国的商业文化有何不同呢？（见第12章）。

2018年韩国零售保健和美容市场约为371.2亿港元（或47.6亿美元）。当地市场领导者CJ集团的子公司Olive Young在全国约拥有1100家零售药妆门店。GS Watson是屈臣氏与韩国GS Retail于2004年12月成立的50∶50合资企业，2005年3月创立了第一家屈臣氏药妆品牌店。12年后（2016年底），GS Watson开设了第128家药妆零售门店，考虑韩国市场的规模和潜力，每年平均仅开设10家新店，这显然不是GS Watson的原来计划。2017年2月，GS Retail以1050万美元（约合8190万港元）的价值从屈臣氏手中收购了50%的股权，并于2018年2月推出了新的Lalavla品牌。屈臣氏将其50%的股份出售给合资伙伴GS Retail的理由是：由于GS Retail的保守策略，在过去12年的合资过程中几乎从来没有积极扩展门店，未来前途也有限。因为双方的股份是50∶50，若一方缺乏动力，另一方只能退出！

表1为2012年玛利娜业绩；表2为2014年法国市场奢侈香水美妆零售商排名。

表1 2012年玛利娜业绩

指标	原长和年报零售与制造业财务业绩包括玛利娜	调整后不包括玛利娜申报业绩	估算玛利娜业绩
营业额/亿港元	1486.26	138.519	101.07
EBITDA/亿港元	127.25	127.79	(−0.54)

---

[1] 2022年Marionnaud仍然归纳在长和集团的其他财务和投资部门内，但门店进一步从2019年的900家下滑至750家，市场也从11个减少至9个。

续表

指标	原长和年报零售与制造业财务业绩包括玛利娜	调整后不包括玛利娜申报业绩	估算玛利娜业绩
EBIT/亿港元	100.48	103.57	（-3.09）
零售门店数/家	10865	9742	1123
平均每店营业额/百万港元	NA	NA	9

（资料来源：香港公司注册署）

表2　2014年法国市场奢侈香水美妆零售商排名

排名	零售商	在法国的门店数目	2014营业额/亿欧元	备注
1	Sephora	300	36.13	自1997年成为LVMH全资附属公司
2	玛利娜	560	10.11	自2005年为屈臣氏全资附属公司，但在2013年转到和黄其他财务与投资部
3	Nocibe	460	0.680	2013年10月被德国Douglas收购后共有625家门店，排名第二

（资料来源：综合各财经新闻报道）

投资德国、模范合资

自2004年以来，屈臣氏成为罗斯曼有限公司（Dirk Rossmann GmbH，

DRG)40% 的股权持有者。DRG是德国排名第二的药妆连锁店,仅次于DM集团(Drogerie Markt GmbH),但领先于穆勒汉德尔集团(Muller Handels GmbH)。

2020年新冠疫情期间,DRG实现了103.9亿欧元的收入,年度同比增加了3.9亿欧元或3.9%。屈臣氏在其他所有欧亚市场的营业额都是下跌,只有DRG的营业额继续增幅。其中73.3亿欧元来自德国国内市场的2233家门店,30.6亿欧元来自东欧诸国的2011家门店。在此期间,德国的增幅为4.7%,而东欧则为2.0%。虽然受到2021年的新冠疫情、俄乌战事的影响,但零售门店的数字却继续扩张。

2008—2020年DRG营业额增幅,如图5所示。

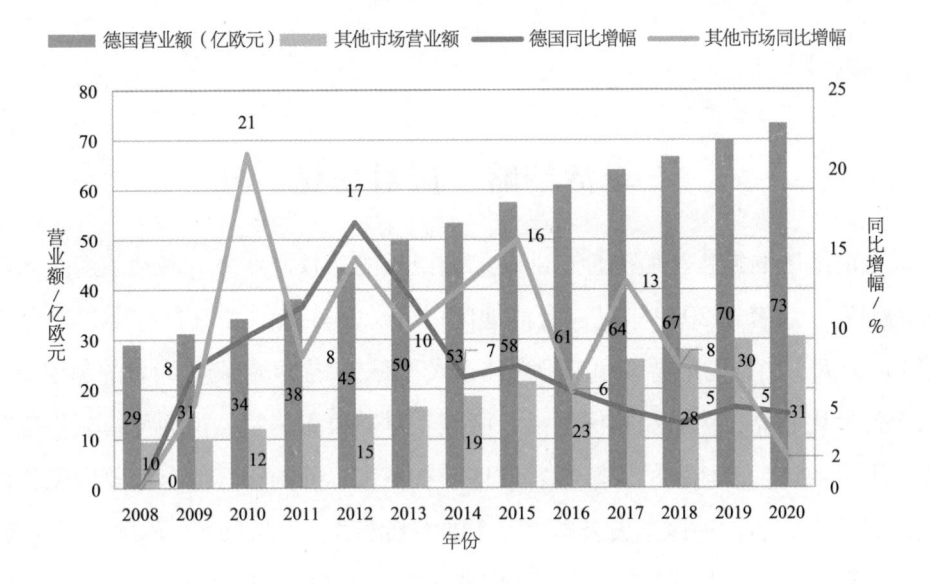

图5 2008—2020年DRG营业额增幅

(资料来源:综合财经媒体报道)

社会问题、抑制零售

在亚洲21世纪的最初10年里,从泰国到中国台湾的婴儿潮一代在他们的退休后期倾向沿用既有制度以维持社会的稳定,而Y世代和Z世代则选择激进的行为,意图从根本上改变现有的政治制度。屈臣氏药妆门店是许多第一次出国旅游者心仪的购物目的地之一,这些店铺提供当地受欢迎的时尚化妆品、皮肤护理、保健品和个人护理快消品多种选择。在亚洲许多市场中,内地游客已占入境游客总数的1/4~1/3。他们是所有游客中人均支出最高的消费者,如果内地入境游客大幅下降,将立即导致零售贸易的下降。

灵活策略、应对变化

台湾地区的零售与服务性行业(如屈臣氏的药妆行业)大多都依赖大陆游客的消费。后者在2019年只占台湾地区以外总游客量的22.9%,较2015年少了147万人。由于内地游客倾向于为其家人和朋友在旅行中购买大量的免税消费品,包括化妆品、护肤品和保健品,所以其对健康和美容品类的零售额影响甚深。因为到访台湾地区的大陆游客改道前往日本、韩国和其他东南亚国家和地区,2016年,台湾地区虽失去67.3万人的大陆游客,但从日本、韩国、新加坡、马来西亚等国家与中国香港、中国澳门地区增加的旅客数量足够弥补缺失,同时来自其他国家的人数也有增幅并获得22万人的净增加游客。综合零售业和保健与美容业的增幅也在2017年与2018年两年显示出来,如图6、图7所示。

注：2014年，台湾地区生产总值、综合零售业和保健与美容业销售额年度增幅分别从6.5%、4.8与3.0%。
2015年下降至4.9%、3.7%与1.9%，主要因为大陆游客人数与金额骤降，在台湾地区购买保健与美容品金额下跌新台币32.58亿元。
2021年全年因为新冠疫情影响，保健与美容业销售额年度首次在2014年以来再次下跌0.5%至2019年水平。

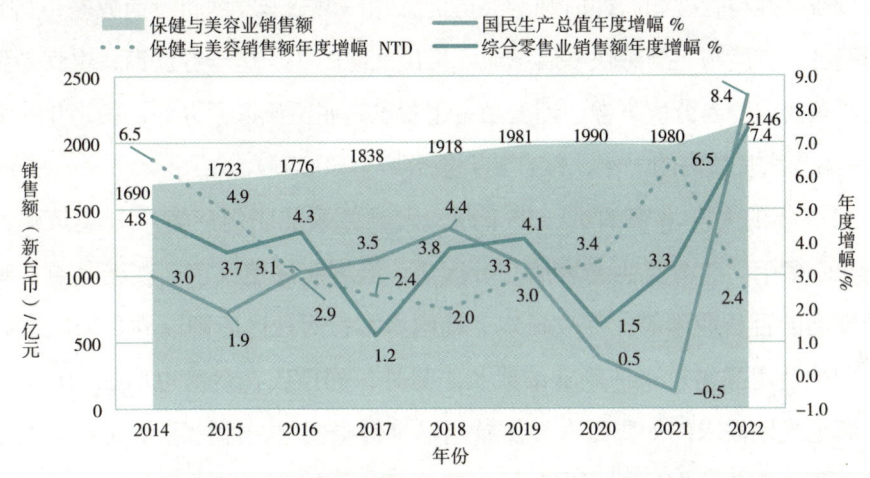

图6　2014—2022年中国台湾地区保健与美容业销售额、国民生产总值和综合零售业销售额年度增幅

(资源来源：中国台湾统计网)

注：2014年9月至12月，保健与美容业零售额年度下跌1.9%，主要因为内地游客人数减少。
2019年6月到12月，保健与美容业零售额年度大幅下跌13.2%，此次内地游客人数大幅减。
2020年全球新冠疫情大流行，本地经济包括综合零售业及保健品与美容业进入寒冬期，保健与美容零售额"雪崩"式下滑50%，随后在2021年与2022年分别年度微升3.0%与2.7%。

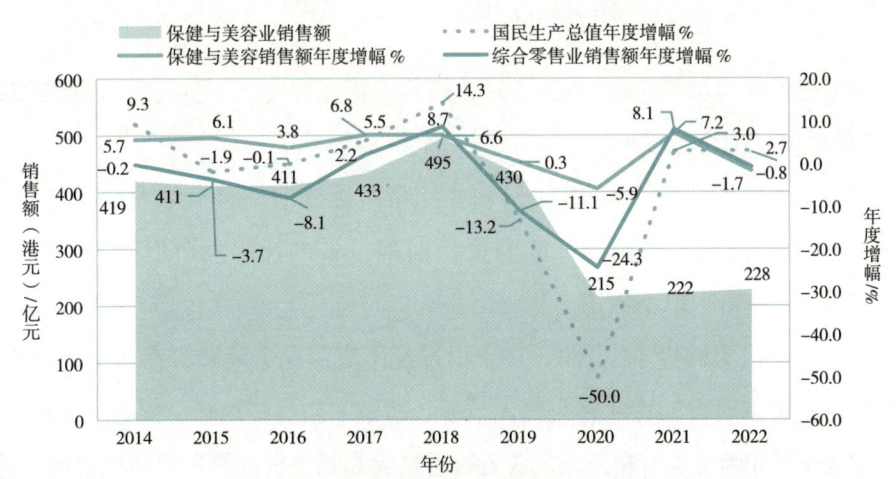

图7　2014—2022年香港特区保健与美容业零售额、国民生产总值和综合零售业营业额年度增幅

(资料来源：中国香港政府统计处)

2016年2月，屈臣氏台湾董事总经理安涛荣升为屈臣氏亚洲区董事总经理，其职位由服务屈臣氏24年的本地零售专业才弋顺兰接任。面对逐渐失去的大陆游客业务，她与管理团队即时制定会员优惠并在第三季度创新行销战略，刺激本地消费者。首度与麦当劳快餐店结盟，推出互惠的买一送一券促销，也就是到屈臣氏买东西送麦当劳优惠券、到麦当劳用餐也送屈臣氏抵用券等，使当年业绩成为过去5年增长最高的一年，并且其会员数增至500万人。

2017年的大陆游客的进一步下跌，弋顺兰采取了门店客户分类策略，把台湾520多个门店分类为游客店与社区店。游客店涵盖夜市、观光景点、观光客密度高的百货商圈等，专攻日本、韩国游客；而社区店则以满足家庭主妇与学生的生活用品需求来冲刺业绩成长。另外，屈臣氏在台湾也增加门店至550家，满足当地需求的如脚踏车、露营用品等健身器材，保持了年度10%的增幅指标。屈臣氏药妆在这期间也开设了新店面，例如Gen-I商店具有线上和线下互联体验。

新冠病毒、肆虐全球

新型冠状病毒肺炎（COVID-19），简称"新冠肺炎"，是由新型冠状病毒感染引起的急性呼吸道传染病。

世界卫生组织于2020年3月11日宣布了新冠疫情具有全球大流行的特征。根据国际货币基金会的预测，欧洲央行前副行长维托·康斯坦西奥（Vítor Constâncio）进行了以下描述。

新型冠状病毒肺炎（COVID-19）引发经济衰退源于消费者需求大跌和供应链混乱。受影响最大的行业将是休闲娱乐、旅游、旅行、运输、能源、金融。银行的风险规避和债券发行缺乏市场流动性可能会影响信贷并引发流动性紧缩。[1]

---

[1] Victor Constancio, Speech on "Policy Response to Covid-19 and Chance for Recovery", Virtual Round Table, Official Monetary and Financial Institutions Forum, London, April 3, 2020. https://www.omfif.org/events/virtual-roundtable-with-vitor-constancio-former-vice-president-european-central-bank/.

新冠肺炎疫苗于2020年在中国率先使用，12月在美国开始全民注射。2021年3月25日，印度发现双重突变新型变异新冠病毒。到4月底，疫情的蔓延已有1.5亿人感染，320万人死亡。原来受控的疫情又再度肆虐。在国内，2022年12月经济开始复苏。

第 ❷ 部分
管理新思维

1982 年，韦以安任职屈臣氏集团董事总经理。

韦以安

自 1982—2016 年，韦以安带领屈臣氏从一家面临倒闭的零售药妆、超市企业演变成为全球发展最具活力的最大健康与美容零售连锁企业，在欧亚两大区域成为传奇。

（鸣谢：韦以安）

第 ⑩ 章
商业奇才、缔造历史

英籍大班、亚洲之旅

堪富利士于1837年9月14日出生在英国,在19世纪50年代中期的维多利亚时代,他与许多年轻的英国人一起涌向了大英帝国新殖民地去建立自己的事业。当时,堪富利士以"背包客"的身份从伦敦乘船到印度加尔各答落脚。[1] 他在那里学习了一些商业技能后,在28岁时(1864年),与比他小10岁的杰西·兰伯特(Jessie Lambert,昵称"Jepie",1847—1912)结婚,不久两人就踏上了去澳大利亚淘金的历程。他们在新南威尔士州待了两年,运气不佳,决定于1866年转战中国香港作最后冲刺。

在19世纪70年代至20世纪40年代,堪富利士家族曾是香港三甲地产发展商之一。堪富利士在1874年成为屈臣氏唯一的股东后,他经营的香港大药房积极地发展鸦片代瘾药、零售和批发药品、汽水的全国性业务积累了大量现金。19世纪70年代中期,他成立了列治文台房地产与建筑有限公司(Richmond Terrace Estate and Building Co. Ltd.,RTEB)开始涉足房地产业务,投资地区最初是在港岛半山,之后在山顶的一个地段——一直到19世纪末才选择性地允许非英国人居住的地区。[2] 100年后的1981年,香港另一位地产大亨李嘉诚持

---

[1] 在1869年苏伊士运河开放之前,根据天气以及船只类型的不同,从伦敦到英属印度的海路必须经过南大西洋的圣赫勒拿(Sain Helena)岛,补充了粮食、饮用水后抵达非洲最南端的好望角并再次补充物资赶往下一个中途站。到达印度孟买后再通过陆路前往当时英属印度的首都孟买。视天气与季节风的方向,整个行程可能需要2~4个月才能到达一个遥远的目的地。

[2] 何东(1862—1956)为19世纪90年代第一位在英占时期允许非英国人居住在港岛山顶的持有英国公民资格的本地出生欧亚人。何东的父亲查理斯·亨利·莫里斯·博斯曼(Charles Henry Maurice Bosman,1839—1892)是荷兰籍犹太裔人,母亲是广东籍人士。何东曾是英商怡和洋行香港首席买办。1899年,何东成为堪富利士地产有限公司的董事会成员。

有和黄集团的大多数股份成为屈臣氏的唯一股东。

1883年，屈臣氏的品牌与堪富利士的声誉已在东方成为广为人知的商号。他接手屈臣氏品牌经营的香港大药房积极地发展鸦片代瘾药、零售和批发药品、汽水的全国性业务积累了大量现金。

到了19世纪90年代末，该公司的资本为100万港元，同时拥有港岛西半山（现为）列堤顿道地段，占地38.6万平方英尺的列治文台。1891年10月，RTEB更改名称为堪富利士金融与地产有限公司（Humphreys Estate & Finance Company Ltd.），并开始在九龙尖沙咀地区增购53.6万平方英尺土地建房。至此，堪富利士成为了香港的一位举足轻重的地产大亨。[1] 表1为19世纪堪富利士的商业王国。

表1　19世纪堪富利士的商业王国

序号	年份[2]	业务性质	公司名称
1	1874	零售与制造药业	屈臣氏公司 香港大药房、上海大药房等经营者
2	70—80年代	房地产开发，包括港岛半山、山顶与九龙尖沙咀地段	列治文台房地产与建筑有限公司（直至1890年）
3	1891		堪富利士金融与地产有限公司接任列治文台房地产与建筑有限公司
	1884	山顶缆车	香港高山缆车有限公司
	1886	公众公司[3]	屈臣氏有限公司
4	90年代	家族办公室	堪富利士父子有限公司（英国伦敦、中国香港）
		澳大利亚新南威尔士州	
5	90年代	金矿	新巴莫拉尔（Balmoral）金矿有限公司 奥利佛斯（Oilvers）永久业权矿场有限公司

（资料来源：《香港西药业史》2020：40，51-54）

---

[1] 自20世纪40年代以来一直没有继承人管理堪富利士在香港的业务，堪富利士金融地产有限公司后被怡和洋行凯西克家族控制的香港置地有限公司在1971年收购。
[2] 收购、成立或成为主要股东的年份。
[3] 屈臣氏成为公众公司（1907年以前，在英国及被占地区的公众公司是指由公众认购其股份的公司，不由公众认购股份的则为私人公司。堪富利士仍然是最大的单一股东和总经理，屈臣氏筹集资金的目的是加快让屈臣氏的业务扩展到中国内地和菲律宾。

堪富利士　来华创业

堪富利士与兰伯特共谐连理34年直至堪富利士在1897年返回英国后过世为止。他们有3个子女，长子亨利（"小堪富利士"）在他们来到香港后的1867年出生，次子约翰与三女爱丽丝也都在香港出生。堪富利士有一位兄弟艾德蒙·埃利亚斯（Edmund Elias）在伦敦的堪富利士父子有限公司帮助代理业务（在19世纪80年代—20世纪20年代从欧洲和英国采购专有药品，包括最新型的鸦片代瘾药、葡萄酒和烈酒）与管理伦敦的家族办公室。小堪富利士于1889年从英国成为药剂师后返回香港，同年与爱丽丝（Alice，姓氏不详）结婚。他们有3个子女，包括约翰·大卫（John David）、紫罗兰·克里斯汀（Violet Christine）和桃乐西（Dorothy）。爱丽丝（Alice）于1895年在乘坐开往英国途中（印度洋）的邮轮上去世。

爱丽丝过世后，小堪富利士据说与他的表妹伊娃（Eva）于1898年4月12日在香港中环圣约翰大教堂再婚。他们有一个儿子艾德蒙·塞西尔（Edmund Cecil），后者定居于英国贝德福德。1933年，小堪富利士在香港退任堪富利士金融与地产有限公司及屈臣氏有限公司董事会主席后移居加拿大英属哥伦比亚的温哥华岛。他的长子约翰·大卫（John David）接任小堪富利士担任堪富利士父子有限公司和堪富利士金融与地产有限公司（Humphreys Estate and Finance Co.Ltd.）的家族办公室主管。1939年，小堪富利士出售他在温哥华岛的物业后，搬到了维多利亚市，在那里他们入住了皇后酒店。他也成为附近的乡村俱乐部的成员。1943年，他在加拿大维多利亚市过世，享年75岁。不幸的是，小堪富利士的长子约翰早于1940年在香港去世，享年只有46岁。[1] 表2为堪富利士家族情况。

1　Chiu, Patrick, Henry Humphreys (1867—1943): a visionary in retail pharmacy in colonial Hong Kong, Pharmaceutical Historian, London, 2018, 48/3:77-81 https://www.ingentaconnect.com/content/bshp/ph.

表 2　堪富利士家族

1864年约翰·大卫·堪富利士（1837—1897）与杰西·兰伯特结婚（1847—1912）		
亨利（Henry，1867—1943）	约翰·艾德蒙（John Edmund）	爱丽丝（Alice）
亨利与Alice（姓氏不详，1895年过世）结婚，有3个子女 亨利与伊娃在1898年再婚，他们有一个儿子艾德蒙·塞西尔（Edmund Cecil）		
紫罗兰·克里斯汀（Violet Christine）	约翰·大卫（John David，1894—1940）	桃乐西（Dorothy）与岩士唐结婚	艾德蒙·塞西尔（Edmund Cecil）

（来源：《香港西药业史》2020：275-282）

社会活动　闻名中外

堪富利士是一位非常活跃的社会活动家。从政治、社会到教育、运动等活动，他总是积极参与。他热心公益，是一位受人尊敬的企业家。1888年，堪富利士被提名为香港卫生局非官守议员席位的4名候选人之一。[1] 他第一次当选时，1888年6月12日的英文《香港日报》有如下报道：

昨天，香港举行了第一次全民选举，当时要求纳税人从四名候选人中选出两名，他们在重组后的卫生局中当选。两位获选者为商人堪富利士（J.D. Humphreys）与资深大律师法兰氏（J.J. Francis），任期三年的议员。[2]

他在1891—1892年与1893—1894年再次当选。[3] 堪富利士是九龙弥敦道的九龙书院的创始成员。九龙书院后来更名为英皇佐治五世学校，是一家英童学

---

[1] 香港卫生局成立于1883年，负责监督和管理卫生设施，选民来自纳税人组成的两个特别与普通陪审团名单，最高得票者自动当选。

[2] The Daily Press（Editorial），Hong Kong Daily Press, June 12, 1888:2. https://mmis.hkpl.gov.hk/old-hk-collection.

[3] Water Greenwood, John Joseph Francis, Citizen of Hong Kong, A Biographical Note, Journal of the Royal Asiatic Society Hong Kong Branch, Vol. 26（1986）:17. https://hkjo.lib.hku.hk/archive/files/8e5961d522c05baa5acf34c320df96c1.pdf.

校。他还是当时位于香港岛般咸道的拔萃女校和孤儿院的董事会成员。[1]

堪富利士与卫生局任命的官守委员兼香港华人西医学院院长詹姆士先生·坎特利医生（Dr. James Cantile）的友谊促使他捐赠了一笔款项来支持孙中山和该学院的另一名医学生学习费用完成他们的本科医学学历。[2]堪富利士每年到上海视察药房与批发业务，他是当时上海跑马厅的知名马主之一。堪富利士至少拥有10匹赛马，其中9匹赛马的名字以字母"V"开头。在1889年的为期3天的上海春季赛事中，他的赛马参加了所有10项比赛。堪富利士的"贵宾"（"VIP"）马匹与大卫·沙逊与摩地两位业务横跨两地的商业精英的良驹竞赛，赢得了赛事。堪富利士也是共济会的成员，[3]他还是香港赛马会的热心赛马者和董事会成员。

小堪富利士——西药翘楚

1874年，当小堪富利士（Henry Humphreys）年仅8岁时，他的父亲收购了亚瑟·亨特（Arthur Hunt）的股份后，屈臣氏的业务开始腾飞。小堪富利士的童年时光是在他家族拥有的大药房中度过的，目的是栽培他成为家族接班人。随后，他被送往英国南海的圣海伦学院学习，为进入制药行业做准备。小堪富利士随后去伦敦就读于英国药学会附设的药学专门学校，并在1888年通过了药学会的主要考试，获得了药剂师注册，[4]他于翌年22岁时返回香港加入了屈臣氏，成为香港大药房的药剂师经理，是当时香港的3位具有高资历的化学师（即药剂

1　Chan, Bruce A. The Story of my Childhood Home: A Hong Kong Mid-Levels Residence, c.1880-1953, Journal of the Royal Asiatic Society Hong Kong Branch, Vol. 58 (2018): 120
2　香港华人西医学院由伦敦传教道会于1887年创立，何启、詹姆士·坎特利、派翠克·曼森和乔丹是创始成员。当堪富利士在1889年患心脏病时，由詹姆士·坎特利医生就诊，其还安排了包括孙中山先生在内的两个最好的学生来守夜。随后，堪富利士向该学院捐款。
3　共济会（Freemasonry）源自中世纪英格兰地区的石匠行业协会，19世纪开始在当时英国及其殖民地发展，主要为殖民者的私人政经联谊组织。
4　英国药学会化学师与药师注册名单（Chemists and Druggists Register），Pharmaceutical Society of Great Britain, 1919:177）。https://archive.org/details/registersofpharm00pharuoft.

师）之一。[1]

小堪富利士在1890年10月的《美国药学杂志》上通过视觉和化学鉴定方法发表了一篇有关中国肉桂的文章，介绍如何鉴定与区分肉桂和决明子（廉价的仿肉桂草本植物）。他在文章中有以下描述：

6个样品在凉水浸剂内都会产生蓝黑色液体，显示碘的存在。但若这些样品在氯化汞（$HgCl_2$）处理下则不会产生黏液。这6种香气都有一些接近肉桂香气，但在某些情况下则有一种辛辣味表示更接近决明子。

但是，我能够确定的一个重要点是在安南（越南）的中国肉桂为野生的，比起在广西和广东两省的西江种植的决明子更南边更远。[2]

小堪富利士这篇文章的发表显然是确立他具备生药学（包括本地常用中草药知识的）药剂师的地位。几年前，威廉·克劳（William Crow）等人在《中国评论》上发表了一篇有关《中药注意事项》的文章，同样证明他们对本地华人使用中草药的了解。[3] 除了1900年和1901年两年北方省份的义和团运动外，屈臣氏在内地的业务还是稳定发展的。一直到1909—1910年的大雨引发长江水灾及7月份上海股票市场的橡胶股票出现危机，屈臣氏在通商口岸和内陆城市的药房业务受到的打击最大。[4,5]

小堪富利士将时间重新投入香港深耕直到1914年第一次世界大战（1914—1918年）在欧洲爆发。尽管业务从1911年到20世纪30年代遭受到接二连三的打击，但屈臣氏却在此期间幸存下来。屈臣氏的宝塔和独角兽徽标已被中国其他地区和当时位于马来西亚海峡的英国殖民地广泛认可为优质的标志。此外，屈臣氏代理的进口司各脱鱼油和其他处方药物是零售药房的宠儿，其一直是香港零售

---

1 其他两名高资历的药剂师是政府药剂师兼分析师William Edward Crow（克劳）和政府药剂师Frank Browne。克劳（William Crow）还是卫生委员会的秘书，约翰·大卫·堪富利士（John David Humphreys）在1886—1892年是两位当选议员之一。

2 Humphreys H. Chinese Cinnamon, In John M. Maisch, （Ed.）The American Journal of Pharmacy, Philadelphia College of Pharmacy; October 1890: 497-500.

3 Chiu Patrick. The First Hundred Years of Western Pharmacy in Colonial Hong Kong, 1841-1940. Pharmaceutical Historian, London, 2016;46（3）: 42-49. https://www.ingentaconnect.com/content/bshp/ph.

4 1910年7—9月的上海橡胶股票风潮，造成银行与众多钱庄倒闭，进而引发股市崩溃及政府救市失败，最后导致清政府收回原本商办的铁路，引发保路运动，清政府从湖北派兵镇压，导致1911年辛亥革命的爆发。接着，地方军阀与国民政府的内战导致中部省份数百万人寻求避难的混乱局面，一直到1927年南京政府成立为止。

5 Chen, Zhongping, Modern China's Network Revolution: Chamber of Commerce and Social Political Change in the Twentieth Century, Stanford University Press, Stanford, 2011:160-161.

药房的龙头，并聘有最多药剂师（见表3）。

表3 中国香港屈臣氏药房的注册药剂师人数与市场占有率

注册年份	屈臣氏注册药剂师人数	总人数	市场占有率/%
1908	8	13	62%
1916	12	19	63%
1927	13	24	54%
1936	8	27	30%

（资料来源：《香港政府宪报》）

堪富利士父子在香港的成就可以在今天两条街道上看到他们的历史痕迹；那就是位于九龙尖沙咀的堪富利士道与港岛北角的屈臣氏道。（图1）

图1 横跨百年的中国香港尖沙咀堪富利士道与北角屈臣氏道路标

（模拟香港路标）

小堪富利士跟随父亲的脚步，于1906年在无对手参选下自动当选为卫生局的非官方议员。在卫生局任职议员的3年间，港督弥敦（Matthew Nathan）任命包括小堪富利士等3人组成的《公共卫生与法规条例》委员会负责调查卫生部涉嫌的腐败和贿赂。调查结果促成了公共卫生和建筑条例的修正案，并于1908年对卫生委员会进行了改革。

第一次世界大战（1914—1918）期间，小堪富利士加入了香港志愿军，并在1922年被授予太平绅士的荣誉，以表彰他对第一次世界大战期间在香港维护治安的贡献。他像许多在香港被占时代的富翁一样，绅士俱乐部的会员资格使他们可以见面并交流八卦。他除了是一名狂热的网球运动员外，还是赛马运动的积极参与者，并且像他父亲一样拥有几匹马。他还是香港木球会和铜锣湾香港游艇俱乐部的成员和常客。

小堪富利士在1918年51岁时已计划将来退休后的生活。同年，他去了加拿大不列颠哥伦比亚省的温哥华岛度假并构建了一所住宅。瓦莱丽·格林（Valerie Green）在她的书中描述小堪富利士的豪宅为"小村庄"，发展成为该地区最吸引人的房地产之一，小堪富利士并在此度过了许多快乐的时光。他多年以来一直是当地Cowichan乡村俱乐部的成员。[1]1939年，小堪富利士卖掉了他们的"小村庄"房子，搬到了维多利亚，并在那里的皇后饭店定居，小堪富利士成为附近的联合俱乐部的成员。[2]

堪富利士两父子，身经百战，他们独具慧眼，能够从风险中找到机遇，尤其是在遥远的十里洋场上海和热情满溢的马尼拉完全捕捉到"危机"一词的真正意义。

韦以安——药妆业传奇

韦以安（Ian Francis Wade，音译伊恩·法兰西斯·韦德）是于1940年3月出生于英国布拉德福德（Bradford）零售商家庭的"金龙"。根据中国命理，一个出生为"金龙"的人将是天生的领导者，拥有丰富的资源，并且总是找到成功的方法。他的已故父亲哈里（Harry，简称"老韦"）在第二次世界大战（1939—1945年）之前曾在当地的玛莎百货（Marks & Spencer）仓库工作，后来参军。老韦因在"二战"时表现英勇和具备领导才能，获得了许多荣誉，并在战争期间被提拔为中校。老韦在战后重新加入玛莎百货，不久其成为一家总店经理。他以身作则，从小就教导韦以安服从纪律、做事有毅力、执行计划和勤奋等。

韦以安在英国中部西约克郡的哈利法克斯（Halifax, West Yorkshire）的Crossley-Porter文法学校就读。他的法语很不错，他最喜欢的运动是木球和橄

---

1 格林在她的书中提到了小堪富利士到温哥华岛筹备他将来的退休大宅——小堪富利士养老的格兰堂（Grave Hall）。
2 Green V. If More Walls Could Talk: Victoria's Houses from the Past. Victoria: TouchWood Editions, 2001: 70.

榄球。16岁那年，他最初渴望成为一名职业板球运动员和橄榄球运动员。韦以安毕业后不久就在弗里克利煤矿木球俱乐部（Frickley Colliery Cricket Club）任职业运动员（著名的板球运动员Freedie Trueman也曾在那儿为驻场运动员）。在板球界度过了几年之后，韦以安在1958年19岁时转换至零售业的跑道。

他在英格兰东北部的北林肯郡斯肯索普（Scunthrope）的伍尔沃斯（Woolworths）百货公司担任实习生。斯肯索普当地最大的企业是英国钢铁厂（British Steel）。韦以安努力工作，经常是最后一个离开百货公司，并在不同部门轮转获得了全面的运营经验，学会了如何与其他员工沟通。他激励营业人员的方法是鼓励他们赢得新客户并以优质的服务留住老客户，这导致他后来晋升为主管和在1968年担任百货公司的经理。

韦以安成为伍尔沃斯（Woolworths）商店最年轻的经理，负责商店的产品组合与利润。凭着出色的业务营业额，韦以安担任商店经理的年薪为9000英镑，他所得的分红占该分店利润的10%，远远超过他的上司——负责多家伍尔沃斯的区域经理的年度收入。他在伍尔沃斯百货待了15年后觉得事业发展已经到达天花板，需要重新出发。

1972年，他加入了英国中部李兹联乳业公司（Associated Dairies of Leeds）新成立的阿斯达（Asda）超级市场集团担任总经理一职，并继续他的快速职业发展。凭借敏锐的商业触角和能干的态度，他的商业技能与管理实践得到了进一步的磨炼，尤其是在消费者行为方面增长见识。

1981年10月，一家全球猎头公司寻找一位洞悉零售行业，且具有快速增长阶段的实战经验，善于运用人际交往能力还敢于挑战现状的精明管理者。不久，韦以安被安排来到香港与当时和黄的前首席执行官兼屈臣氏董事会主席李察信（John Richardson）以及和黄的大股东兼董事会主席李嘉诚先生进行了工作会面。他对零售市场的发展与预见屈臣氏未来在香港与亚洲的抱负让李嘉诚与李察信深深认同，当场被聘请为屈臣氏集团董事总经理的职位。韦以安在农历新年假期过后不久的1982年3月1日星期一，狗年的第一个吉祥日正式上班。

在20世纪80年代初期，无论是百佳超市还是屈臣氏药房，许多门店不是规模太小，就是位于非战略性位置，屈臣氏的大部分零售店铺都在流血，必须尽快止血。

韦以安于42岁时来到当时为英国占领的香港，加入和黄集团出任屈臣氏集团的董事总经理职位。他在任25年间，屈臣氏从250名员工，20家门店的零售、制造企业发展成为横跨欧亚10万名员工、7700家的全球三甲连锁药妆门店。

在韦以安的领导下，屈臣氏从1983年开始成为一个积极参与香港公益金与社区发展的企业公民。它为慈善和社区活动提供的青年教育、保健计划到体育活动等一系列均回应了社会诉求。屈臣氏运动俱乐部于1989年成立，为本地的年轻运动员提供了更多培训机会，以改善他们的表现并通过运动来培养其积极的人生观。

自屈臣氏被香港社会服务联会首次颁予2002年"商界展关怀"奖起，此后每年其一直都保持此荣誉。2006年，泰国的屈臣氏个人护理店发起了筹款活动帮助保护泰国儿童权利基金会。同年，英国的Superdrug筹集了40万英镑支持Macmillian Cancer Relief不断增加的癌症服务范围，并捐赠225万欧元予荷兰格罗宁根专家中心（Groningen Experet Centre）研究儿童肥胖成因的科学研究课题。

韦以安参与许多公益活动，他曾是香港业余田径总会主席，香港网球协会主席，负责主办年度香港网球公开赛，同时他还是渣打银行组织的年度马拉松比赛的热心支持者（见图2、图3）。一直到今天，韦以安仍然是香港红十会的顾问团成员。为了表扬他积极对社会公益的参与，香港特区政府及意大利政府分别授予他铜紫荆星章（BBS）与骑士勋章。

图2　香港业余田径总会颁予韦以安2006年香港渣打银行国际马拉松纪念碟

（鸣谢：韦以安）

图3　2011年香港网球精英赛韦以安，美籍华裔男子网球运动员张德培与夫人刘安宝

(鸣谢：韦以安)

2001—2006年，和黄委任他兼任美国 Priceline.com 旅游网站董事会主席，他在任期间制定创新市场策略，并在2006年出售该业务，给和黄带来3.5亿美元的净利，在投资界成为美谈（见表4）。韦以安将他的成就归功于已在2018年5月退休的前长和与长实董事会主席李嘉诚，他进行了以下描述：

1982年我加入屈臣氏见证了亚洲新兴市场中产阶级的起步，丰富了我的生活和商业生涯。特别是中国内地在已故领导人邓小平先生的领导下，对外开放政策落实至今已让全球五分之一人口步入小康生活。

在我服务屈臣氏的25年中，有很多动荡的时期，1983年9月的黑色星期六、1987年10月的全球股市崩盘、1997年7月持续数年的亚洲金融危机、2001年的"9·11恐怖袭击事件"等不断发生的危机等令屈臣氏在逆境下成长，终于能够保持全球保健和美容领域的前三甲的位置。

最大的挑战是2005年在法国的收购零售香水业项目，收购后业务重组所需的时间比最初预期的要长和复杂。另一个挑战是没有投放足够管理人员在收购Savers和Superdrug后的机构重组与集中管理。

虽然屈臣氏在法律的限制下无法在一些国家（如印尼、菲律宾、韩国和泰国）进行直接投资或收购活动，但我们有幸能够与享有声誉的家族组建合资企业。当他们看到了屈臣氏品牌的战略和专业管理知识的价值时，便乐意让屈臣氏成为多数或平等合伙人以推动零售保健和美容业务的快速增长。这样，他们可以腾出更多的时间从事基础、房地产开发等战略性业务。[1]

韦以安从英国到中国香港，其后穿梭欧亚，在零售保健与美容快消品行业建立了一个商业模式与最佳管理实践和领导者的典范。无论如何，韦以安在欧亚药妆行业中留下了一个传奇并培养了多位目前在欧亚零售业内具有影响力的行业翘楚（见第12章与第13章）。

表4 屈臣氏1982—2006年全球化历程中的里程碑

（资料来源：综合资讯汇总）

年份	市场	里程碑
1982	中国香港	扭转年亏4000万港元的屈臣氏零售与制造业业务
1983	中国香港	1983年9月24日"黑色星期六"中英关于香港前途谈判中的货币危机
1984	中国深圳	重回内地市场，在深圳蛇口建立第一家合资深圳百佳超级市场
1987	中国澳门	进入澳门前赞助澳门格兰披治大赛车推广活动
	中国台湾	重回在"二战"时离开的宝岛
1988	新加坡	重回1980年离开的狮城
1989	中国北京	个人护理店重回1900年离开的首都市场
	中国广州	重回1951年离开的华南市场，成立超市
1990	中国香港	和黄内部转让香港电灯旗下丰泽电子、电器零售业务
1994	中国北京	北京成立屈臣氏蒸馏水工厂
1996	泰国	屈臣氏个人护理店首次进入泰国市场
1997	中国上海	收购上海斯柏克林饮用水厂
1998	欧洲	屈臣氏蒸馏水进军英国，创建Powwow品牌饮用水与在欧洲收购矿泉水业务
	中国香港	屈臣氏酒窖成立
	中国台湾	丰泽在宝岛开业

---

1 从2019年1月至2020年11月多次与韦以安访谈记录。

续表

年份	市场	里程碑
1999	中国	转让上海与广州雪山冰激凌业务与联合利华和路雪冰激凌
2000	英国	收购Savers药妆,进军英国个人零售保健与美容市场
2001	瑞士	收购Badaracco洋酒分销业务
2002		收购荷兰Kruidvat零售药妆集团,立足欧洲保健与美容市场
2003		转让Powwow品牌饮用水予瑞士雀巢矿泉水
2004	欧洲	收购24家Drogas药妆,进入波罗的海地区
		收购德国Rossmann公司40%股权与其在中欧新兴市场50%合资企业股权
2005		扩展屈臣氏个人护理店品牌至波罗的海地区市场至爱沙尼亚
		收购法国最大香水与化妆品零售集团玛利娜的1300家门店
		收购欧洲近东地区土耳其的7家Cosmo药妆
		收购俄罗斯圣彼得堡24家Spektr药妆
	菲律宾	重回在1910年离开马尼拉与当地SM集团合资开办屈臣氏个人护理店
	韩国	与前三星零售的GS集团合资在首尔开办GS屈臣氏个人护理店
	英国	收购110家The Perfume Shop品牌香水门店
2006	印尼	与当地家族合资在雅加达开办屈臣氏个人护理店

第 11 章
"王道"哲学、长青发展

英资退市、华资接棒

第二次世界大战结束后的30年,来到香港避难的4个粤籍家族逐渐取代了堪富利士等英籍地产家族的地位。香港新的四大家族是在"二战"后受惠于英籍苏格兰人亚当·斯密夫(Adam Smith,1723—1790)宣导的自由放任经济政策,同时他们也崇尚中国儒家思想中社会和谐、缔造安定伦理环境的道德素养。

香港作为亚洲国际都会,李嘉诚为其中一位典型的华人企业家,具备儒家价值观与西方最佳商业实践管理的融合。[1] 沈弼勋爵(Baron Michael Sandberg),1977—1986年为汇丰银行的董事长,支持李嘉诚收购和黄,开创了英资退市、华资接棒的先河。李嘉诚除了像许多华人企业家一样奉行"王道"哲学,并取得了巨大的成功外,其在个人的教育、慈善事业的工作同样得到了认可。

屈臣氏在1841—2021年的180年间由一家几经摧残的零售、汽水、药厂企业成为了一家横跨欧亚的零售保健与美容集团。在从英资过渡至华资的过程中,不但继续灿烂并且成为全球行业领导之一,它是如何实现企业管理、脱离困境、跨越中西文化,一次又一次地从平凡步入优秀再迈向卓越历程的呢?

2023年中国香港最富有的家族,表1所示。

---

[1] 香港定位为亚洲国际都会的计划,最先由香港特区行政长官董建华在其1999年的施政报告中提出。2001年5月香港品牌推广计划,由董建华在《财富》全球论坛于香港举行时主持这项计划的开展礼。

表1　2023年中国香港最富有的家族

(资料来源：福布斯杂志[2])

排名	姓名	年龄/岁	净资产金额/亿美元	主要业务	主要地域分布
1	李嘉诚[1]	94	390	多元化	全球
2	李兆基	95	303	房地产	香港与内地
3	郑家纯	75	289	零售、运输、房地产	香港与内地
4	李锦记	已故	193	食品制造、零售	香港与内地

白手起家、善用资源

李嘉诚的家乡于1939年6月在抗日战争中被日军占领。一年半后的1940年冬天，时年11岁的他从广东汕头逃到香港，投奔他的小舅父庄静庵，在零售手表店当学徒修理工。1945年第二次世界大战结束后不久，他17岁时成为一家手表表带厂的推销员。在1946—1949年，国共内战时期有超过100万的难民来到香港，香港成为拥有大量廉价劳动力的天堂，市场一度蓬勃。由于土地供应稀少，工厂空间不足，许多家庭主妇成了家里的零散工。这是香港被占时期"山寨工厂"的开始。[3,4]

1　2019年下半年的持续社会动乱，李嘉诚的资产缩减了30亿美元，成为香港第二位最富有的人，但在2020年迅速攀升为香港首富。

2　2023年福布斯香港富豪榜排名，2021年2月21日。

3　"长江"的中文单词是指汇聚无数溪流和支流的大长江。李嘉诚的梦想是使长江工业有限公司像强大的长江一样成为一家伟大的中国公司。

4　当时香港的华资老板依靠来自香港的英籍商人的洋行的出口订单，如德贲保（David Boag）、和记国际（Hutchsion International）、美最时（Melchers）和会德丰（Wheelock），以及其他与美国或欧洲进口商和分销商进行中间交易的公司。家庭主妇拼花工更喜欢在业余时间在家组装塑胶花片，同时照顾年幼的孩子和年迈的父母。这就是所谓的"山寨工厂"的起源。

1948年，李嘉诚20岁，成为一家玩具公司的总经理。两年后，在亲戚的资助下，他建立了自己的塑胶花工厂，即长江工业有限公司（以下简称"长江"），接受本地出口贸易商的合同，制造塑胶花产品销往欧洲和美国。1955年，李嘉诚累积了第一桶金，并开始制订进入房地产市场的下一步计划。[1]三年后，他成立了长江实业有限公司（以下简称"长实"）筹集资金，成为一家房地产开发公司。在接下来的20年中，长实通过与其他小型房地产所有者的收购和合并储备了非常可观的土地，并成为仅次于英资香港置地洋行的第二大房地产开发商。到了1978年，李嘉诚成为香港首富。同年，长实从汇丰银行收购了和黄22.5%的股权。[2]在接下来的几年中，长实从股票市场上又收购了和黄8.5%的股份，并于1981年成为和黄的单一大股东。当时，市场报道李嘉诚投资和黄的动机是在九龙红磡的荒置大型船坞土地，用来储备建造大型私人住宅小区。

同年，和黄也把屈臣氏私有化为旗下全资直属公司。[3]李嘉诚在担任和黄董事会主席后不久便决定聚焦发展通信、房地产、能源、码头运输、零售等五类业务。当时，其发现屈臣氏的零售业务虽然在市场中载浮载沉但仍具有潜力，日后甚至成为产生现金流的"自动提款机"。[4]他在2016年6月30日接受美国一家专注于财务报告的国际新机构彭博社的采访时有以下描述：

随着全球市场的频繁和突然变化，我对现金流特别谨慎。我的原则是始终在增长与稳定之间取得平衡。[5]

李嘉诚拥有长实与和黄两家上市公司。后者的能源、零售、通信等服务业所产生的现金流用作支持海外市场的基础设施和港口项目。1981年第四季度，和黄的主席李嘉诚和集团董事总经理李察信（John Richardson）任命了屈臣氏董

---

1 自1842年香港成为被英国强占以来，土地销售一直是税收收入的第一大收入来源，以支援行政管理和基础设施建设。
2 在1973年全球石油危机爆发后，由于和记在海外投资过度扩张，后者因面对财务困难，汇丰银行通过与和黄股东的换股提供了临时融资。1975年和黄进行重组后，汇丰银行积极寻求投资者接管其持有的和黄股份，长实是热衷于寻求直接投资机会的理想人选。
3 自1963年以来，和记国际有限公司（HIL）成为屈臣氏的最大股东。在和记与黄埔船坞有限公司合并为和黄有限公司后，和黄成为屈臣氏的最大股东。
4 屈臣氏每天从客户收到现金，从而产生了充裕的现金流。2019年，屈臣氏的营业额为1690亿港元（169亿英镑）。若按年利率5%的投资将额外产生84.5亿港元（或约8.45亿英镑）的利润。
5 刘安琪，香港亿万富翁李嘉诚：一次深度访谈，2016年6月30日。
https://www.bloomberg.com/news/videos/2016-06-29/hong-kong-billionaire-li-ka-shing-an-in-depth-interview.

事总经理韦以安改善零售和制造业务的投资组合。在1941—1981年的40年，李嘉诚从钟表业学徒开始一路自我进修与摸着石头过河，在20世纪50年代成为香港当时最大塑胶花的代工生产者，20世纪70年代成为香港最大的地产商，20世纪80年代晋身海外市场的历程是一个传奇。他是如何改变自己、抓住机会、拥抱世界，成为全球最具影响力的企业家之一的呢？

毕生学习、高瞻远望

李嘉诚没有接受过正规高中教育，但是他已故的教师父亲在其家庭教育中让李嘉诚意识到了终身学习的重要性。第二次世界大战后，李嘉诚在夜校里学习英语和簿记，这为他在1948年管理玩具工厂做好了准备。他有一颗好奇的心，喜欢学习所有新技术，包括运货车的维护和修理、塑胶花片的模具制造、库存管理、仓储安全、零散工的激励与招募等细节。这些知识帮助他在原本为低利润的代工制造业务中以最低的运营成本发展了庞大的塑胶花家庭组装工人网络，而无须承担固定的厂房与劳工福利的成本。同时，在收取出口商的定金、预付组装费用、支付供应商和零散工中产生的现金流等行业环节中存在高回报的投资。在1955—1958年，他忙于与核数师、银行家、法律专业人士和股票经纪建立工作关系并了解法规的遵从性，以建立稳健、可持续发展的业务。另外，他还向规划师、建筑测量师、工程监督员和结构工程师学习，了解开发商时常犯的错误是什么。

当他决定在20世纪80年代走向全球化时，他向美国麻省理工学院（MIT）的系统设计和管理学教授寻求建议以解决复杂的管理问题和人工智能、电子商务等技术的未来趋势。[1,2] 他对生物技术的兴趣促使他在21世纪最初10年中

---

1 李嘉诚的和黄与长实从Priceline出售中获利12亿港元.《南华早报》，2006年12月6日.
https://www.scmp.com/article/574330/li-firms-reap-hk12b-priceline-sale.
2 当电子商务还处在刚刚起步的阶段，和黄的管理层曾经提出建议不要过于勇猛地投资在不确定性的业务时，李嘉诚还是决定在2001年收购美国线上旅游业务Priceline的37%股权，五年后的2006年转售并得利1.54亿美元（或12亿港元）利润。

期通过维港投资（Horizon Ventures）——一家专注高新科技中早期项目的创投公司，成为日后在鸡蛋代用品和"人造肉"公司Impossible Foods的创始股东。[1,2]

李嘉诚的毕生学习经历可能就是他成功之道中的一个重要因素。[3]他在媒体的访问中表达了他像每个人一样，都会在生活中犯错误。但他却很幸运，大多数错误都没有产生严重后果。学习是他最重要的老师，李嘉诚一直在书中寻找灵感，书就像指导他的真正导师一样。他也喜欢电影，电影激发了他的想象力，他喜欢通过许多角色体验生活。他认为人们重视信誉是建立在原则之上的，因此人们应该列出他们的使命和他们永远不会做的事情。

当他在2006年获得《福布斯》终身成就奖时，李嘉诚与所有人分享了他在1980年成立的慈善基金会，对他来说，慈善基金会就像他的第三个儿子。他希望以身作则支持企业社会责任，大家的共同努力可以建立一个对所有人都公正和公平分享的社会。李嘉诚对新事物、新技术和新尝试保持好奇、与时俱进的态度。他从对解决问题而带来的乐趣中得到满足感。美国数学家、资讯理论的创始人克劳德·香农（Claude Shannon）提出，应该以"位元数"来衡量资料，以实现知识和资讯的民主化。李嘉诚从早年制造业方面的经验中领略到现金流是公司的命脉，也是公司未来的最佳保障之一。

1999—2000年，当每个人都将欧洲3G的发展视为金矿时，李嘉诚觉得它被夸大了。在频谱拍卖的整个过程中，他指示和黄团队要按照现金流量预测，并且在谨慎考虑下才能前进。当时，每个人都认为他太保守了，并向这项任务提出了挑战。但是回想起来，长和的电信业务仍保持竞争力，而赢得竞标的一些公司却陷于困境。

---

1 Paul Davies, On a Mission to Dispense with the Egg, Financial Times, February 26, 2014. Accessed February 7, 2020. https://www.ft.com/content/14e3bd70-9d39-11e3-83c5-00144feab7de.
2 Ryan Swift, Meatless Meat Revolution Kicks Off in Hong Kong, where Li Ka-Shing Puts His Money Where His Mouth Is.South China Morning Post, May 3, 2019. Accessed February 7, 2020.
3 李嘉诚于2017年9月29日被《福布斯》杂志评为"二十世纪商业巨人"。
https://www.lksf.org/mr-li-named-one-of-the-worlds-greatest-living-business-minds-by-forbes/.

儒释价值、"王道"哲理

李嘉诚从小在父亲灌输的儒家价值观下成长,至日军占领广东汕头时,被迫在12岁背井离乡。李嘉诚在其小舅父庄静庵开办的钟表店当学徒时,首先体验了儒商的美德"王道"。["王道"一词可以追溯到孔子时代(公元前551—公元前479年),其统治者凭借道德和善良进行统治。"王道"代表者孟子强调"王道"是以正义与仁爱行政,相反的为霸道]。李嘉诚不但负起自己的义务,扮演好自己的社会角色,让一部分人的福祉促使社会的和谐安定,他也鼓励与支援属下公司的负责人参与善举,形成企业社会责任的文化,真正平衡了利益与伦理的双对面,也就是现代的儒商"王道"。

在香港的众多富豪中,李嘉诚是少数慷慨地连年捐出巨额善款支援公益的慈善家。他在1980年成立了"李嘉诚基金会",至今已捐献300亿港元(合278亿人民币),培养了18万大学生及守护逾1700万病者,其中80%在大中华地区。[1]他在与已故妻子庄月明(1932—1990)结婚后,以"乐善好施"的品德帮助不幸者。

最近的例子是自2019年6月起,超过100名暴力示威者占领并破坏了公共财产,包括香港立法会大楼议事厅。同年下半年,许多位于大型购物中心内的银行自动柜员机遭到恶意破坏及几起刑事伤亡案件。这些治安失控的报道导致从2019年6月—12月的入境游客数量下降,第四季度受到的打击最大,零售业务下降了30%~50%。[2]

2019年11月为香港社会动荡最严重的时候,每天13.8万的内地游客停止来港旅游购物。这对香港的零售业与服务行业造成了严重打击。香港曾为亚洲最安全城市之一的美誉已不复以往。

见失业率攀升,李嘉诚带头捐献了9.2亿元人民币(合10亿港元)作为紧急

---

1 李嘉诚基金会网址:https://www.lksf.org/?lang=hk,2021年10月25日。
2 2019年12月版,香港特别行政区政府统计处每月零售销售报告。

支援28万间零售商铺的启动救济金。[1,2] 著名华人经济学家、曾任台湾大学校长的孙震，在2020年11月5—6日的一个论坛上有以下描述：

> 儒家思想的核心是仁。仁是人之所以为人的同情心和同理心的关爱之心的实践，由近而远，由亲而疏，及于全人类。[3]

李嘉诚以身作则并支援和黄/长和属下公司投入社会的慈善公益。韦以安受到李嘉诚的启发，在屈臣氏任职期间，开始参与"香港公益金"与校际运动的捐献活动及后在每一个有业务的国家与地区都有类似的慈善活动。

在行事上，李嘉诚在他父亲身上体验到众多儒家的价值观，最为明显的是"选贤与能、知人善任"对他的领导风格产生了终身影响。李嘉诚容许他的经理们尽早从错误中吸取教训，以免日后重蹈覆辙。他的经营态度是：相信负责任的人、充分授权、创造多赢的局面，业务才能得到永续。这个管理理念在环球通行，和黄的众多国籍高管都对李嘉诚的充分授权态度表示敬仰。他重视具有专业知识的人才，包括他从收购公司继承来的人才，典型例子包括李察信及其继任者马世民。[4]

他的另一个儒家价值观是"饮水思源"。李嘉诚在教育的慈善工作上不遗余力。一个例子是他自1980年开始捐款，在他的家乡建立汕头大学。另一个例子是前汇丰银行董事长，沈弼爵士在2017年90岁时逝世，"李嘉诚基金会"在两所英国大学创立了"沈弼勋爵纪念奖学金"。[5,6]

另一位学者，现任新加坡国立大学东亚研究所所长，香港大学前副校长（1986—1995年任职期间，校长为历届香港港督挂名兼任）王赓武教授在接受的

---

1 李嘉诚基金会捐赠10亿美元帮助中小企业. 中国日报香港版：2019年12月9日。
https://www.chinadailyhk.com/articles/119/253/145/1575899550628.html
2 大多数零售商收到60 000港元（合55 000人民币）的无偿支援，许多零售店收到30 000港元（约27 500人民币）。
3 2020年第18届远见高峰会，第一届君子经济学家赠奖演讲. https://www.youtube.com/watch?v=O9hjXqpND7M.
4 李察信（John Richardson）是英国出生的澳大利亚籍律师，于1976年加入和记国际，担任执行董事，负责财务重组，并于1980年底提升为首席执行官，他一直服务到1984年由英籍前法国外国军团军官马世民（Simon Murray）接任。马世民是在李嘉诚收购的商人银行的联合创办人兼经理并过渡至和黄。马世民在服务了和黄10年后离开创立了自己的投资公司并一直担任长实非执行董事至2017年。
5 李嘉诚设立奖学金以纪念沈弼. 李嘉诚基金会. 2017-9-4. https://www.lksf.org/mr-li-ka-shing-establishesa-scholarship-in-memory-oflord-michael-sandberg-of-passfield-obe-cbe/.
6 李嘉诚基金会向两所指定的英国大学捐赠500万港元（合50万英镑）是对沈弼（Michael Sandberg, 1927-2017）的纪念性礼物。是李嘉诚忠实的终身朋友，已有50多年的友谊。他建议李嘉诚在1978年收购和黄时，不只要成为富裕的本地地产大亨，而应成为全球商业领袖。

采访中，他对李嘉诚的个人看法作以下描述：

> 李也有自己的慈善事业。他绝对是一个善良的人，但他不会简单地捐赠金钱或现金，但李用自己的方式来管理慈善资金，以便受益人必须有所作为或努力学习……然后获得慈善事业。他认为，只有勤奋才能取得成功和突破。[1]

企业长青、繁荣策略

拥有180年历史的公司很少能幸免于战乱、经济和金融危机及世纪疫情的冲击。当屈臣氏于1982年从一家濒临破产的商业实体转变为一家拥有保健和美容连锁店的全球性药店时，它的历程犹如乘坐过山车一样。许多全球大型零售业集团在2020年的新冠疫情中面对业务骤降、财务盈警与债务重组的现实，长和与屈臣氏的谨慎理财策略在李泽钜董事长与黎启明董事总经理的严格执行下，顺利度过新冠疫情，并将在2024年全面复苏。

韦以安在担任屈臣氏集团董事总经理的25年内采用了"繁荣策略"，把屈臣氏在1982年的挣扎局面转型至2006年的优秀保健与美容零售企业的雏型。吉姆·柯林斯（Jim Collins）在2002年出版了他的畅销书《从优秀到卓越》，书中描述了他的管理理念。[2]韦以安在英国百货与超市零售业的25年中已实践了柯林斯的7个策略并累积了丰富的第5级领导激励与管理经验。他的"繁荣策略"是如何在遥远的亚洲与中国内地应用，以扭转屈臣氏的颓势，进而进行脱胎换骨的旅程呢？

韦以安的接班人黎启明，在2007年继承了一支第5级领导团队继续执行从优秀到卓越的历程，他欢迎离开的高管回巢，如英国Savers的麦克纳布。但是，留住最好和最聪颖的管理人才对众多的企业，包括屈臣氏在内已经成为一个经

---

1 People: A History Memo from Professor Wang Gungwu, onm Li Ka-Shing, Lee Kuan Yew and Robert Kuok, Future City Summit, September 8, 2019. https://medium.com/@futurecitysummit/people-a-history-memo-from-prof-wang-gungwu-on-li-ka-shing-lee-kuan-yew-and-robert-kuok-f3bdcdbae48e.

2 Jim Collins. Good to Great, Why Some Companies Make the Leap…and Others Don't. Harper Business, New York, 2001.

常性的挑战。在1990—2006年加入屈臣氏管理层的一些卓越管理人才,部分人的事业继续在屈臣氏成长,也有部分在20世纪初分别离开并已成为在中国内地、欧洲零售、服务性行业的翘楚,屈臣氏的接班人又是如何培养的呢?

五级领导、以身作则

如果仅专注于追求短期季度与年度的财务目标,地区运营主管与零售门店的经理都只是胜任的第3级领导层。那么,他们应该如何改善他们的管理能力进阶直到第5级领导层的位置?从入职担任助理公共关系经理的初级管理者如何在20年内成为独当一面的亚洲与欧洲首席行政官?每一级的能力是否可以自学成才(见图1)?

第五级:卓有成效的管理者
第四级:有效的领导者
第三级:富有实力的经理
第二级:乐于奉献的团队成员
第一级:能力突出的个人

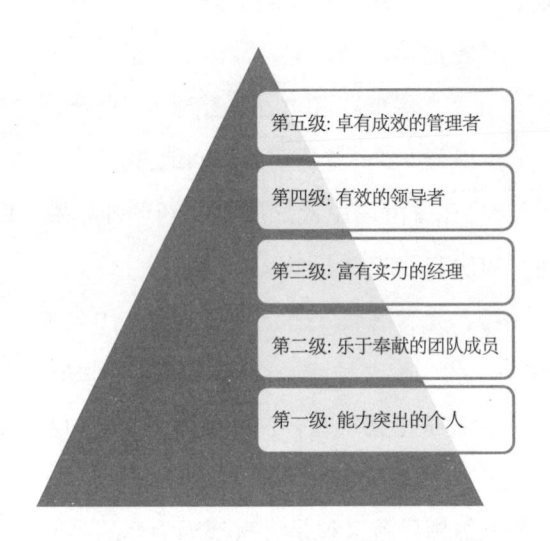

图1　五级领导

(资料来源:吉姆·柯林斯(Jim Collins),从优秀到卓越)

2019年10月23日倪文玲被任命为屈臣氏集团（亚洲及欧洲）行政总裁。[1]她在屈臣氏的事业发展不是从保健与美容零售门店开始的，她在这个行业的经验来自过去20年来与时俱进的从第一级能力突出的个人、第二级乐于奉献的团队成员、第三级的富有实力的经理、第四级的有效领导者一直到2019年的第五级卓有成效的管理者。2001年倪文玲在屈臣氏担任公共关系助理职务，因为她能力高、责任心强、积极与任劳任怨的态度，不久便被韦以安赏识，晋升为公共关系经理。她随着屈臣氏的快速欧洲扩张计划而成长，并通过有效领导者的能力而成为集团公司公关与传讯部总经理。2013年，倪文玲晋升为屈臣氏的首席运营官。她很快掌握了零售世界的管理技巧，特别是DARE策略的开发和执行——客户联通策略。她在2019年10月晋升为首席执行官（亚洲和欧洲），她自己有以下描述：

我一直想改变生活，每天都在各方面改善自己，就像我当运动员时一样。作为一名运动员，我想在下一场比赛中做到最好，并赢得比赛。刚开始的时候，我从来都不是一个才华横溢的运动员，与其他运动员的比赛我不得不加倍努力。实际上，我仍然每天早晨六点醒来做运动后才上班。我每天都像与对手竞争一样设定目标。该规律说明我每天找到一些需要改进的地方。[2]

1986—2016年一直在香港屈臣氏任职的前药剂师总监、健康及健体产品营运主管刘宝珠表达了对倪文玲的以下印象。

倪总具有创新精神，充满活力，是完美主义者。10年前，屈臣氏的大多数客户群都是"婴儿潮"一代。倪总预测屈臣氏的未来将取决于千禧一代和Z世代，并发展成为通过VIP会员卡保留现有客户的策略，并转向客户联通策略，以通过扩大客户群来吸引这些年轻消费者。[3]

在最高位置的第五级领导就必须是大家都因为你的品德、为人、能力和所代表的目标理想而尊重和追随的人。

---

[1] 屈臣氏集团宣布管理层任命，屈臣氏集团最新消息，2019-10-23. https://www.aswatson.com/zh/a-s-watson-group-management-announcement/#.XyZTMSgzbD4.
[2] Chan, Kin-wa. How Asian Games medallist Malina Ngai reached the top of the corporate ladder from the athletics track. July 21, 2018. South China Morning Post. Accessed February 13, 2020. https://www.scmp.com/sport/hong-kong/article/2156234/how-asian-games-medallist-malina-ngai-reached-top-corporate-ladder.
[3] 2021年1月18日，与刘宝珠访谈。

人力资本、物价资产

"找到合适的人选,组建优秀的管理团队"是任何一家卓越的企业必须完成的首要目标。合适的人才决定胜负,绝对不是产品、市场、技术、竞争,而是一个可以互补长短、充满信心的"甲组足球队"。[1]韦以安只有在拥有"甲组足球队"球员的情况下才能成功。[2]从1982年开始,屈臣氏在香港从一个很小的基地开始有着突飞猛进的表现,因为它融合了"王道"的"找到合适的人选,组建优秀的管理团队"原则与西方"充分授权"的管理哲学。他在开始的两三年,招聘了一批第四级与第三级的零售业高管建立区域内的药妆业务,给予充分的跨国在职培训;营运、业务发展、专案管理、地区管理等逐渐增加责任的职位。目的是建立屈臣氏新文化下的有效团队的7个特征(见图2)。

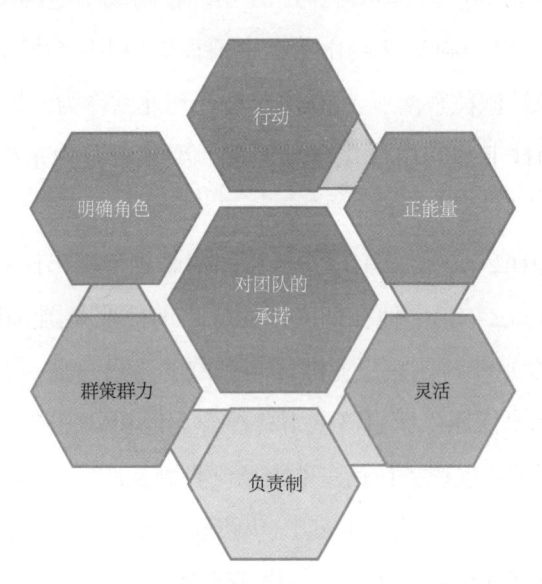

图2　屈臣氏新文化下的有效团队的7个特征

(资料来源:吉姆·柯林斯(Jim Collins),《从优秀到卓越》)

1　The 7 Characteristics of a Great Team Player, Centre for Management and Organization Effectiveness. https://cmoe.com/blog/characteristics-great-team-player/.

2　团队成员是负责任的成员;他们了解自己的角色、拥抱合作、保持责任心、灵活和合作,对成果抱有积极态度并保持专注,并通过一致的行动进行支持。出色的团队合作者,管理和组织有效性中心的7个特征. https://cmoe.com/blog/characteristics-great-team-player/.

韦以安采取的高效领导培训与发展是70∶20∶10的模式。其中，70%来自具有挑战性的在职学习，包括特定目标的专案管理；20%来自年度跨部门合作专案，学习处理人际关系；课程培训则只占10%。[1]他尤其对于高管轮转不同国家与地区不遗余力，务必使他们提升对本地文化的感受和预测当地消费者趋势与变化的反应。

一个典型的例子是任职屈臣氏22年并在这漫长的岁月中积累宝贵的经验与培训管理层的希利（Nigel Healy）。原籍英国的他曾在1980年初在香港曼哈顿（Manhattan）俱乐部任职经理，后来在1984年前往加勒比海群岛的牙买加（Jamaica）超市工作了两年后回到香港。最初，希利被韦以安聘为香港百佳超市零售运营经理。他被分配到一个业务振兴专案团队工作，以开源节流的方法简化屈臣氏个人用品店的零售业务，目标是减少30%的营运费用。但该专案完毕时，希利出任中国台湾市场的营运总监。1991年，希利成功地解决了消费者对进口高级品牌英国帝王皂Imperial Leather在中国香港和中国台湾屈臣氏的售价差价的疑虑。之后，他被派往东南亚，2000年被调到北欧作为开拓波罗的海的先锋，及后在2004年调往菲律宾出任董事总经理，翌年晋升为东南亚董事总经理至2008年退休。

另一个例子是在2004年被韦以安从英国招聘至泰国出任屈臣氏总经理一职的安涛（Toby Anderson）。他在加入屈臣氏之前任职英国Sainsbury超市负责集团数码商业。2008年，他兼任亚洲区与东欧的市场总监。2012年4月，安涛被黎启明调往台北出任屈臣氏台湾董事总经理。他在2016年初被升为屈臣氏亚洲首席行政官，到了年底职务包括东欧市场一直到2018年7月离任。[2]

安涛在中国台湾任职期间，于2013年招聘了前任屈臣氏新加坡市场与品牌发展经理刘丽萍出任屈臣氏台湾市场与电子商务总监。刘丽萍在台4年间建立了购物网站的功能和门市与网购并存的文化，令当地消费者有一种宾至如归的感受。2018年9月，刘丽萍调回新加坡升职担任营运总监。她在一年多时间内把屈

---

[1] Ann M. Morrison Morgan W. McCall, Michael M. Lombard, Lessons of Experience：How Successful Executives Develop on the Job, Lexington, 1988.
[2] 安涛在2018年9月加入英国Lloyds Pharmac集团，担任首席行政官，负责1500家药房业务。

臣氏新加坡从传统的门店销售转变成一个无缝的线上线下购物平台。当2020年初新冠疫情蔓延到新加坡时，屈臣氏便顺理成章地迎接消费者从屈臣氏网站订购自己的至爱品牌快消品。

2020年7月，刘丽萍荣升董事总经理管辖超过100家药妆门店。人力资本才是药妆业最重要的资产，这些重磅级的高管的重用对内部士气有正面的影响。

勇于面对残酷事实

"接受现实并具有韧性，可以继续通往伟大的旅程，并有自律来面对最残酷的事实"是第5级领导们无可避免的经常性挑战。自20世纪80年代开始，亚洲或欧洲的零售市场经历频繁的意外（如金融危机）和挑战，每次都对零售市场产生了重大的负面影响。韦以安在任的25年内，他有3次通过迅速采取措施降低运营成本令屈臣氏可以更健康地持续发展。危机过后，可以重新出发：1983年的"黑色星期六"、1997年的亚洲金融危机、2003年的"SARS"等。

屈臣氏在2005年收购法国第一品牌的玛利娜香水、彩妆与美容业务时了解到其潜在的财务问题。但这是一个罕有收购高档欧洲零售香水、美妆业务的机会。玛利娜是一家在法国各地拥有数以百计的零售美妆门店，但财务状况欠佳，可能面临破产。在反复辩论后与衡量机会和风险下，最后得到和黄董事会支持，屈臣氏管理阶层准备用数年时间解决这些遗留的营运问题。当黎启明在2006年接替韦以安担任署理屈臣氏集团董事总经理时，当下要务就是要优化现有的业务、建立内部监管制度与标准营运流程、培养接班人、解决遗留的财务问题等。

黎启明和玛利娜的领导层面对残酷的事实，制订计划逐步解决多年来累积的问题并付出了艰辛的努力。同时，屈臣氏也度过了2009年次贷危机与后续的欧元危机。到了2013年，玛利娜有了一个精简和专注的组织结构，业务已走上轨道，并且得以持续性发展。玛利娜的账目在2003年转至和黄财务、投资部门。从此，屈臣氏的业务损益表能够反映其真实业绩。

简单明确、始终如一

"刺猬"概念是指企业长期无间地推行一系列良好的决策,从优秀至卓越的转变。1982年,屈臣氏的当务之急是将亏损的零售业务扭转到最稳定的轨道上。到了1984年底,当中英两国政府友好地解决了香港的回归问题时,屈臣氏再次站稳了脚跟,重新起步,快速发展。韦以安和他的团队忙于规划并通过进入新兴的工业化国家(亚洲中产阶级不断壮大)成为区域性的零售、制造企业并在1997年成为市场领导者。

1997年7月2日即香港回归的翌日,在泰国引发的金融危机促使屈臣氏进一步分散风险,大胆地跨出亚洲,在1999年落地英国。然后在2002年踏足欧洲大陆。这个改变正是柯林斯倡议的"宏伟、艰难和大胆的目标"(Big, Hairy, Audacious Goals, BHAG)。图3为屈臣氏的"刺猬"概念与宏伟、艰难和大胆的目标。

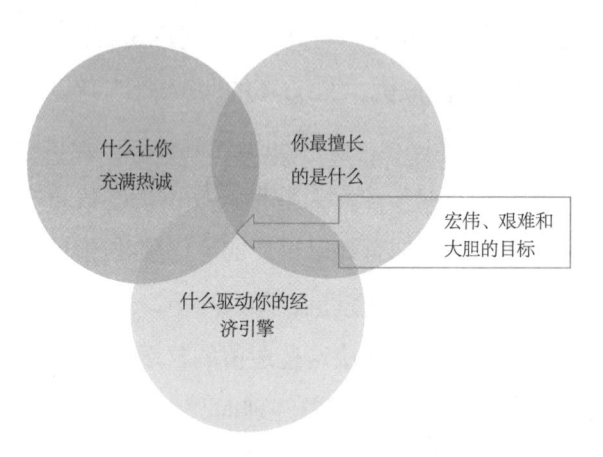

图3 屈臣氏的"刺猬"概念与宏伟、艰难和大胆的目标

(资料来源:(美)吉姆·柯林斯,《从优秀到卓越》)

韦以安个人的中期目标是到2006年时,屈臣氏的营业额达到1000亿港元,成为全球健康和美容零售王国。截至2006年底,屈臣氏的营业额和税息前利润(EBIT)分别为991.5亿港元和27.2亿港元或EBIT率为2.7%。韦以安完成了

99%他原来对自己的承诺。

2006—2022年的有机增长主要是内部增长与组织和核心能力的提升，没有大规模的并购行动。在这16年间，营业额增长了118%或复合年增长率为3.4%，EBIT毛利增长了4倍或复合年增长率为9.7%，门店增长了3.4倍或复合年增长率为8.6%。明显地，零售业的经营模式因为互联网的出现与新零售概念在全球的落地已经彻底改变了自古以来的实体门店的零售传统。（见第12章新零售、全渠道）和记黄埔、长和董事会主席李嘉诚时期与他的继承者李泽楷的远见与屈臣氏掌舵者韦以安与黎启明对市场、管理与客户的策略也各有侧重点。韦以安在首16年间是快速地域扩展的有机增长，1997年的亚洲金融危机为一分水岭，屈臣氏在往后的9年间在欧洲与英国从事大规模并购。黎启明的首16年也是侧重在发展中国家的有机增长与规避风险。在过去四年半，虽然零售实体店略有增加364间，但屈臣氏的营业额却徘徊在16 000亿港元间，EBIT毛利也在110亿至137亿港元间波动。2000年至2022年的全球新冠疫情及2022年2月开始的俄乌战事对全球的经济的影响可能是屈臣氏另一个分水岭，他们如何在疫情后与俄乌停战后的部署这将会是对李泽楷与黎启明的一个重大挑战！

屈臣氏2006—2022年的表现如图4所示。

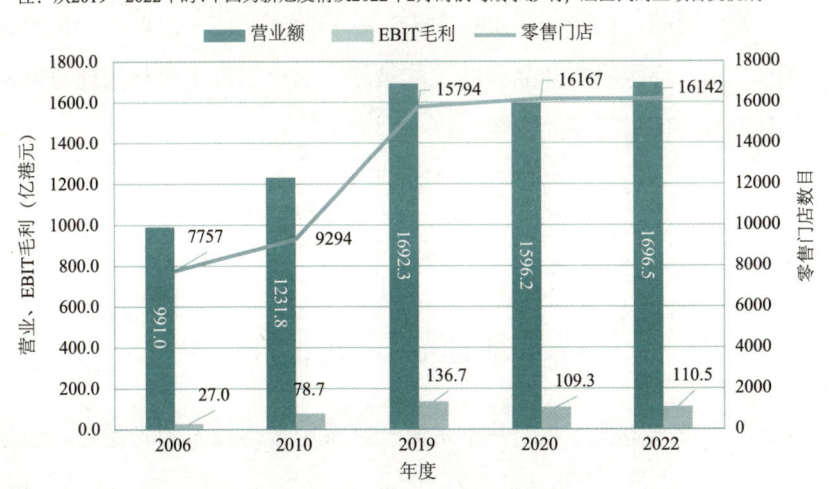

注：从2019—2022年的4年因为新冠疫情及2022年2月的俄乌战事影响，屈臣氏的业绩备受挑战。

年度	营业额	EBIT毛利	零售门店
2006	910.0	27.0	7757
2010	1231.8	78.7	9294
2019	1692.3	136.7	15794
2020	1596.2	109.3	16167
2022	1696.5	110.5	16142

图4 屈臣氏2006—2022年零售业绩与门店增长

（资料来源：长和年报）

遵守规律、企业文化

许多成功的公司在攀登上一级台阶之前就建立了企业遵守规律的文化，从而未失去动力或地位。这是由于大量管理人员严格遵循公司准则，没有通过"偷步"或非法的勾当来获得快速和不可持续的结果而承担不必要的风险。当屈臣氏在2001年为中国台湾市场的可持续增长做规划时，曾在香港区担任屈臣氏个人用品零售运营总监的戴保顿（David Boynton）被调任中国台湾地区采购与销售部主管，以开发自有品牌保健和美容产品的组合，与总公司准则保持一致，并在最佳购买实践中培养纪律文化。[1]

戴保顿针对中国台湾地区分公司引进了屈臣氏的企业目标和关键绩效指标的最佳实践管理和标准操作程序，这些业务守则的执行务使符合当地消费者口味和喜好的快速消费品将具有与屈臣氏相同的品质标准。同时，与屈臣氏服务的其他国家、地区一样，此类屈臣氏自有品牌产品的利润率与其他国家的屈臣氏雷同。

在2000—2005年，屈臣氏进入欧洲市场时，当地收购的连锁药妆业务的采购与公司品牌策略成为一个重要的课题，如果屈臣氏或其品牌的产品规格与质量能够保持一致而采购量可以翻倍，货品成本将会下降变成利润。当时负责东北欧波罗的海业务拓展的希利兼任了企业中央采购总监的职位，协调屈臣氏总部与新加入的英国与比荷卢区的本地品牌的采购策略。这个相互了解与沟通有助消除在合并过程中因为文化与习惯的误解。

技术加速、捷足先登

屈臣氏在药妆或美妆行业内并不是第一家采用数码技术的先行者。但是，一

---

[1] 戴保顿于1995年开始在英国西夫韦（Safeway）超市开始他的事业，并于2000年加入屈臣氏为香港地区个人用品零售运营总监，并最终成为香港与澳门区的董事总经理。他在2017年12月加入英国美体小铺(The Body Shop)，并担任英国首席执行官。

旦决定采用新技术时，便在产品设计上反映其精心监制的性价比，自然地就能赢得市场领导者的声誉。尽管屈臣氏品牌的杜虫药在美国辉瑞药厂于19世纪50年代首次推销其杜虫药糖果品牌之后的30年才上市，但其迅即成为亚洲地区内的市场领导者。屈臣氏凭着其设计精美的彩色宝塔形杜虫药糖果，在中国内地和东南亚的海外华人社区中保持了近一个世纪的市场领导者地位。无论是屈臣氏品牌的荷兰水还是鸦片代瘾药，这些针对亚洲消费者与药瘾者的优化产品不断地涌现。尽管屈臣氏品牌的苏打水晚于史威士（Schweppes）品牌在19世纪后期才在香港首次上市，但在过去150年来，屈臣氏苏打水一直是大多数亚洲市场上最畅销的饮料之一。

自亚马逊于2010年在美国与玩具反斗城（Toys "R" Us）建立营销合作伙伴关系后，零售业发生了变化。作为电子商务后起之秀，内地现已成为世界上最大的网上购物市场。在新冠疫情大流行的驱动下，2022年，中国的电子商务估计占零售业务交易的27.2%，电商中阿里系的天猫平台占50.8%，京东15.9%，拼多多13.2%。[1] 现在，中国的消费者通过智能手机进行线上购物包括保健与美容用品已成为新常态。在短短的5年内，屈臣氏的门店增加了1000家，但每家店的年营业额逐年下降，自2016年开始中国国内的大型电商平台已经威胁到了屈臣氏的模式。[2] 屈臣氏的数码客户联通策略在2018年开始发挥作用，流失的消费者尤其是屈臣氏的会员制度已把他们吸引回来。

同时，屈臣氏已将其重点转移到提供门店内的现场产品体验来增加其市场份额。在电子商务平台上，现场的专业顾问建议并不容易复制。零售商店作为选购DNA检验棒、点击收集方案、虚拟化妆台和自动结账等创新服务的开拓也使屈臣氏拉开与竞争对手的距离。[3] 麦肯锡顾问公司在其2020年7月30日的网上报道，2020年新冠疫情的全球大流行正在改变消费者行为，跨越生活的方方面面，

1　Cheung, Man-chung, China E-Commerce 2019 June 29, 2019. https://www.emarketer.com/content/china-ecommerce-2019.
2　虽然屈臣氏的保健和美容业务忠诚会员计划是在亚洲和欧洲的屈臣氏的个人用品店进行实体购物的诱因之一，但是其会员还是会浏览马地、草莓等网站选购心仪的用品。
3　AS Watson – a technology testbed, Inside (R)etail, Hong Kong. September 18, 2019. https://insideretail.hk/2019/07/31/as-watson-launches-in-store-dna-tests-with-prenetics/.

其内容摘录如下：[1]
- 购物和消费：电子商务激增，偏好可信赖的品牌，可支配支出下降，交易减少，更大的购物篮，减少购物频率，转移到离家更近的商店，可持续发展的两极分化，等等。
- 健康与幸福感：注重健康和卫生，促进有机、天然、新鲜、按需健身，电子药房和电子医生规模化。

现时，新冠疫情促使先进国家的电商业务发展速度大幅度跳跃，表现在以下方面：
- 在线交付：从10周缩短至8周。
- 远程医疗：从10周缩短至15天。
- 远程工作：3个月的视频会议增加了20倍人数。
- 远端学习：中国内地两周内已有2.5亿学生。
- 远程娱乐：迪斯尼＋的观众在两个月内超越过去7年的观众量。

摩天飞轮、蓄势而发

随着韦以安在1982年来到屈臣氏，当时过于分散的零售、服务和业务制造再次重新聚焦，开始重建核心业务。到了1984年底，屈臣氏已确立了第5级领导的3个基本要素，即品质、规格和材料。首先是谁，然后是要做什么，以及如何应对残酷的事实。在随后的1985—1999年，这种发展，接着建立了3个基础，也就是"刺猬"概念，这是一种以人为本的技术促进文化，到1999年也已出现了沉淀。屈臣氏在2000—2005年的收购战役中，产生了业务腾飞，建立了"摩天飞轮"体系。（见图5）。

---

[1] Sajal Kohli et.al., How Covid-19 is changing consumer behavior –now and forever, Retail – Our Insights, Mckinsey & Company, July 30, 2020. https://www.mckinsey.com/industries/retail/our-insights/how-covid-19-is-changing-consumer-behavior-now-and-forever.

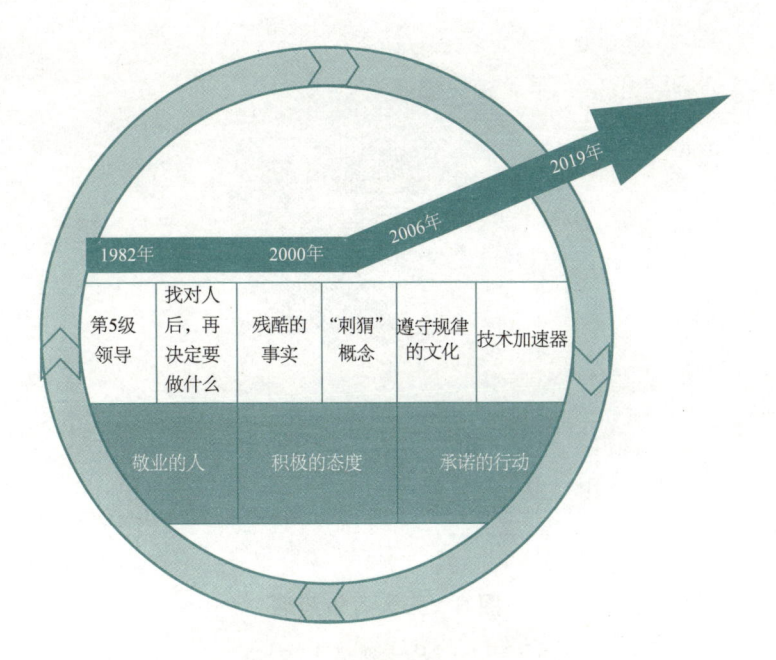

图 5　"摩天飞轮"体系

（资料来源：笔者模拟设计）

市场定位、核心价值

屈臣氏曾经一度在2018年之前在电商领域被线上平台抛离轨道，现已恢复阵地。新的客户联通策略找到了一个平衡亲近客户、运营卓越和产品领先的核心能力。特雷西（Treacy）和维塞玛（Wiersema）在1995年通过制定和执行餐饮业三大竞争策略来阐明他们的市场领导力理论[1]（见图6）。

- 亲近客户：公司专注便利性、客户关系和整体解决方案，例如必胜客。
- 运营卓越：公司专注低价、简化程序和低运营成本以获利，例如麦当劳。
- 产品领先：公司专注于专业、高品质的产品或服务，例如米其林星级餐厅。

1　Michael Treacy and Fred Wiersema, The Discipline of Market Leaders, Adison-Wesley, 1995.

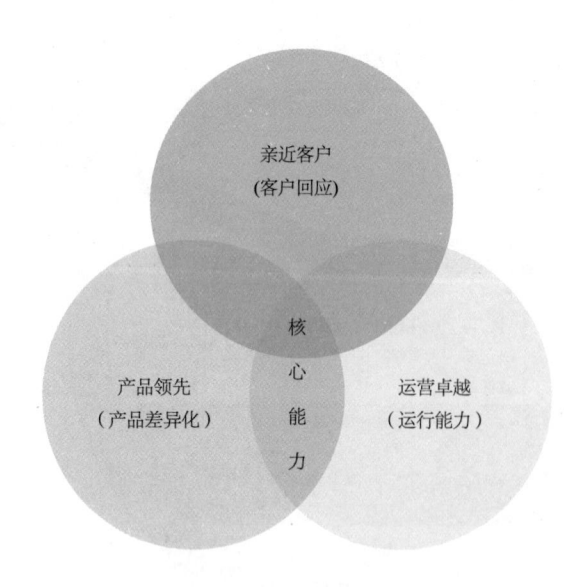

图6　三大竞争策略

（资料来源：The Discipline of Market Leaders）

唯才善用、现金为王

2018年3月16日，长和正式宣布李嘉诚在同年5月10日的股东周年大会后退休，他的长子李泽钜接任为长和董事会主席。[1] 他从12岁工作至今的94岁时仍然精神饱满，思路清晰。李嘉诚的营商哲学与儒商"王道"重视的价值可以在唯才善用、饮水思源及乐善好施等方面体现出来。同时，他也有以下三项与众不同的经营手法。

- 多元化投资（但聚焦几个核心行业，如房地产、能源、码头、零售、通信与金融等）。
- 全球化分散风险（避免亚洲地缘政治的突发金融、经济危机再度发生）。
- 创新、高科技的开发与应用包括开拓英国、意大利的通讯市场，如

---

[1] 2015年6月，长江基建（长基）和长实和黄（长和）两家上市公司完成了重组。长基与长和分别专注于房地产或非物业业务。在此之前，两家公司都互相投资在房地产项目。重组的基本原理是为长和在全球运营的众多业务创造股东价值，目标是提高盈利能力。

Rabbit、Orange、3品牌的孕育、未来肉品（Impossible Food）等。

李嘉诚善用外籍高管，如和黄、长和董事总经理马世民，屈臣氏的韦以安等服务都超过10年以上。他的财技在跨国收购美国Priceline一役中让许多华尔街、中国香港的投资银行界与和黄内部的高管都大跌眼镜。他在经营塑胶花代工厂时对现金流的杠杆运用让他在短短的数年间赚取第一桶金，现金流已经成为李氏家族财富可持续发展的基石。现金为王（Cash is King）乃投资者惯用的术语；即使在市场不景气的时候（例如在新冠疫情时的经济周期从衰退进入到萧条阶段时），企业也有足够的资金支付经常性支出，可以渡过难关并健康、持续地发展。

李泽钜秉承着李嘉诚的审慎理财哲学，他在2020年8月16日公布的长和2020年中期业绩主席报告内提及以下内容：

集团之流动资金与银行及债务资本市场融资量仍然保持稳健。与2019年上半年相比，2020年之自由现金流较高，以致集团之债务净额对总资本净额比率改善1.1%~25.1%，而利息及融资成本亦大幅下降。自由现金流改善，源于削减或延迟开支、严谨之营运资金管理、利息及融资成本降低，以及现金税项成本减少。[1]

屈臣氏在1982—2006年开展了全球化的上半场。韦以安建立了一个有规模的保健与美容零售企业和从"优秀到卓越"的文化。2007—2020年，一个可发展的系统与流程也开始搭建起来，实施了数年的以消费者为主的客户联通策略在2018年也有出色的表现。

韦以安熟悉的70∶20∶10培训与发展高管培养模式是许多跨国企业都会外派中层管理者到海外分公司工作，目的是让这些人才接受不同文化的洗礼，了解不同宗教、语言、生活习惯的人群和尊重他们的价值观。英语是全球用语，其他外语是额外的工具，但不是必须要求。这些管理者经历过多年的就地、就职的培训，会使他们日后在作出决定前能充分思考哪些事是不能够马上开展的，否则轻则会弄巧成拙，重则会引起媒体铺天盖地的报道，得不偿失。屈臣氏作为一家跨国公司，高层管理者除了具有掌握一两种外语的能力外，需要有良好的跨文化的社交能力。韦以安在他就任屈臣氏集团董事总经理的25年间主要选择已经多年

---

[1] 长江和记实业有限公司截至2020年6月30日的6个月未经审核业绩李泽钜主席报告，2020年8月6日：2. https://www.ckh.com.hk/upload/attachments/tc/pr/c_CKHH_IR_2020_full_20200806.pdf.

具备零售业经验的资深跨国管理者与培养个别有潜能的中层管理者在不同市场开展业务，机会来临时便有跳跃式的发展。

黎启明在过去16年除了建立了第5级领导，他也积极培养第3级领导与其他各级次接班人（见第12章）。新冠疫情过后，便是这些年X、Y[1]世代的屈臣氏管理层级接班继续全球化的下半场。

1　20世纪60年代中至70年代末（X）、80年代初至90年代末（Y或千禧）世代。

第 12 章
品牌策略、4+2 公式

4P4C、百年如一

100多年前，为了有效地拓展内地市场，小堪富利士在1890年回港后拜访了屈臣氏在内地的联营零售药房，了解消费者与药房经营者的需求，制定了当时的客户联通战略，对20世纪上半叶屈臣氏在执行业务推广活动产生了深远的影响。当年，小堪富利士成功地游说他父亲与屈臣氏股东增资，次轮募资筹集了20万港元（按2023年的价格估算为3326万港元）现金支援。[1] 堪富利士父子在市场策划上的创新客户与客户联通战略可以解释为20世纪后期推崇的4P理论和以消费者为导向的4C元素（见表1）。[2,3]

- 媒体广告和促销汽水、香草糖果（如屈臣氏的甘积杜虫花塔饼）、鸦片代瘾药。
- 信贷扩展与屈臣氏的零售渠道备存自制和代理饮料、药品。

堪富利士是屈臣氏品牌发扬光大的推手。1862年，屈臣氏商号开始经营大药房的业务。在香港、广州或上海，两个品牌（一个屈臣氏公司与一个本地的，如香港大药房、广东大药房等）名称同时出现在零售药房的广告与招牌上。1923年广州沙面的屈臣氏公司与广东大药房门牌，如图1所示。19世纪末，屈臣氏的众多产品包括荷兰水、甘积花塔饼、鸦片代瘾药等在小堪富利士的专业监督下生

---

1 Armstrong, Gary, Kotler, Philip, Principles of Marketing (17th Ed), Pearson, 2018.
2 Shapiro, Benson P., *Rejuvenating the Marketing Mix*, Harvard Business Review, Harvard Business School, Boston, September 1985.
3 Lauterborn, Robert. (1990). New Marketing Litany: Four Ps Passé: C-Words Take Over. Advertising Age, 1990. 61 (41) :26.

产质量稳定，采用屈臣氏品牌行销东南亚及中国等。

表1 屈臣氏在19世纪80—90年代实施的4P与4C营销策略

业务领域							
类别、产品		制造业			药品与进口		
产品类别		苏打水	家庭药	代瘾药	洋酒	西药、鱼肝油	日用品
4P与3C营销策略、产品		果味汽水	疳积花塔饼	鸦片烟治疗丸	各类	"七海"	肥皂香水
产品（Product）	消费者需求（Consumer Wants）	时尚、摩登	有效	有效、持久	时尚、摩登	营养、滋补	卫生、时尚
价格（Price）	成本（Cost）	可负担			名贵		
渠道（Place）	方便（Convenience）	药房、酒吧、餐厅、饭店、摊贩	药房、药店	药房、药店	药房、酒吧、餐厅、饭店	药房、药店	药房、百货公司
促销（Promotion）	沟通（Communication）	报刊、口碑					

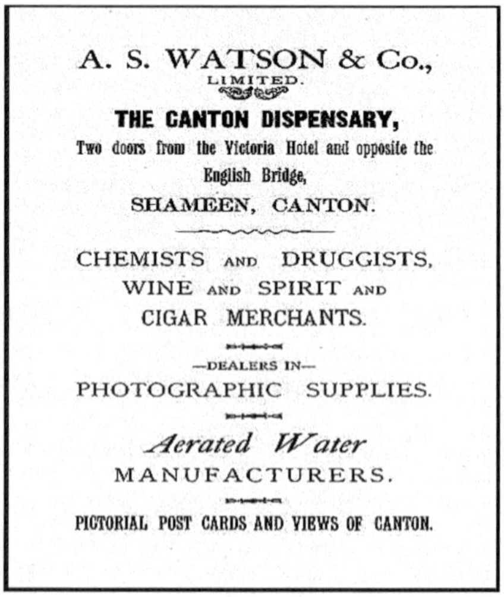

图1 约1923年广州沙面的屈臣氏公司与广东大药房门牌

（鸣谢：香港档案馆）

第二次世界大战结束后不久,屈臣氏的零售药房与制造部门重新开业,原来的屈臣氏品牌明星产品,荷兰水与痧积花塔饼再次上市。20世纪市场学大师菲力浦·科特勒(Philip Kotler)进一步阐明品牌的身份可以提供4个层次的含义:特色、效益、价值与个性。香港中文大学商学院市场学荣休教授陈志辉博士在他研究成功品牌的形成时,描述了他自1992年建立的"左右圈思维"品牌经典理论(见图2),具体内容如下:

左圈是受众的需要,右圈代表公司或产品的优势,两圈重叠之处,就是产品能满足客户的程度。产品品牌建立时,要考虑和针对目标消费者的需要,从而检视产品有哪些特色可满足他们,建立适当定位。[1]

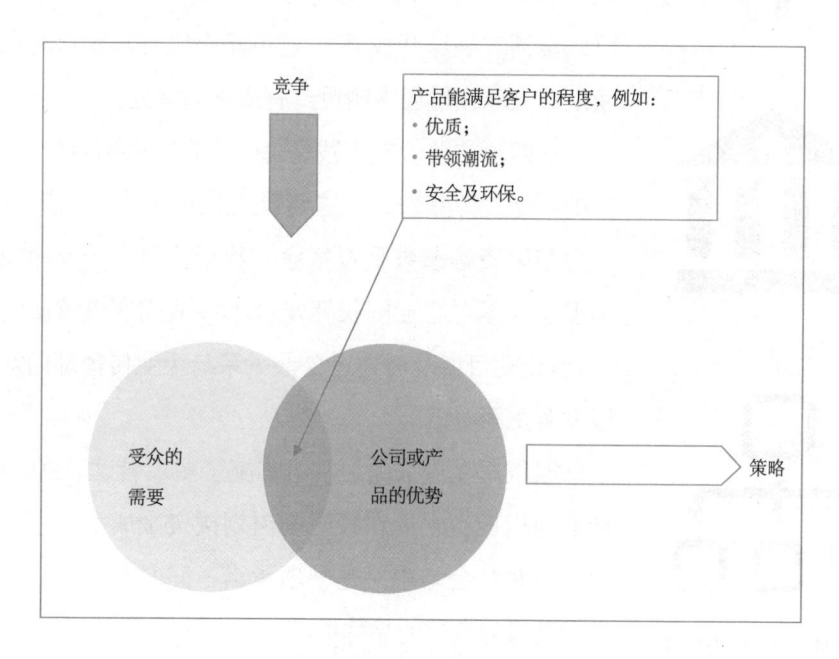

图2 "左右圈思维"品牌经典理论的应用

(鸣谢:陈志辉博士)

---

1 品牌之道怎么走?陈志辉教授主持香港中文大学五十周年博文公开讲座,香港图书馆,2013-7-27.https://www.cuhk.edu.hk/chinese/features/professor-andrew-chan.html.

四项主要管理实践

在同行业中的领先企业所执行的四项主要管理实践（战略、执行、文化和组织结构，见图3）都会比其他竞争对手表现出色。除此之外，行业领先者还通过掌握另外四项备选中的任何两项管理实践（人才、创新、领导力以及兼并和合并/合资）来维持自己在这些领域的卓越技能。从优秀到卓越的兴业战略与4+2公式在一些商业管理中有重叠之处，但重要的是如何在企业发展不同时期可以灵活实施这些战略。这也是韦以安与黎启明在打造屈臣氏全球化过程中侧重点有所不同之处。

这四项主要管理实践是每一个企业必须具备的条件，否则不能发挥其潜力。这要看企业的行业、规模、传承、人力与融资等参数是否健康，若短暂缺少一或两项，虽不理想，但对企业的长期发展不会造成严重致命的打击（假设企业可以及时通过公共关系与企业传播部门对外积极发布正面资讯）。

屈臣氏在过去的180年实施了多项管理。2020年香港的屈臣氏汽水厂在短时间内划拨资金成立防疫口罩车间，这对社会与市民是一项承诺，同时对屈臣氏而言也是一个极为有效的品牌推广。

1. 战略
2. 执行
3. 文化
4. 组织结构

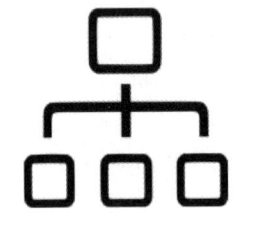

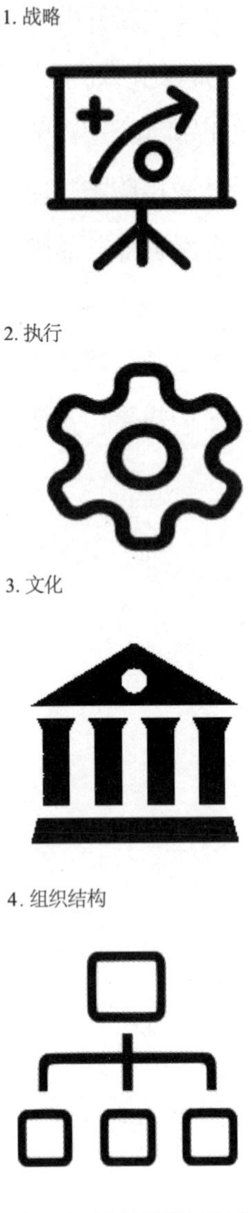

图3 四项主要管理实践

胆大心细、积极进取

屈臣氏全球化的策略可以分为两个阶段：地域扩张（1982—2006年）与

系统（包括流程与人力资源）的优化。在地域扩张的过程中，屈臣氏在1982—2006年的扩张是一个史无前例的企业家挑战赛。1987后是服务高增长的亚洲国家与地区的日益壮大中产阶级，采用以年龄、人均GDP及地理分布来分类的市场策略，在新加坡等东南亚国家、中国内地及台湾地区实施，以便可以开发包括自有品牌在内的高利润产品组合的品牌策略。屈臣氏的品牌战略将其定为一个性价比高的品牌。2000年初，韦以安定了一个他个人的目标，到他在屈臣氏退休时，业绩将达到1000亿港元［1999年时为238亿港元，4倍的跳跃，这将会是一个曲棍球棒效应（Hockey stick Effect）］。2000—2006年，屈臣氏积极大举收购英国与欧洲的品牌保健与美妆集团。随着消费者的趋势、年龄层、科技的改变，曾经一度行之有效的策略需要与时俱进。1982—2006年屈臣氏的全球化策略与目标，如图4所示。

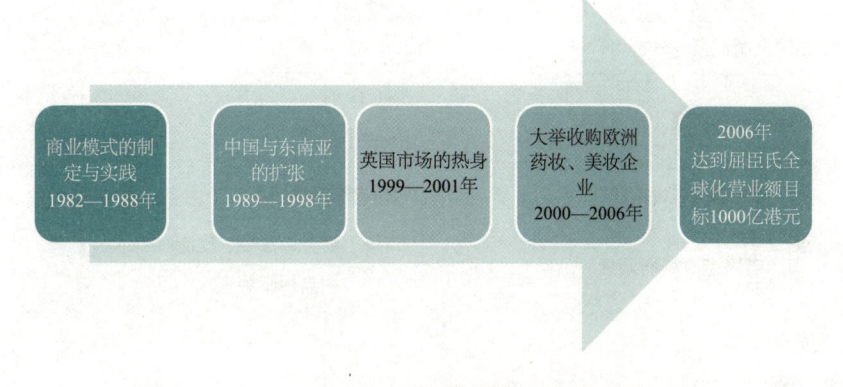

图 4　1982—2006 年屈臣氏的全球化策略与目标

（笔者自制插图）

目标清晰、全力以赴

纵然制定的策略可行，但执行力也同等重要。如果执行过早而人力、物力、财力等资源都没准备好，竞争对手会被打草惊蛇，提早防范，突发的成功机会便事倍功半；如果执行过迟，竞争对手已准备好应战，成功机会也是减半。团队的步伐一致至为重要，否则，前线员工得到不同信息，有些人会犹豫、裹足不前，最后的结果就会不理想。因此，任何项目都必须要有一名专案负责人、一个清晰的目标与一个甘特图（Gantt Chart）。专案负责人为关键人物，他（她）需要全神贯注地盯着专案的所有细节，即时解决任何出现的小问题与查找不足，从根源上防止事故重复发生。表2是2002年荷兰Kruidvat收购与合拼甘特图。

表2　2002年荷兰Kruidvat收购与合拼甘特图
（AB为屈臣氏一方项目负责人，CD为Kruidvat一方负责人）

（作者模拟）

专案/分组	里程碑				时期					负责人
	顺利	注意	警告	专案如期进行第四季度	2001年第一季度	2002年第二季度	2002年第三季度	2002年第四季度	2003年第一季度	
董事会决定	向上司汇报与分析可行性									AB
	向董事会汇报，聆听建议					低于10×EBIT				AB
	与卖家沟通售价意向					期待卖家内部协商				AB
尽职调查	若同意，尽职调查						市场、财务、法规、物流产品与服务			AB/CD
	向董事会、公司报告调查结果	支持					专案继续			AB
		不支持					项目终止			AB
项目谈判	卖家同意部分收购建议						专案如期进行			AB
	卖家不同意部分请示董事会									AB
	向卖家提出最终收购条件									AB
过渡期	共同宣布收购并申请欧盟批准						专案如期进行		新组织结构执行管理	AB/CD
	过渡期开始									AB/CD

荷兰籍策略执行专家范德马斯（Arnod Vander Maas）在研究策略执行时将其失败的原因归类为7项：管理能力不力；战略眼光（方向与未来组织的动态）模糊；战略（合理、可行与明确）制定不足；没有（可衡量的目标）计划实施；缺乏需要监察与控制（实现目标承担后果）的责任人；忽视持有股份者政治利益的考量；恐惧改变与不确定未来的文化。[1]

文化差异、成败关键

2005年，屈臣氏收购了当时法国与欧洲领先的玛利娜香水和化妆品连锁店集团，其业绩一直到今天还在挣扎中。法国的文化有其独特之处。其中一个典型例子是瑞士雀巢食品在1992年购入法国巴黎水Perrier的业务，长期未曾盈利。2003年，巴黎水公司的营业额为3亿美元，税前利润率为0.6%，而雀巢饮用水部门的整体利润率为10.4%。2004年，巴黎水重整后仍然为亏损。[2]问题是工人的生产率：每名巴黎水工人的年产量仅为60万瓶，而雀巢另外两个法国矿泉水品牌康婷（Contrex）和伟图（Vittel）的工人的年产量为110万瓶或83%高于巴黎水工人的年产量。[3]原因是法国总工会在巴黎水的分会代表与资方采取对抗的方式而不是以寻找解决方案双赢为目标。

法国商业文化示意图，如图5所示。

---

[1] Arnod van der Maas, Why Strategies Fail? December 8, 2017. https://arnoudvandermaas.com/why-strategies-fail/.
[2] Richard Tomlinson, Troubled Waters at Perrier, CNN Money, November 29, 2004. https://money.cnn.com/magazines/fortune/fortune_archive/2004/11/29/8192716/index.htm.
[3] 法国总工会（Confédération Générale du Travail, CGT）为其特色之一，CGT在巴黎水的分会劳工代表要求雇主不可擅自改变雇员聘用条件，任何细微工作条款和条件的变化都需要事先获得工会的集体同意。

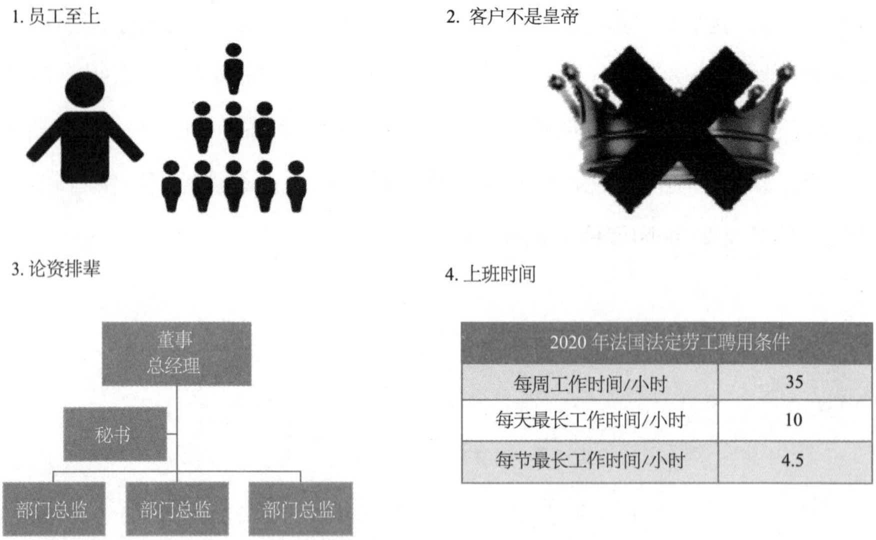

1. 员工至上

2. 客户不是皇帝

3. 论资排辈

4. 上班时间

2020年法国法定劳工聘用条件	
每周工作时间/小时	35
每天最长工作时间/小时	10
每节最长工作时间/小时	4.5

图5 法国商业文化示意图

（资料来源：类比图示）

组织优化、万众一心

自韦以安在1982年上任后，他已设计了一个扁平的企业组织结构，务使每一个市场或地区的负责人和一线门店经理的直接沟通，能够迅速解决问题而无须经历公司的官僚作风。屈臣氏保健与美容业务的典型门店组织结构只有2~3层位于商店经理之下，其结果显而易见。这个安排是把客户的感受放在第一位，任何客户的不满可以马上处理与控制而不会丢掉客户。屈臣氏在所有服务的市场中，这个结构策略无论是在亚洲，还是欧洲或英国都被证明是成功关键因素之一。在过去的30年中，屈臣氏进行了4次重大的组织重组，目的是维持一个精简与能够快速应变的组织结构聚焦于核心业务。

第一次的组织重组是为了确保屈臣氏的管理团队聚焦零售与制造领域的业务，李察信在1982年9月宣布，将西药进口和批发部门——屈臣氏西药有限公司移交给了和黄属下的和记贸易部门。韦以安于1982年7月委任了3位营运总监一起并肩作战，他们是：

- 零售食品部的科士（Trevor Fox）；
- 药妆部的文礼士（Rodney Miles）；
- 食品与制造部的翟天安博士（Dr.I.A. Jiagtiani）。

1982年9月1日屈臣氏组织结构，如图6所示。

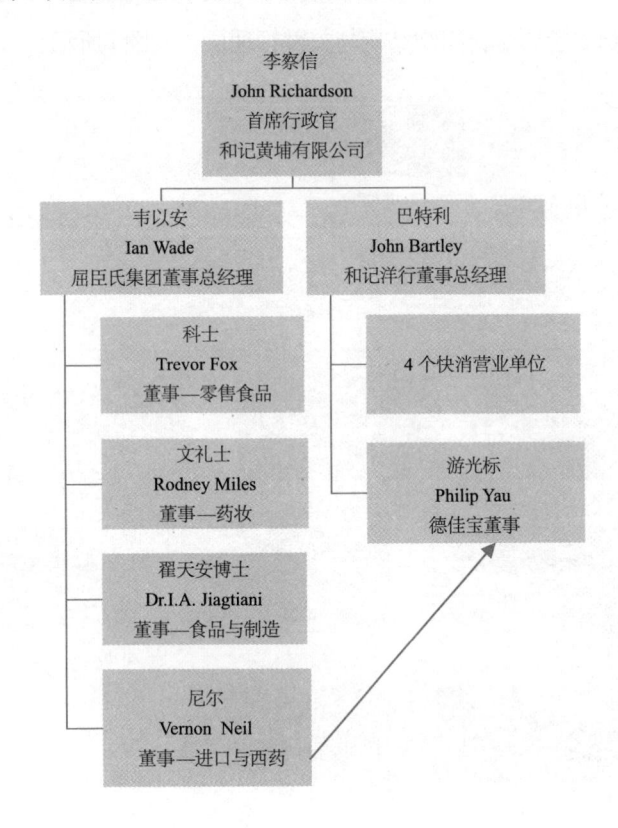

图6　1982年9月1日屈臣氏组织结构

（资料来源：前屈臣氏管理层）

第二次的组织重组是在1989年末，缘起于香港经济受内地影响而陷入困境，因此需要精简组织来提高运营效率和维持利润。当年7月，韦以安成立了一个"业务振兴"小组专注研究提升效率。

3个月后，这个小组建议简化各功能的流程与减少一级资深经理并在1990年年初实施。这个崭新的组织结构一直沿用至2002年。就算是在1997年7月后至

2002年的亚洲金融危机期间，除了个别门店结业才在受影响的店铺遣散员工。

第三次是在2003年，将欧洲的新收购保健与美容零售业务整合于一个"业务振兴"组织结构并且开展中央采购关键自有品牌。和黄人力资源部门总监潘陈惠冰（Dora Poon）于年初被调任到屈臣氏负责筹划Kruidvat与屈臣氏的合并与过渡，并协助设计屈臣氏集团公司的组织发展和继任人计划。之前，潘陈惠冰在和黄总部负责人力资源。2003年屈臣氏组织结构与关键管理层，如图7所示。

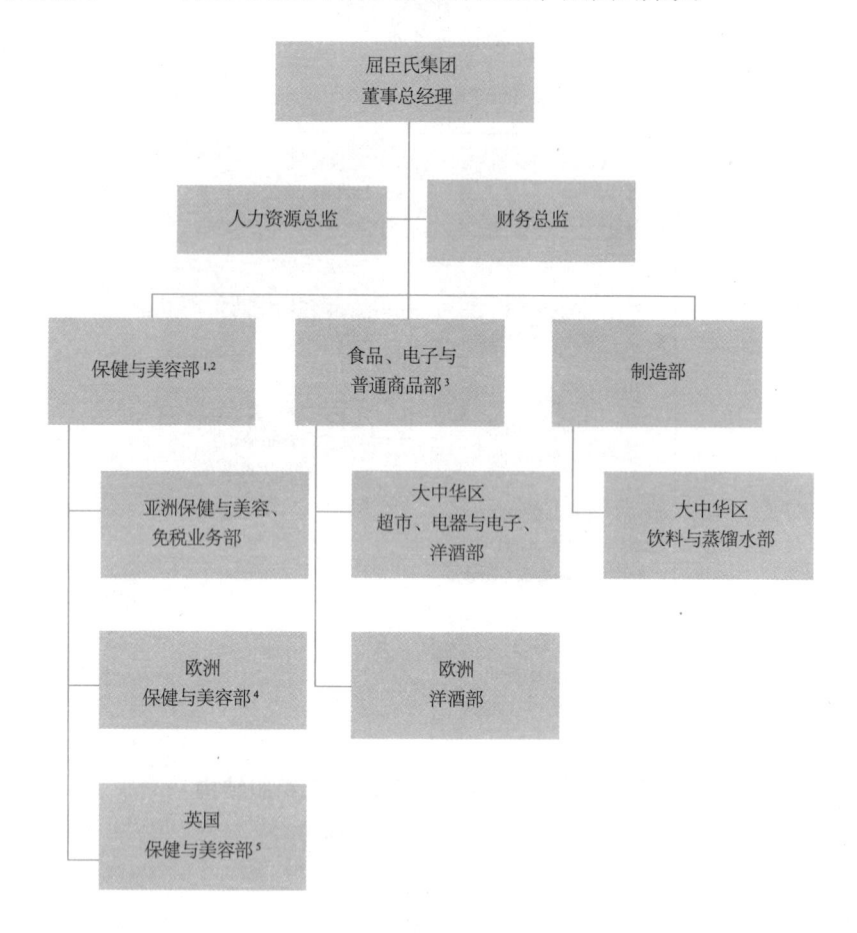

```
                    屈臣氏集团
                    董事总经理
                        │
            ┌───────────┴───────────┐
        人力资源总监              财务总监
            │
    ┌───────┼─────────────────┬─────────────┐
保健与美容部1,2      食品、电子与          制造部
                    普通商品部3
    │                   │                   │
亚洲保健与美容、    大中华区             大中华区
免税业务部         超市、电器与电子、    饮料与蒸馏水部
                   洋酒部
    │                   │
欧洲               欧洲
保健与美容部4      洋酒部
    │
英国
保健与美容部5
```

图7　2003年屈臣氏组织结构

（资料来源：前屈臣氏管理层）

1　韦以安（Ian Wade）担任健康和美容部管理委员会主席。
2　迪克·德·亨德尔（Dick van Hedel）担任健美部负责欧洲和英国业务的副主席。
3　艾一帆（Iwan Evans）担任食品、电子和普通商品部总监兼首席执行官。
4　迪克·西班德（Dick Sieband）担任欧洲大陆董事兼首席执行官，并向迪克·德·亨德尔（Dick van Hedel）汇报。
5　菲力浦·英汉姆（Philip Ingham）担任英国董事兼首席执行官，并向Dick van Hendel汇报。

四项备选管理实践

诺里亚等的研究证明,长青企业并不需要对所有的管理实践都达到满分。行业领先者通过掌握另外四项备选中的任何两项管理实践(人才、创新、领导力以及收购或合资,见图8)来维持自己在这些领域的卓越技能。

图8 四项备选管理实践

(资料来源:类比图示)

当然,在企业的不同时期,侧重点可能也不一样。例如领导力,不同领导的性格、处世方式与个人背景都会影响他们的风格。韦以安的背景是百货、超市业,面对客户,他的强项是洞察消费者的心态与购物习惯,快速回应客户的诉求,让他们早日回来购物。黎启明的背景是银行、财务,强项是对重复性收入与支出都有深入的了解,防范事发突然的危机,未雨绸缪。

人力资本、决定胜负

长和系与屈臣氏在迈向卓越的过程中培养与储备了未来的最高领导人才。现任领导层的黎启明及倪文玲的事业都是在过去20年于和黄或屈臣氏成长起来的,当然也有自然流失的情形。据闻,现任长和执行董事兼屈臣氏集团董事总经理黎启明在服务和黄之前曾在美资花旗(CITI)银行,曾是现任长和董事会主席李泽钜夫人王俪桥的同事。[1] 他曾于1994—1997年担任屈臣氏的首席财务官向韦以安汇报。之后，黎启明在和黄的物业与酒店部门任职直至2007年1月接任屈臣氏集团署理董事总经理。[2]

黎启明接任时，他面对的挑战是科技日新月异，世界政治、经济动荡，恐怖主义、社会事件层出不穷，他的前线与管理层员工除了"婴儿潮"一代以外，还有X、Y、Z等几代人同一时间存在与为他们提供服务。2013年1月，香港屈臣氏为旗下的百佳超级市场、屈臣氏、丰泽及屈臣氏酒窖为员工提供全面专业的培训。2016年与香港理工大学企业发展院开办为期18个月的"零售管理专业文凭"课程。

2018年3月屈臣氏集团零售学院成立，管理所有人才发展专案。在过去的10年，屈臣氏的组织结构变得更有活力，员工们更积极进取，岗位转换成为管理层一个期待的机会，流失率比同业更低。这让组织结构更趋软性，是一项高回报专案的管理。类似的课程也在欧洲进行了复制，目的是打造一个"思维全球化、行动本地化"的管理团队。在任何机构，尤其是零售或服务性行业，人力资本才是最重要的资产。

带领潮流、创新为优

吸引客户尝试新产品或新的体验一直是领导者及其追随者之间的差别之处。自1862年屈臣氏成为香港大药房的经营者以来的创新或引进项目在市场上不但得到好评，同时也提升了屈臣氏品牌的认可和产生可观的利润。

例1，虽然屈臣氏并不是汽水、花塔饼和代瘾药的发明者或原创者，但在引进新技术或商业模型来到亚洲时利用对市场趋势的了解，制定与执行相关的品牌战略却非常成功和到位。

---

1 王俪桥在1993年5月与李泽钜结婚之后离职花旗银行。翌年，黎启明加入和黄发展事业。
2 WatsOn Quarter 1, 2007:2.

例2，和黄2003年3月在英国上市的3G手机最终在2006年于屈臣氏属下位于贝辛斯托克市（Basingstoke）的Superdrug销售，弥补原来消失的传统摄影的业务。[1]

例3，2013年于英国Superdrug推出线上医生咨询与2019年家庭测试遗传病的DNA药盒，2020年新冠疫情出现后，遥距诊断与治疗马上开展。

例4，2018年5月在香港中环开设全新购物概念店CKC18，缔造时尚生活体验与一站式环球美食专区、美妆及健康区、电玩潮流区、美酒区等为顾客带来崭新的购物体验。约两年后的2020年1月在香港开设玩美概念店，内设多个顾客体验区，包括知名开架彩妆品牌、多元科技及智慧设备，引领数码零售新潮流。

例5，2018年6月与日本资生堂在泰国推出"d计划"系列，受到当地消费者欢迎。屈臣氏成为这个资生堂护肤产品系列个别地区的独有销售渠道。

领导风格、各适其式

领导力是关于领导者作为其员工的榜样。屈臣氏现在许多市场的零售保健和美容业务都是前一二名的领先品牌。其中一点是其管理层拥有丰富的运营经验和客户洞察力，可以激发、激励或授权员工实现企业愿景。

韦以安是一位可以与一线人员走在一起的领导人，他具有人事管理的才能，可激发高管的潜力，以达到公司的宏伟、艰难和大胆的目标。同时，韦以安对一线收银员、采购员、仓库助理、保安人员、门店经理和客户的态度都是一视同仁。他在接受屈臣氏定期刊物WatsOn的采访时有关"我们的核心价值观：激情、过程和时尚"的问题之一"您的领导风格是如何带领来自不同国籍的90 000名员工？"的回答是以下内容：

---

[1] Supedrug® 的始终创新，WatsOn，2006年第二季度：9. https://www.aswatson.com/wp-content/uploads/old/eng/pdf/watson_magazine/2006/69-watsON-e.pdf。

领导风格？您得问别人。但是，我尝试从前面而不是在背后进行领导，即使在目前的规模下拥有30多个不同国籍的管理人员，我尽量在业务上以个性化为出发点。作为一家华资公司，我们不会以特殊的公司方式运营——这不是我们的风格。我们是一家中国家族企业采纳西方企业界经营的模式，两种文化的融合。[1]

领导X世代（1965—1980年出生）、Y世代（1981—1996年出生）和Z世代（1997—2015年出生）的员工，技巧与激励方式大不相同。屈臣氏未来的成功会是他们如何激励年轻一代，尤其是Y世代与Z世代，发挥他们的潜力！刘宝珠回忆她在香港屈臣氏的岁月以及当时最高领导层的策略部署时有以下描述：

我于1999年晋升为负责50间药房的药剂师总监，并有机会观察了最高管理阶层的领导风格。韦以安专注于扩大屈臣氏的地域和覆盖范围，并实现了屈臣氏成长的飞跃；黎启明接任后，他还热衷于解决一线员工经常遇到的问题。[2]

并购合资、因地制宜

屈臣氏收购同行零售企业可以追溯至1880—1890年在上海的大英药房（McTavish和Lehmann）及其在北京与天津的分店和在香港的维多利亚大药房（Victoria Dispensary）。20世纪前后，屈臣氏在内地的迅速发展，主要是与当地的药品经销商的合资门店项目。1916年，为了确保屈臣氏在第一次世界大战高峰期因为贸易禁运严重影响现金流和在香港生存下来，屈臣氏将上海的零售业务转让给当地的经理曼尼（Dennis Mennie）是一项痛苦但必需的举动。

药妆业是一个以人为本的零售行业，它的成功有赖领导层如何平衡客户、员工、供应商与投资者的利益。Y世代与Z世代的消费者行为将会是屈臣氏的忠实客户！

1　WatsOn Quarter 1, 2007:20.
2　2021年1月18日，与刘宝珠访谈。

第 13 章
新零售、消费趋势

2012年，屈臣氏开始了其在2012—2016年建设信息技术基础和运营的历程。随着2015年期待已久的电子实验室的建立，屈臣氏推出了以客户为中心的DARE客户联通策略，以预测当前客户不断变化的需求并吸引未来客户。零售业经营者在服务市场上的持续成功取决于其满足消费者行为迅速发展趋势的需求，以35岁为一界限。"婴儿潮"一代正在迅速老龄化，屈臣氏于2018年在英国Superdrug与亚洲的自有品牌的会员俱乐部成员做了一个对护肤、保健及化妆品的需求预估调查。2019年全球消费者市场研究公司Mintel对当今千禧世代和明天的Z世代消费大户设定了7个核心驱动力的消费行为，预计他们将在未来10年内塑造全球市场。[1]根据他们的不同需求而制定相应的策略将区分保健与美容业的胜利者和失败者。

- 幸福感：寻求身心健康。
- 外界环境：感觉连接到外部环境。
- 信息科技：通过体验数字世界中的信息科技寻找解决方案。
- 权利：感受到尊重、保护和支持。
- 身份：了解和表达自己在社会中的位置。
- 价值：从投资中发现有形、可衡量的收益。
- 体验：寻求和发现刺激。

表1为屈臣氏对消费者趋势的7个核心驱动因素的回应；图1为英国与亚洲

---

[1] Crabbe, Mathew, Global Consumer Trends 2030, November 5, 2019, Mintel. Accessed February 27, 2020. " file:///C:/Users/pchiuy/Documents/2020%20Global%20Consumer%20Trends.pdf."

（不包括中国内地）消费者市场调研。

表1 屈臣氏对消费者趋势的7个核心驱动因素的回应

（资料来源：综合资料、Mintel）

驱动因素	个人兴趣	关键动机	屈臣氏获胜策略	个案研究
幸福感	寻求身心健康	成为消费者的健康合作伙伴	针对消费者不同生活阶段的解决方案	资生堂针对空气污染的"d计划"皮肤护理系列
外界环境	感觉连接到外部环境	通信技术将使消费者和企业更容易共享信息和知识	友好的现场保健，个人和药房服务；移动应用软件，并有效利用社交媒体	消费者在美容顾问的现场帮助下试用欧莱雅彩妆与护肤品的"色彩"实验室及"虚拟镜"
信息科技	通过体验数字世界中的信息科技寻找解决方案	通过忠诚会员的经常性购买维持增长	数字转型策略与DARE及客户策略2.0	2015年建立了电子实验室，以分析、管理和行销为重点推动数字和电子商务的增长
权利	感受到尊重、保护和支持	消费者需要更高的道德操守和彼此及品牌之间的更多平等	数据隐私权原则	客户查找产品的"扫描及离去"与自助结账可确保消费者购物中100%的隐私
身份	了解并表达自己在社会中的位置	慰藉孤独与孤立感	研发基于技术的消除孤独和孤立感	使用机器人缓解焦虑并鼓励社会互动
价值	从投资中发现有形、可衡量的收益	可承担、真实而独特的性价比	"社交倾听"了解客户的见解，从而开发出满足客户期望和需求的品牌	乐加欣TruNiagen抗衰老药帮助"婴儿潮"一代预防老性痴呆
体验	寻求和发现刺激	向贵宾（或称VIP）会员提供强大的情感联系	通过线上和离线互动创造差异化	贵宾会员的特权

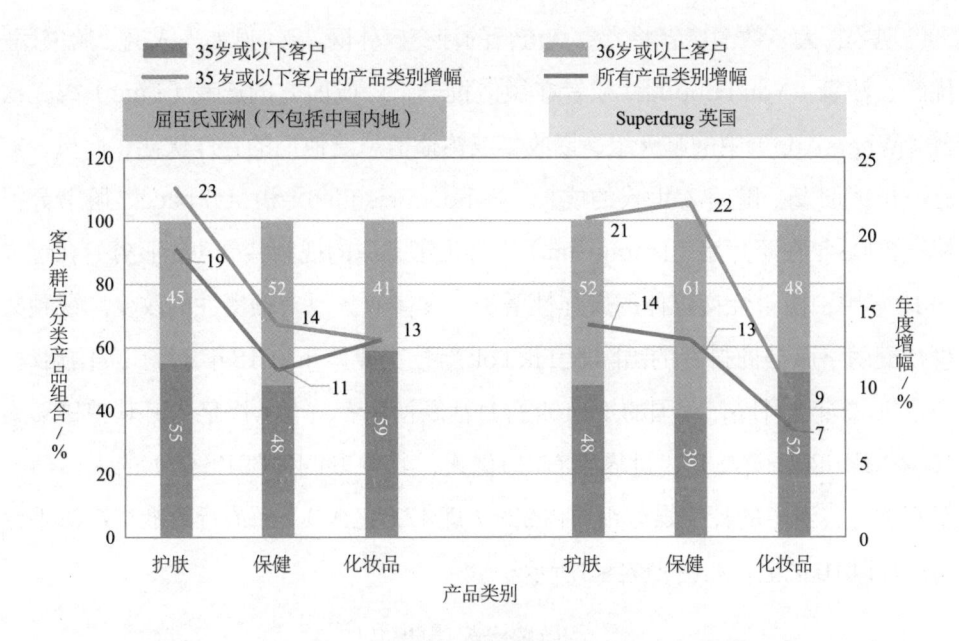

图 1　英国与亚洲（不包括中国内地）消费者市场调研

（资料来源：2018年屈臣氏业绩分析师会议）

社交媒体、颠覆通信

美国在2004年推出脸书网（Facebook）后，中国内地的校园网社交网络平台推出，随后在2009年改名为人人网，社交媒体行销已成为过去14年的主要数字媒体。2007年，基于安卓（Android）的智能手机面世后，苹果（Apple）也相继推出了智能手机，后者在短短几年中迅速成为社交媒体最重要的媒介，尤其是广告和促销媒体。[1] 它同时也已成为家庭成员、朋友和同事之间的主要沟通渠道，线下营销平台迅速被边缘化。[2]

---

[1] 第一个民用社交媒体平台"六度"（Six Degrees）于1997年启动，到2001年已有100万会员重新注册。2003年，Linkedin启用，为求职者提供了一个免费线上发布简历的平台。2004年2月，马克·扎克伯格（Mark Zuckerberg）为他的哈佛大学朋友创立了Facebook。截至2023年第2季，Facebook已发展及拥有21亿常规用户的全球顶级社交媒体平台。它也已成为消费品公司的营销工具，在推出新产品和服务时接触他们的潜在客户。

[2] 5个主要的线下营销平台是：广播（电影院、广播、电视等），邮件（目录、明信片等），户外（广告牌、传单、公共交通即通勤火车和地铁等），电话（电话营销、短信营销等）和印刷品（杂志、报纸等）。

现今，大多数消费者将查看其流行的社交媒体网站[（例如人人网、脸书网、优酷、油管（YouTube）]，或者在微信按一下，或西方的连我（Line）或瓦次普（WhatsApp）中的聊天组，以收集或传播信息给他们的合作伙伴、雇员、家庭成员或朋友。随着Z世代的成长，Bebo、Friendster和MySpace、脸书等很快于2008年在照片墙（Instagram）上推出了类似的视频共享功能服务。在过去的10年中，由于社交媒体的爆炸性增长，零售业务已有颠覆性的改变。视频共享社交网络服务商抖音的国际版TikTok新社交媒体于2018年8月在美国启动，到了2023年8月底，美国的Tiktok每月活跃使用者就有1.17亿人，其中92%为10~49岁。2023年1月，世界上有80亿人，其中64.4%（51.6亿）的人口活跃于互联网，当中的社交媒体用户占92%（即47.6亿人），而流行的社交媒体平台用户都以10亿记，如图2或图3所示。

社交媒体活跃每月用户/亿人
来源：综合多个媒体

全球十大社交媒体	活跃每月用户/亿人
脸书 Facebook	29.58
油管 Youtube	25.14
瓦茨普 Whatsapp	20
即时电报 Instagram	20
微信 WeChat	13.09
抖音 Tiktok	10.51
脸书 Facebook	9.31
抖音中文版 Douyin	7.51
电报 Telegram	7
快聊 Snapchat	6.35

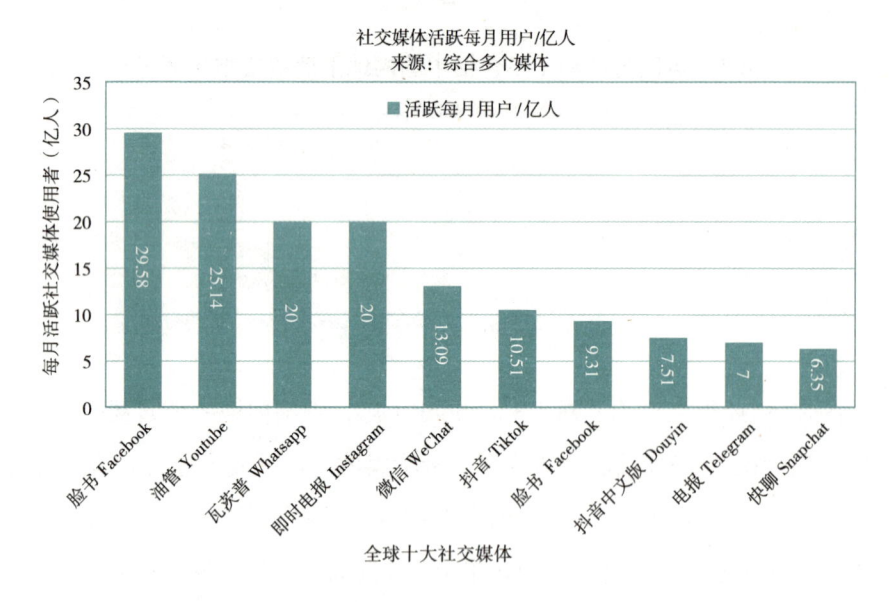

图2 2023年1月世界十大流行的社交媒体与活跃使用者

（资料来源：综合媒体报道）

80
亿人

64%
使用互联网

92%
社交媒体用

图 3　2023 年 1 月全球社交媒体使用

（资料来源：综合媒体报道）

新零售、全渠道

自 2015 年开始，国内大型电商阿里巴巴（以下简称"阿里"）系的淘宝平台线上业务蓬勃发展，导致实体零售和渠道商遭遇冲击。自 2016 年开始，在国内外已有企业跨渠道收购与合并或启动的例子（见表 2）。其目的是让消费者跟着电子商务平台的引导至实体店取货和购买更多的消费品。

中国互联网龙头之一腾讯，在 2019 年完成合并全国超市连锁集团永辉超市与屈臣氏在广东经营的百佳超市实体店。这个零售趋势的优点是在这些巨无霸线上与实体店可以给予消费者在货品的种类上有更多的选择、更好的价格、更有季节感的时令产品。但这些寡头供应商务必令许多小零售商倒闭，因为其无法与这些提供一条龙服务的企业竞争。这个新零售与"全渠道"转型对社会与就业的长期影响有待观察与研究。

表2　全球电子商务平台的选择性收购和合并

（资料来源：综合性多渠道信息杂项）

企业	领域	国家	企业合并、启动 电商	企业合并、启动 实体零售	交易 年份	交易 金额/百万美元
阿里巴巴	大众	中国		阳光艺术零售2017	2017	2900
				Fly-Zoo	2019	没有公布
		美国		Wholefood	2017	13700
京东		中国	无人机交付农村地区		2016	没有公布
腾讯	零售、超市			永辉、百佳	2019	170
沃尔玛		美国	Jet.com		2016	3300
			Shoe.com		2017	9

　　淘宝仅在2022年的天猫双11的成交额为5403亿元人民币，与2021年的交易额一样。美国的黑色星期五活动在2022年11月25日电子商务销售额为647.5亿元人民币，约为淘宝的12%。

　　麦肯锡（Mckinsey）顾问公司曾在2019年于中国内地进行的4300位消费者研究中显示，如果消费品生产者无法满足日益成熟的消费者期望，它们未来的增长将面临挑战。[1] 接着，麦肯锡顾问公司分析了米亚科技在2019年12月1日—2020年5月10日对1亿多名中国购物者的销售点数据，得出结论是以下4个关键趋势在疫情过后或将持续。[2]

---

1 中国2019年的网上零售总额估计为1.5万亿美元，占中国零售总额的1/4，超过随后十大市场的网上零售总额。
2 沙莎，等. 疫情之下：中国消费者的四大趋势性变化. https://www.mckinsey.com.cn/.

- 线下购物正在缓慢恢复，可自由支配支出、晚间购物和疫情中心地区的支出恢复相对滞后。
- 渠道向线上、线下便利店和药店转移，在疫情高峰期，约有74%的消费者在线上购买了更多食品杂货，而21%的消费者则增加了支出。
- 对健康和健身的重视将持续下去，尤其是健康食品包括生鲜食品、谷物、半成品、包装食品和零食。
- 线下忠诚度受到冲击，线上互动抵消部分影响，更愿意尝试新的商店和新的品牌。

2019年前保健品销售额前两名的快消公司分别是无限极和安利，然后才是汤臣倍健，后者是以药店和药妆实体店为主要零售渠道的厂家。排名第四的是以网上与海外购为主的澳大利制造（斯维诗Swisse）品牌。直销模式的成功有赖于直销团队每月走访农村客户——帮助留守老人解决日常生活问题。后者的成年子女在城市工作，每年只有在过年的时候才回老家探亲。

2020年疫情期间，许多三、四线城市封城，直销活动停摆，汤臣倍健一跃成为10.3%市场份额第一位的保健品生产者。同年，全球超过20亿人在网上购物，线上消费金额达4.2万亿美元。2021年5月联合国贸易和发展会议（简称"贸发会议"，英文简称"UNCTAD"）发表的《2019年全球电子商务评估及新冠疫情对2020年在线零售影响的初步评估报告》指出以下内容：

由于COVID-19导致的流动限制，电子商务的急剧增长使在线零售在零售总额中的份额从2019年的16%增加到2020年的19%。

根据该报告，在线零售额在几个国家中显著增长，韩国报告的最高份额在2020年达到25.9%，高于前一年的20.8%。[1,2]

---

1 电子商务（E-commerce）包括企业与企业之间的电子商务，如阿里巴巴网，以及商业机构对消费者的电子商务（Business to Customer, BTC）与在线零售，如淘宝或天猫网。
2 Table 1: Online retail sales, selected economies, 2018-2020，Estimates of Global E-Commerce 2019 and Preliminary Assessment of COVID-19 Impact on Online Retail 2019. UNCTAD Technical Notes on ICT for Development, May 2021. https://unctad.org/system/files/official-document/tn_unctad_ict4d18_en.pdf.

注：2011—2021年期间，内地保健品在电商渠道份额已从4%增加10倍至46%，而药店（药房、药妆）渠道则从43%一度下跌至18%然而在疫情后期回升至29%。直销渠道因为全民预防措施包括社交距离，营业额打击最为厉害，从2019至2022年的三年间市场份额从47%下滑至26%，其它零售渠道包括超级市场、便利店、专卖店也有回升。

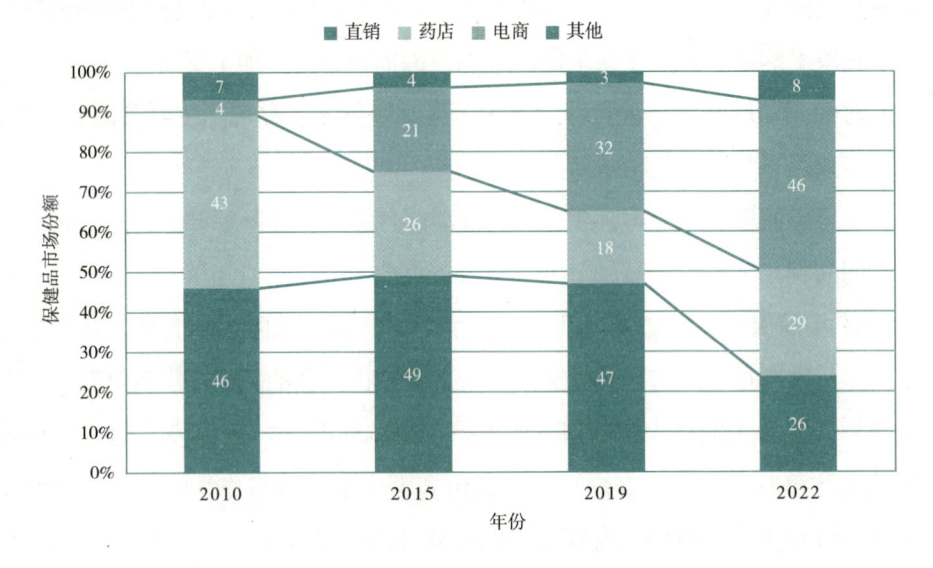

图4 2010—2022年中国内地市场保健品零售渠道的变化

（资料来源：Euromonitor）

除了韩国以外，中国的新零售业务在2018—2020年期间从18%增加至25%，是众多渠道中增幅最快与份额最大的渠道。如图5所示，如今仅依靠印刷媒体或其他视听渠道（如广播、电视等）从自己喜欢的品牌中寻找产品或服务信息的消费者正在迅速消失。

新零售的5个阶段

2016年，阿里创办人马云在其集团主办的云栖大会中提出了"新零售"概念取代纯电子商务（以下简称"电商"）。"新零售"经营模式的成功将有赖于零售产业可以充分结合"大数据人工智能体系"的特点进行预测、营销、商业仿真智能决策及提升营运效率（例如最佳货物周转期与现金流）的大数据创新性应用。

瑞士IMD研究所聂东平教授和马克（Mark Greeven）教授与他们的团队在研究中国的"新零售"课题4年后在2021年4月发表了其从传统电商跨入"新零售"经营模式的5个阶段（见图6）。犹如马斯洛的需求层次理论（Maslow's hierarchy of needs）的第1~3层的物质价值与第4~5层的精神价值体现。

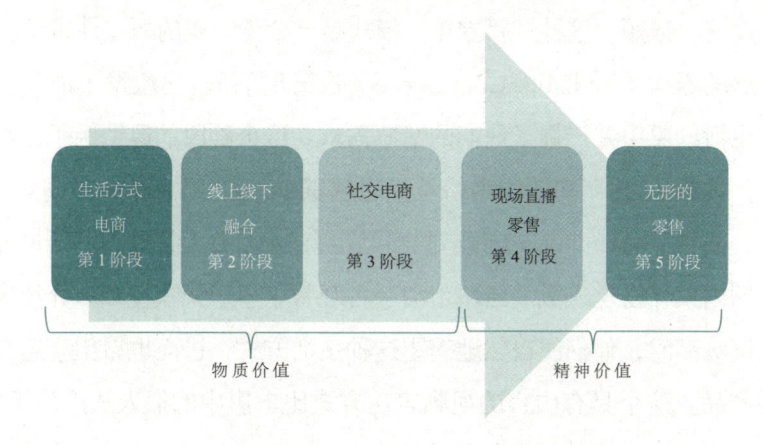

```
生活方式电商    线上线下融合    社交电商    现场直播零售    无形的零售
 第1阶段        第2阶段      第3阶段      第4阶段       第5阶段
└─────────物质价值─────────┘           └──精神价值──┘
```

图6 从传统电商跨入"新零售"经营模式的5个阶段

（资料来源：鸣谢瑞士IMD研究所聂东平教授等"新零售"阶段论）

- 生活方式电商（Lifestyle E-commerce）是第1阶段。这是人们想要体验和服务的想法（从订购早餐到找到合适的电影来观看）。
- 线上线下融合（Online Merges with Offline，OMO）是第2阶段。这是在线零售与线下世界的融合。它是从超市（专注于新鲜的海鲜和新鲜农产品）开始的在线和实体店的无缝集成。
- 社交电商（Social E-commerce）是第3阶段。这个阶段改变了中国市场。由于一半的中国内地低收入的消费者负担不起阿里系的高阶品牌而被排除在外，拼多多的出现改变了消费行为。通过社交团购的方法令他们成为电商世界的一部分。这种方式之所以受欢迎，是因为整个购物过程既有趣又更像娱乐，并且也吸引了较高收入水平的消费者。该平台现已超越传统电商阿里、京东等成为世界上最大的消费者平台。

"新零售"第4阶段与第5阶段的"网红"或称关键意见领袖、达人（Key Opinion Leader，KOL）直接或间接影响消费者的购买行为。

- 现场直播零售（Live Commerce）是第4阶段。电子商务在中国变得无处不在，以至于消费者难以做出选择。一个震惊跨国快消品牌制造商与零售商的例子是2019年国内量贩大王家乐福——的233家超大卖场与3万员工创造的310亿元人民币销售额。同年某主播个人直播带货的营业额也差不多是这个数额、这种"新零售"模式是一个无止境的颠覆性警示。

- 无形的零售（Invisible Commerce）是第5阶段。它激发了消费者向往美好生活的愿望并挖掘了他们的情感需求。这个阶段的典型例子为网红李子柒。她在2021年初的国内粉丝量超越8000万，排名第一。同年2月的海外"油管"（YouTube）频道的粉丝也有1410万，打破吉尼斯世界纪录在短期内累计粉丝人数。当城市消费者观看了李子柒在视频里介绍农村食材或调味品时，他们便自然地渴望这种生活方式，进而也希望享用与购买这些产品。这个具有内容的视频表达方式比电影中的插入式广告更为微妙，产品在李子柒的另一个电商平台销售。

电子商务业务已占屈臣氏2019年零售总额的重要份额（占全球17%，而中国则为37%）。2020年，全球新冠疫情大流行加速消费者在线上购物的习惯，屈臣氏在上半年的电商业务年度同比增加了90%，主要来自其1.38亿会员的63%。屈臣氏的零售策略也从2011年开始转变，到了2021年，屈臣氏在新零售的商业模式上到达第3阶段的"社交电商"。屈臣氏日后在发展中国家包括"金砖十一国"的成功有赖于它在"新零售"这个营销模式的第4阶段与第5阶段中脱颖而出。（在2023年8月第15届金砖国会议闭幕会议宣布自2024年1月开始，金砖国家将加入阿根廷、埃及、埃塞俄比亚、伊朗、沙特阿拉伯及阿联酋六国增加至十一国，还会继续扩充。）

新冠疫情前，屈臣氏1982—2023年客户策略的演变，如图7所示。

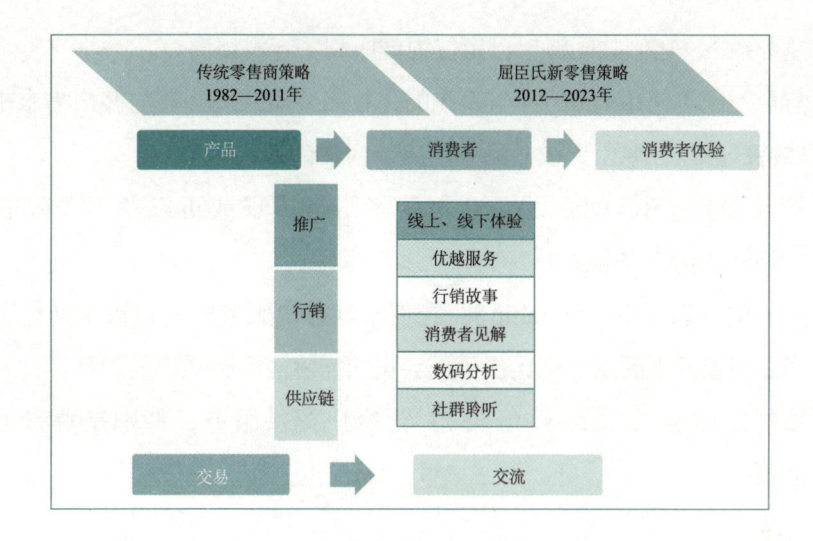

图 7　屈臣氏 1982—2023 年客户策略的演变

（资料来源：综合资讯）

客户联通、随时随刻

屈臣氏在2012年开始投资于数字化转型，并在2017年加快步伐制定出其中国内地增长战略。自2016年始，屈臣氏在营运上以大数据与电子商贸为重点并加大投资力度使其成为客户连接战略的先行者之一。[1] 2018年1月，屈臣氏与印度的印孚瑟斯技术有限公司（Infosys Technologies Ltd.）宣布建立策略联盟发展以客户为中心的数字化转型计划，集中跨数据科学和人工智能的技术服务调研消费者趋势。[2]

屈臣氏实践的DARE消费者体验策略（或称客户联通策略）是一项线上与线下无缝连接的体验，反映在长和的2018年度业绩报告，初步结果是充满希望的。这个计划旨在协助屈臣氏更好地执行其客户联通策略（DARE）。其包括以

---

[1] 2016年长江和记实业有限公司年主席报告，零售业务，2017年3月22日：11。https://doc.irasia.com/listco/hk/ckh/annual/2016/car2016.pdf.

[2] Infosys（INFY）to Aid A.S. Watson in Digital Transformation，24 January 2018. https://www.nasdaq.com/articles/infosys-infy-to-aid-a.s.-watson-in-digital-transformation-2018-01-24.

下4个组成部分,它们共同将自己定位为健康和美容零售商。

- 与众不同(Different):与领先的化妆品公司共同开发与客户需求相关的独特产品只在屈臣氏或其品牌门店、网站销售。
- 任何地方(Anywhere):在消费者附近出现或可以使用"微信"或"WhatsApp"的地方。
- 贴心的关系(Relationship):经理及其客户服务顾问积极主动地利用新产品和服务来满足屈臣氏俱乐部会员的需求而不会侵犯其隐私。
- 独特的体验(Experience):为客户提供服务,特别是尊贵的VIP会员。

与众不同的蓝海战略

泰国首都曼谷历史上最严重的空气污染发生在2018年期间包括Z世代最为广泛庆祝的2月14日的情人节。[1] 它启发了屈臣氏的"皮肤护理项目"(Derma Care Project),这是一个蓝海战略的典型例子。[2] 这个"d计划"从专案构想到产品推出的4个月内开发了一系列护肤产品,包括卸妆液、洗面乳、乳液、精华液和乳霜,在2018年夏天的曼谷屈臣氏的个人用品店独家销售,作为亚洲区内的测试市场。

该计划是由针对亚洲女性配方的日本殿堂级化妆品公司资生堂与屈臣氏共同制订的,旨在缓解由于空气传播而对各种年龄段和皮肤类型造成的有害皮肤影响粒子。这个"d计划"已于2019年上半年迅速在其他亚洲城市推出,专案得到空前的成功,到货后产品立即售罄。[3]

---

1 City smog worsens to danger level, February 15, 2015. https://www.bangkokpost.com/thailand/general/1412290/city-smog-worsen.

2 法国巴黎INSEAD管理学院教授W. Chan Kim和Renée Mauborgne在2004年的《蓝海战略》一书中阐述了一种行销理论,旨在同时追求差异化和低成本,以开拓新的市场空间并创造新的需求。

3 由于亚洲市场的空气污染恶化——无论是中国内地冬季的煤炭燃烧,还是印尼在农产品丰收后的农业废料燃烧,通过马六甲海峡扩散到邻国马来西亚和新加坡,抑或是中国台湾和泰国的旧车不完全燃烧所产生的废气,近年来这些市场都出现了严重的健康问题和皮肤问题。

任何地方、无处不在

1987年屈臣氏重新进入中国台湾市场后，中国台湾一度成为屈臣氏的模范业务市场。在其所有主要城市的繁忙购物区中，随处可见屈臣氏品牌的个人用品店。每个门店都有由一位专业药剂师、美容顾问和客户关系代表组成的团队为当地的Y和Z世代消费者提供美容、健康和个人护理的贴心服务。

屈臣氏在20多个欧洲及亚洲市场访问了2.2万名顾客，其中Z世代的1/3人表示他们会更多光顾门市。[1]

2020年，屈臣氏在台湾有580家零售门店和接近600万名忠诚俱乐部会员（即I卡持有者），为2300万台湾客户提供服务，[2] 在其更新的移动应用程序中为I卡会员推出的官方Watsons LINE账户已渗透了"无处不在"的观念。[3] 2019年的统计资料显示，通过屈臣氏网站的"点击订购"线上业务中有54%的顾客在附近的屈臣氏个人用品店提货时增购了其他商品。

越洋购物、关系维护

屈臣氏于2007年在香港首次推出百佳超市忠诚俱乐部会员资格，作为其客户维护策略的一部分，价格折扣和家用器具积分作为兑换为会员的优惠。屈臣氏个人用品店与其欧洲本地品牌的连锁门店不久就推出了本国的会员俱乐部计划。截至2020年底，屈臣氏在全球拥有1.38亿会员客户，其中包括中国在内的亚洲有超过1亿付费会员、欧洲有3800万，[4] 另有4%是尊贵Elite®会员。这些付费会员

1　屈臣氏集团最新消息，屈臣氏集团发布疫情后消费新趋势，与顾客紧密联系开拓"新常态"零售商机，2020年9月3日。https://www.aswatson.com/zh/a-s-watson-groups-global-survey-reveals-post-covid-trends-the-importance-of-customer-connectivity-in-retails-new-normal/#.YJPipbUzbek.

2　屈臣氏会员俱乐部会员计划于2009年启动。

3　LINE是台湾最受欢迎的资讯应用软件。

4　年度会费象征性地为HK＄20~30（£2-3或€2-3）。

共同产生了25%的会员销售额，人均消费亦是普通会员的8倍。因此，屈臣氏的战略之一是与这些VIP会员建立密切关系。在2019年，屈臣氏的7个市场（中国内地、中国香港、中国台湾、马来西亚、新加坡、泰国和印尼）内的1.4万名消费者的旅游购物习惯在通过量化线上进行的亚洲跨境购物调查中，验证了以下几点：

- 亚洲人去新加坡和中国香港旅行的次数分别高出2.7倍和2.2倍。
- 亚洲最受欢迎的旅行目的地是中国内地、泰国和马来西亚。
- 最受欢迎的跨境购物目的地是中国内地居民到中国香港，新加坡人到马来西亚，印尼人到新加坡。
- 最受欢迎的跨境购物商品是为来自中国内地、泰国和印尼的游客提供护肤和化妆品，以及为来自中国香港、新加坡和马来西亚的游客提供个人护理产品。

根据调查结果，屈臣氏通行证概念于2019年第二季度首次向居住在大湾区的800万名屈臣氏俱乐部会员推出。[1] 随后，该概念于7月扩展到了亚洲其他市场，包括新加坡、马来西亚、泰国、印尼及中国台湾，其余国家和地区将于2020年加入。可惜的是新冠疫情会延迟屈臣氏市场推广的力度。

亲身体验、广传同好

目前，电子商务已成为众多X世代与Y世代首选的购物途径，但是他们却热衷于亲身体验新事物，以便在他们的群组内与友人分享与接受"赞"的认可。因此，亲身体验已是一个常态，除非休闲药物为不道德的产品外，其他新上市的保健与美容快消品不是可有可无，而是所有具备规模的零售商必须提供的服务。

Superdrug 的"虚拟镜子"于2010年推出，旨在为消费者提供选择化妆品的

---

1 粤港澳大湾区（简称"大湾区"）包括香港和澳门两个特别行政区，以及广州、深圳、珠海、佛山、惠州、东莞、中山、江门和肇庆等九市。广东省的总面积约56 000平方公里，截至2018年底，总人口超过7100万，国内生产总值为16 425亿美元，人均国内生产总值为23 342美元。参考207：1-6。

独特体验。使用内置相机拍摄照片后,客户可以从设备所在的架子上拿起产品、扫描产品,然后电脑会将产品"应用"到图像上。[1] 在亚洲,屈臣氏个人用品店于2019年推出了使用ModiFace的增强AR技术的移动应用程序ColourMe,供消费者试用巴黎欧莱雅和美宝莲的彩妆产品,包括口红、睫毛膏、眼影膏、眉毛着色和粉底。[2] 消费者在查看自己的外观创作后可以线上订购相同的产品,以便送货上门或在附近的屈臣氏门店取货。Superdrug不是第一个提供线上医生服务以满足消费者健康需求的公司。但是,它涵盖的服务范围更广,包括用于去核酸(DNA)、艾滋病毒(HIV)以及性健康和旅行药品的家庭测试套件,客户可以从中获得治疗性功能的西地那非(Sidenafil)50 mg片剂的低至132元人民币(约15英镑)的处方药。[3]

2018年5月在香港中环的CKC18一站式购物体验与2020年1月的玩美概念店都是让消费者先体验、后购买的策略,如表3所示。

表3　2019年屈臣氏中国客户连接策略

序号	策略	战术	倡议
1	维护与增加千禧世代顾客	精英卡、贵宾卡会员制度	针对最高支出10%的会员: 免费化妆和皮肤护理服务; 独家邀请与名人KOL会面; 五星级酒店的住宿和美食优惠等
2	争取Z世代参与	启用数字化的线上/线下购物体验	适用于Z世代的AR技术; "StyleMe 2.0"店内的专业化妆师提供个性化妆时,在行动电话或设备上提供不同的混合搭配时尚外观; "Scan & Go"使客户可以用手机扫描QR码,而不必等着收银员付款

1　Superdrug于2010年8月26日在C + D为化妆品客户推出了"虚拟镜子"。https://www.chemistanddruggist.co.uk/news/superdrug-launches-%E2%80%98virtual-mirrors%E2%80%9-cosmetics-clients.
2　Michael, Arnold,屈臣氏和欧莱雅推出虚拟化妆试用服务.2019年3月12日在Insider Retail. https：//insideretail.asia/2019/03/12/as-watson-.
3　美国辉瑞的专利药威而钢(Viagra®,药名为Sidenalfil,即西地那非)的专利到期后,全球的非专利药厂都纷纷推出西地那非仿制药。

续表

序号	策略	战术	倡议
3	扩张"菜单"点项	开展本地、全国性品牌和专用品牌	推广本地与美国社交媒体品牌,如Judydoll和Wet n wild; 韩国美容院品牌CLIV和BRTC; 资生堂独家"d计划"
4	个性化方案	美容顾问为客户提供的个性化定制服务	"企业微信"平台为消费者和屈臣氏美容顾问提供了"一对一美容咨询服务"; 该服务还可以快速通过"点击并收集"线上订购或"一小时Flash交付"服务,结合AI技术,商店的工作人员可以根据其个人喜好推荐建议
5	轻松购物	"云商店"服务	使客户能够轻松快捷地从本地商店和整个屈臣氏中国网络线上购物
6	三线城市	高增长地区	屈臣氏在中国第3800家专卖店为一家全新设计的2000平方英尺门店。这家专卖店于2019年11月在三线城市云南省昆明市开业。它是当地购物者的新旗舰店;特别是Z世代,以及来自东南亚邻国老挝、缅甸和越南的游客

(资料来源:《长和年度报告》、WatsOn及《金融时报》)

保健美妆、专卖威胁

随着消费者逐渐注重其容貌和外观,英国市场对皮肤护理、美发和个人护理产品的需求正在增长。保健和美容已成为零售业增长最快的部门。英国2019年的销售额达到147亿英镑,在世界卫生组织于2020年3月12日宣布新冠肺炎为全球性大流行病之前，2020年预计将增长超过150亿英镑。[1]

在过去的10年中，英国的保健品零售商以及法国的香水和化妆品零售商等专卖店在其国内和国际市场上均实现了两位数的增长。玛利娜和Superdrug正在被抢夺市场份额。英国《金融时报》在2020年1月8日报道了以下内容：

英国第二大超市集团J.桑斯伯里（J Sainsbury）周三表示，它已在商店开设了100个美容厅并增加了其一般商品业务Argos的健康和美容产品线。化妆品和个人用品也是B&M和Home Bargains家庭特惠等折扣店的重要类别。Global Data的帕特里克·奥布赖恩（Patrick O'Brien）表示，他们和超市都在争夺博姿的市场份额近20年了。[2]

事实上，专卖店的概念并不是近年才有的。源于英国南岸的布莱顿市（Brighton）的美体小铺（Body Shop）早在1976年已提供有机护肤产品，并以加盟店方式在短时间内发展成为3000家的专门美妆店，分布全球65个国家。美体小铺主要供应自己的品牌，与其他的专门店供应多个包括自己品牌的方式不完全一样。据市场消息，屈臣氏也在21世纪最初10年后期以评估市场上的专业连锁零售商作为收购目标，其中一家是荷柏瑞。[3]

荷柏瑞

荷柏瑞（Holland & Barrett，H&B）是英国领先的健康食品、保健和运动营

---

1 萨哈尔·纳齐尔（Sahar Nazir）.大胆与美丽：今天健康与美容行业的地位.Retail Gazette, 2019-8-15. https://www.retailgazette.co.uk/blog/2019/08/bold-health-beauty.
2 Jonathan Eley, Boots Launches Business Review as Sales Slide. January 8, 2020. https://www.ft.com/content/61af725e-3223-11ea-9703-eea0cae3f0de.
3 Elias Jahshan, Superdrug owner eyes Holland & Barrett takeover, Retail Gazette, June 22, 2017. https://www.retailgazette.co.uk/blog/2017/06/superdrug-holland-barrett-takeover/.

养品零售连锁店。[1,2,3] 截至2020年9月30日的财年，全球销售额和EBITDA分别为63.9亿元人民币与14.9亿元人民币（约合7.3亿英镑和1.7亿英镑），新冠疫情下，消费者增购保健品，年度增幅为3.8%与13.3%。[4]

其前任首席执行官彼得·阿尔迪斯（Peter Aldis）在他2019年3月退休之前，20年时间使荷柏瑞从几百家商店发展到现在的欧洲与亚洲共1300多家商店（包括自2003年的50家GNC的英国区域特许经营权）方面发挥了重要作用。阿尔迪斯在保健品行业内是一位众所周知的创新型且专注于业务的高管，他在任内扩展了新的地域及新产品上升纪录。

- H＆B品牌的保健品超过一半是从中国进口的半制成品在英国的工厂进行最后阶段加工、质控与包装。因此，H＆B的净利率比屈臣氏属下的Superdrug药妆高1~2倍。Superdrug约有20%快消品为自己品牌。[5]
- H＆B在欧洲建立跨国零售业务并在亚洲多国包括中国香港屈臣氏和印度市场授权区域特许经营商。
- 创立有机博士（Dr. Organic）品牌，推出一系列天然保健品和皮肤护理产品。（另一个有机美容护肤行业领导者为美体小铺）

2015—2020年英国H＆B与Superdrug英国市场业绩比较，如图8所示。

---

1 美国自然之宝与其当时私募基金母公司，凯雷（Carlyle）集团在评估了包括屈臣氏在内的几项竞标之后，于2017年8月，宣布以17.7亿英镑（合150亿元人民币）的价格卖给了俄罗斯犹太裔石油亿万富翁米哈伊尔·弗里德曼（Mikhail Fridman）拥有的L1 Retail公司。

2 2017年3月2日，屈臣氏宣布已与H＆B签署香港区域特许经营协定，估计屈臣氏为此举是一种善意，因为它希望以1.1亿英镑以上的价格 收购H＆B的全部业务。

3 Fridman's L1 Retail to buy Holland & Barrett for $2.3（or £1.77）billion. Reuters, June 26, 2017.https://www.reuters.com/article/us-deals-carlyle-group-l1-idUSKBN19H0K1.

4 H＆B由阿尔弗雷德·巴雷特（Alfred Barrett）和威廉·霍兰德（William Holland）于1870年成立，他们在主教的斯托特福德（一家位于英格兰赫特福德郡的历史悠久的集镇）购买了一家杂货店。自1920年以来，H＆B已易手多次，并于1997年被总部位于美国长岛的健康保健品公司NBTY（现称The Bounful Commpay, 即自然之宝）收购。

5 Superdrug的会计年度结束日是12月31日，而H＆B的会计年度结束日是9月30日。

注：2015年，英国H＆B零售有限公司获得1500万英镑的特殊收入，实为H＆B（英属处女岛）有限公司在2014年与2015年两个财年出口业务中转移价格的差额利润。Superdrug则在2015年与2016年两年有优越的业绩：2015年的收入增加了4700万英镑而同比税后利润也增加了1640万英镑，主要是新产品的强劲线上与实体店销售以及2016年的持续强劲销售包括当年财年53周的额外一周2290万英镑的收入与同比税后利润也增加了2430万英镑。2013—2018年，H＆B的保健品税后利润比Superdrug较高，年均为16％而Superdrug只有4.3％。

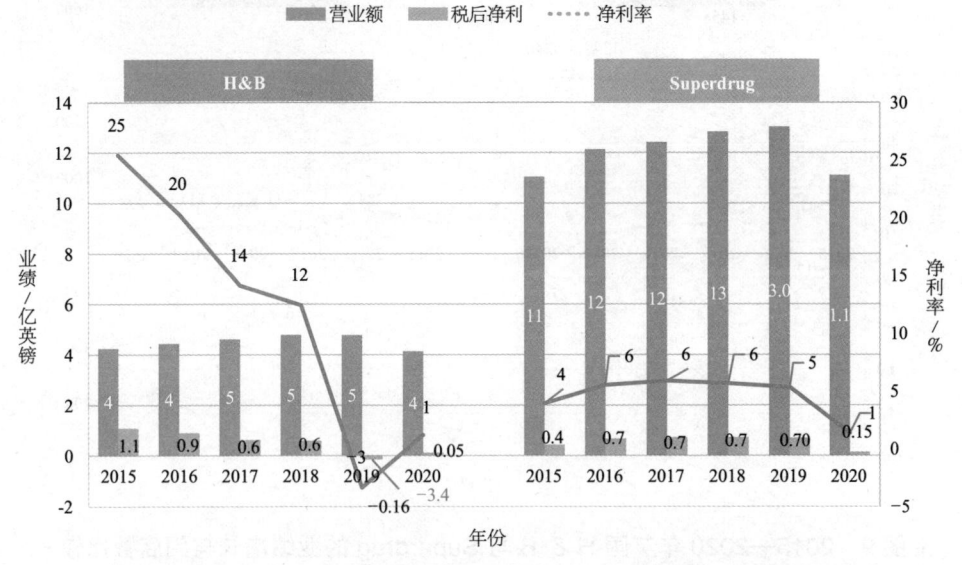

图8　2015—2020年英国H＆B与Superdrug英国市场业绩比较

（资料来源：英国公司注册署）

2015—2020年英国H＆B与Superdrug的业绩增长与门店数比较，如图9所示。

注：1. 2019年，H&B有一次性3000万英镑特殊支出包括当年减值与支付上一年度的收购费用，因此2020年度的税后利润 有320%跳跃性的增幅；
2. 2020年，H&B与Superdrug 都因为新冠疫情而营业额分别下跌13%与15%，Superdrug 关闭了13家门店。

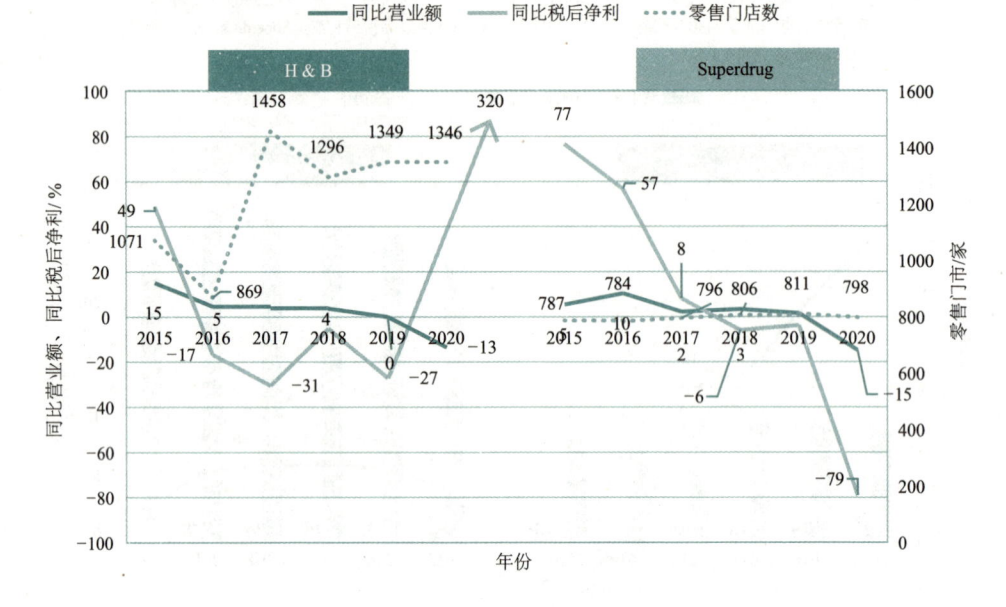

图9　2015—2020年英国H＆B与Superdrug的业绩增长与门店数比较

(资料来源：英国公司注册署)

尽管英国的H＆B品牌实体店和GNC专营店数量从2013年的664家和72家增加到2020年的766家和65家，但因为竞争市场越趋激烈，其利润率已从19%下降至1.6%。在过去10年的成长过程中，屈臣氏已在迅速变化的零售世界中处于市场领导地位。

在英国，由于领先的保健和美容零售商，如博姿、丝芙兰、Superdrug等，都拥有自己或专有的品牌，并且通过内部产品研发能力得到了增强，因此全渠道产品是与竞争对手的差异之一。消费者可以通过其网站上的集成移动应用程序"订购和收集"服务订购各种产品，以便于第二天将其交付给会员卡。拥有1500万活跃会员卡的英国最大的连锁零售药房博姿，原定计划在2020年关闭2485家无利润商店中的200家，以削减成本，现因新冠疫情这些门店的关闭可能会延后一些月份。[1,2]

1　博姿内部审查使200家药妆门店面临关闭的风险，BBC, May 28, 2019. https://www.bbc.com/news/business-48435802。
2　2019年沃博联年度报告，2019-10-23. https://s1.q4cdn.com/343380161/files/doc_financials/2019/annual/2019-Annual-Report-Final.pdf。

在同一时期，Superdrug药妆的零售店也从700家增加到801家，其税后净利率从2013年的2.5%增加到2019年的5.3%，这归因于多年大数据电子商务方面的投资，以新的保健、美容主题改造其所有零售店，以及推出新的和独家品牌的行销。它的200家药房还提供用于DNA、HIV等家庭检测试剂盒的最新医疗技术。在10年的学习过程中，屈臣氏已在迅速变化的零售世界中处于市场领导地位。2018年，黎启明及其团队推出了"客户联通策略"或称数字连接是一种接触更广泛客户群的部署，实质上是通过与年轻消费者建立联系，从而将创新与客户体验联系起来以让竞争对手知难而退。

丝芙兰

丝芙兰（Sephora）成立于1969年，总部设于法国巴黎。自1997年以来一直由奢侈品集团LVMH拥有。它是仅次于美国 Ulta Beauty 的全球第二大专卖化妆品美容零售商。LVMH的业绩并未像长和那样彰显丝芙兰的业绩，但却表示丝芙兰是5项"精选零售"业务之一。其2019年的收入估计为370亿港元（约合48亿美元），其中约25%来自电子商务。[1] 它的产品系列有300个品牌（包括自己的品牌）在全球34个国家/地区包括中国和美国设有丝芙兰专门店。经过多年数字行销的投资，丝芙兰80%的消费者会优先选择在丝芙兰购物。丝芙兰通过创建无缝的客户线上和线下的5种备受消费者欢迎的体验，一直带领着客户趋势。[2]

- **虚拟艺术家**：丝芙兰在2016年推出的一款美容应用程序软件，提供产品现实感，具有美丽意识的消费者可以扫描自己的脸部、嘴唇和眼睛，然后选择那些可能会喜欢的唇彩、眼影和假睫毛，并将通过电脑"化妆"后的

---

[1] 2020年，新冠疫情大流行，LVMH的美妆丝芙兰营业额与利润下跌23%与88%。https://www.lvmh.com/news-documents/press-releases/lvmh-showed-good-resilience-against-the-pandemic-crisis-in-2020/.
[2] 丝芙兰打造无缝客户体验的5种方式，全国零售联合会智慧简报，2018年7月25日。https://nrf.com/blog/5-ways-sephora-creates-seamless-customer-experience

图像显示出来，决定后可以在手机上订购。
- 美容知内情：2017年启动的丝芙兰社交媒体平台，用户从具有丝芙兰产品经验的使用者那里通过即时聊天获得建议，同时浏览产品页面。
- 商店伴侣：2018年启动的地理围栏技术，是一种位置定位的移动应用程序，当消费者在丝芙兰商店附近时便会收到短信发送新产品或优惠信息。
- 数位美容指南：2018年推出的客户服务，旨在记录客户在店内进行美容曾选用的彩妆，丝芙兰会通过电子邮件发送给客户，以方便购买。
- 谷歌 Home 上的护肤顾问：2018年推出语音驱动的咨询服务，使客户可以找到最近的丝芙兰商店，寻求皮肤护理建议。

第 14 章
淡马锡、未来之路

双李友谊、跨越卅载

已故新加坡内阁资政李光耀（1923—2015）先生是第四代华裔新加坡人。1942年高中毕业后，李光耀在日本占领下的新加坡担任行政服务新闻部的官员。1945年9月第二次世界大战结束后，他去了英国剑桥大学修读法律，并在伦敦接受了大律师培训。1950年返回新加坡后，他便参政并于1959年35岁时在新宪法执行下当选为新加坡第一任总理。

1954年5月，李光耀首次访问中国香港，对当时南下的上海籍裁缝即日提供量身定做西服的服务印象深刻，他们"客户至上"的正面态度给李光耀留下了永不遗忘的印象。这次购物经历在他的记忆中留下了对香港企业家的"做得到"（Can Do！）的永不言弃精神。

李光耀与李嘉诚的双李之间相遇可以追溯到1984年8月9日，当时李嘉诚是应李光耀总理亲自邀请参加新加坡国庆庆典的一群香港投资者中的一员。这项邀请是为了吸引香港的投资者在新加坡建立第二个家园。作为亚洲和欧洲零售药妆的领导者，屈臣氏符合淡马锡对投资行业与地域要求，即零售、服务与亚洲尤其是中国的两个条件。李嘉诚对新加坡在李光耀总理长期领导下的井井有条、廉洁与守法的政府与人民的印象非常深刻。

在这次访问后，李嘉诚决定在1985年10月新加坡陷入最严重的经济衰退之际成为新达投资私人有限公司（Suntec Investment Private Ltd.，以下简称"新达")的主要投资者。随后,1988年屈臣氏进入新加坡后旋即在全岛建立屈臣氏的零售门店。同年新达收购了新加坡城市重建局在新达城开发中的一块土地。3年后的1990年,李光耀退任总理并在二线转任资政。

1994年9月,李嘉诚的次子李泽楷(Richard Li)拥有的太平洋世纪集团(Pacific Century Group)收购了新加坡一家上市公司的控制权,该公司随后更名为太平洋世纪区域发展有限公司(Pacific Century Regional Developments Limited),其业务重点在新加坡和东南亚。[1]

李嘉诚投资的新达项目在1997年7月竣工,成为新加坡最大的办公、购物及会议中心。[2] 这个日期恰巧遇上香港在156年英国殖民统治后回归中国,同时也是亚洲金融风暴的突然袭击。2000年3月,李光耀的小儿子李显扬(当时是淡马锡的全资子公司新加坡电信集团的首席执行官)与李嘉诚的二子李泽楷竞购香港电信时失败。[3] 这让双李在一段时间内各忙各的事务。

2002年9月,李嘉诚捐赠了1950万新元作为对新加坡管理大学(SMU)的图书馆和奖学金的支持,以示对新加坡的良好意愿。[4] 随后,在2007年,他通过李嘉诚基金会向新加坡国立大学(NUS)又捐赠了1亿新元作为学术基金。NUS的战略倡议重燃了双李之间的友谊。8年后,李嘉诚与两个儿子李泽钜与李泽楷参加了于2015年3月23日在新加坡总理官邸——新加坡总统府所在地的一次私人悼念李光耀的仪式。他在致李光耀长子新加坡总理李显龙的慰问信中说:

我会记得李光耀一直是位真诚的朋友,以这种身份我为他的离世感到最大的哀悼。[5]

---

1 Pacific Century Group Holdings Ltd., Hong Kong General Chamber of Commerce. 2020. http://www.chamber.org.hk/en/membership/directory_detail.aspx?id=HKP0338.
2 Paul W. Bearmish(Ed.), Co-operative Strategies: Asian Pacific Perspectives, The New Lexington Press, 1997:40.
3 新加坡电信(Singapore Telecommunications)落选香港电信竞标的原因是由香港政府的公共政策,即电话、地铁、广播和电视台等具有公共利益的公司的多数股权应归当地居民所有。
4 Entrepreneur and Philanthropist Li Ka-Shing, Donates Record S$19.5 million to Singapore Management University. Press Release, SMU. September 9, 2002. https://ink.library.smu.edu.sg/cgi/viewcontent.cgi?article=1025&context=oh_pressrelease.
5 Tong Cheung et.al., Hong Kong's Richest Man Li Ka-Shing Leads Tributes to "Dear Friend" Lee Kuan Yew, South China Morning Post, March 23, 2015. https://www.scmp.com/news/hong-kong/article/1745236/cy-leung-pays-tribute-lee-kuan-yew-singaporeans-mourn-former-leaders.

主权基金、策略投资

新加坡的年度财政预算由公司税和个人税、商品及服务税以及其他税项组成，并辅以净投资回报贡献（Net Investment Returns Contribution，NIRC）。淡马锡［Temasek Holdings(Private)Limited］是新加坡三大国家投资主之一，于2016年加入了NIRC辅助税项目计划。[1] 这三家国营企业预算为2021年的国家政府预算收入766.4亿新元贡献25.6%。但在新冠疫情影响下，目前预计完成这个原定目标的机会非常渺茫。

自1984年开始，李嘉诚家族通过旗下上市公司在新加坡的投资包括屈臣氏药妆业务，创立了上千计的零售业职位予以当地居民，也是一个盈利与纳税企业，并有一个可行的持续性发展计划。因此，淡马锡在2014年投资于屈臣氏的决定是自然不过的事情。2020年11月15日，中国、日本、澳大利亚与东盟诸国签署《区域全面经济伙伴关系协定》（Regional Comprehensive Economic Partnership，RCEP），将组成世界最大的自贸区，中国香港特区在中央政府的支持下也将成为RCEP的新成员。[2] 届时，屈臣氏在这15个国家内将受惠于全面、高质、消除限制和/或不受歧视性的措施。可惜，印度在2020年初退出RCEP，以避免当地的农业包括乳业等各有关产业、制造与零售服务性行业与中小企业受到区域内的直接竞争，造成失业。[3]

淡马锡和GIC是国有投资公司和主权财富基金。[4] 淡马锡成立于1974年6月，以管理新加坡政府拥有的资产。[5] GIC稍后成立于1981年，其唯一目的是管理新加坡的外汇储备。

---

[1] 另外两个中国投资基金是新加坡金融管理局（MAS）和GIC私人有限公司（GIC）。
[2] 支援香港尽早加入RCEP，香港电台，2020-11-19. https://news.rthk.hk/rthk/ch/component/k2/1560849-20201119.htm.
[3] Suhasini Haidar, T.C.A. Sharad Raghavan, India storms our of RCEP, says trade deal hurts Indian farmers, November 7, 2019. The Hindu. https://www.thehindu.com/news/national/india-decides-against-joining-rcep-trade-deal/article29880220.ece.
[4] 主权财富基金的组成通常由固定收益和现金、股票以及房地产和私募股权等替代品组成。
[5] Temasek Holding is incorporated, History SG. http://eresources.nlb.gov.sg/history/events/3237d990-f72e-4cce-b86d-71e33f5f9695.

淡马锡最初成立时，其投资组合由35家国有企业组成，其中包括新加坡航空（SIA）和不同行业的混合体。[1] 部分国有企业公开发行股票，鉴于其性质特殊，这些股票被认为是相当安全的。从淡马锡成立之初到2002年采取了一种保守的方法。凭借谨慎的方法担任主权财富管理人，它摆脱了1997年的亚洲金融危机。[2]

2002—2006年，淡马锡在东南亚地区的投资信念为这些行业的价值将随着亚洲新兴市场中兴旺的中产阶级的崛起而增长。2003年上半年SARS流行之后，市场充斥着远远低于其价值的资产。淡马锡变得活跃起来并扩展到其他亚洲市场，期间收购了印尼的达纳蒙（Danamon）银行（2003）、渣打银行（2006）、泰国的电信领导者Intouch（2006）等公司的部分股权。[3]

屈臣氏作为亚洲和欧洲零售药妆的领导者，符合淡马锡行业与地域两个投资标的条件。2014年3月21日以400亿港元间接收购和黄属下零售与制造部屈臣氏的24.95%权益成为战略性投资者。2021年3月31日，淡马锡的净资产组合价值为新币3810亿元，在亚洲的分布为64%，其中包括新加坡（24%）、中国（27%）与亚洲其他地区（13%）。如今，淡马锡投资的战略股票、股份分布于各行业与众多的业务组合。其中的消费者与房地产资产占其总投资的14%，而屈臣氏为其主要的消费者投资项目。[4]

2023年7月11日淡马锡经历了3年的新冠疫情后，2023年淡马锡的投资组合总值为新币3820亿，如图1所示。

1　截至2019年12月31日，新加坡航空的前三大公司股东包括淡马锡（55.46%）、星展集团（10.94%）和花旗银行（9.38%）其合并持股量超过75%。
2　然而，在21世纪初，淡马锡未能幸免于全球科网的爆破，这导致何晶在2002年被任命为淡马锡的执行董事。
3　Reference 337. Temasek Value Since Inception, Portfolio Performance, Our Financials, Temasek.
4　Current Investments Sector, Our Portfolio, What We Do, Temasek. https://www.temasek.com.sg/en/index.

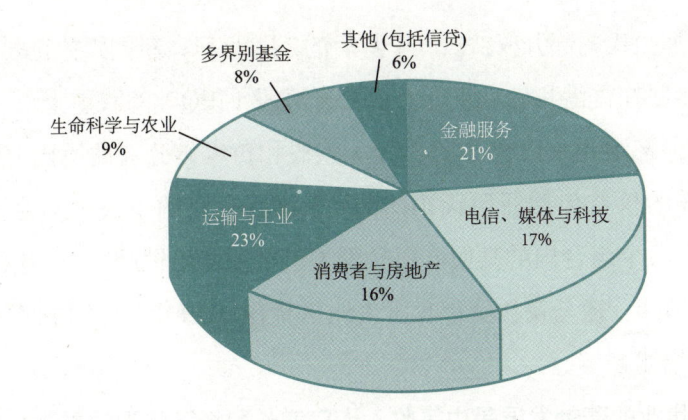

图1　2023年3月31日淡马锡的投资组合（总值新币3820亿元）
（按资产分类所占百分比）

（资料来源：综合财经媒体报道）

战略投资、机会主义？

淡马锡的投资期限可以遵循一种模式。对于新加坡或具有国家利益的国有或战略性资产，例如新航、新加坡电信、新加坡地铁（MRT）等，淡马锡将"永久"持有此类投资。对泰国的Intouch电信等海外投资，从2006年原拥有近100%的股权在13年内一直减持至目前的10%。[1]

2013年，和黄委任美银美林、汇丰和高盛对其零售业务进行战略性评估。年底，三大投资银行对屈臣氏的市场估值为230亿美元。[2] 李嘉诚于2014年1月22日在和黄属下另一家香港电灯公司在香港联交所上市时首次宣布准备安排屈臣氏上市以推动中国零售保健和美容业务的发展。[3] 当时，和黄有可能与淡马锡

---

[1] 这可能是由于当时Intouch的拥有者，时任泰国总理他信·西那瓦（Thaksin Shinawatra），对新加坡甚为友好，当他下台后其接任者们转变态度视新加坡电信为直接竞争对手。因此淡马锡可能改变当初对永久持有Intouch业务的决定。

[2] Eliza Barreto, Update 1-Watson IPO likely for 2014 in HK and 2nd venue – Li Ka-shing, Reuters, February 28, 2014. https://www.reuters.com/article/watson-ipo/update-1-watson-ipo-likely-for-2014-in-hk-and-2nd-venue-li-ka-shing-idUSL3N0LX23520140228.

[3] Update 2- Eyeing Watson IPO, Li Ka-shing going for low price HK Electric Sale. January 22, 2014. https://www.reuters.com/article/hkelectric-ipo/update-2-eyeing-watson-ipo-li-ka-shing-goes-for-low-price-hk-electric-sale-idUSL3N0KW01U20140122.

在讨论出售屈臣氏的部分权益。一个月后的2月28日,新闻媒体正式宣布屈臣氏将于2014年底在香港和伦敦进行首次公开募股(IPO)的双重上市。3月24日,淡马锡以440亿港元(约合57亿美元)入股和黄零售分部屈臣氏控股,间接持有其24.95%的权益包括屈臣氏集团的9个直接拥有的子公司与合资企业组合(见表1)及13个组合内的其他零售品牌(包括百佳连锁超市)。这相当于2013年的15倍EBIT。淡马锡投资部负责人谢松辉在2014年3月24日发布的一份声明中有以下描述:

消费零售业的蓬勃发展是中等收入人口增长和经济转型的重要表现,这是我们长期塑造淡马锡投资组合的主要旋律。我们深信亚洲(尤其是中国)和正在复苏的欧洲仍具有增长机会和长期前景。[1]

表1 2014年屈臣氏的子公司与合资企业组合

(资料来源:香港特区公司注册处)

子公司与合资企业[2]	注册地点[3]	股权比例/%[4]	
		2013年	2014年
屈臣氏控股有限公司	开曼群岛、中国香港	100	75
屈臣氏(欧洲)零售控股荷兰有限公司	荷兰	100	75
屈臣氏零售(香港)有限公司	中国香港	100	75
Dirk Rossmann GmbH *(罗斯曼德国有限公司)	德国	40	30
广州屈臣氏个人用品商店有限公司	中国广州	95	71
百佳超级市场(香港)有限公司	中国香港	100	75
Rossmann Supermarket Drogeryine Polska Sp. Z.O.O.(罗斯曼超级市场药房波兰有限公司)	波兰	70	53
Superdrug Stores有限公司	英国	100	75
武汉屈臣氏个人用品商店有限公司	中国武汉	100	75

1 Kwok, Johanathan, Temasek Holdings buying 25% of A.S Watson; deal worth $7.3 billion, The Straits Times, Singapore, March 24, 2014. https://www.straitstimes.com/business/temasek-holdings-buying-25-of- as-watson-deal-worth-73-billion.
2 包括联营公司和合资企业(*)。
3 包括主要营业地点。
4 截至当年12月31日淡马锡作为战略伙伴在投资之前和之后的屈臣氏集团应占权益。

估计淡马锡投资在屈臣氏的权益考虑因素是，若屈臣氏在数年内上市，其投资将得以升值和实现快速回报。另一份声明证实了这项推测，内容如下。

和黄与淡马锡已同意共同努力，将屈臣氏在适当的时候进行上市。[1]

自2014年淡马锡作为屈臣氏的股东以来，其年度股息在税后利润分摊后最大一笔收益估计是2019年来自广东百佳超市与永辉合并的1.58亿港元（6.33亿港元的24.95%股权）特殊收益。在这9年期间，EBIT的平均增长为-1.0%，但若把外汇损失剔除，实际增长将会稍为改善（见表2）。

表2 2014—2023年长和零售部门年度业绩

（资料来源：和黄与长和年报）

屈臣氏业绩（10亿港元）		年份（及*首半年）									
		2014	2015	2016	2017	2018	2019	2020	2021	2022	2023*
营业额	全年	157	152	152	156	170	169	160	174	170	89
	同比%	6%	-3%	0	3%	9%	0	-6%	9%	-2%	2%
EBIT	全年	13	12	12	12	13	14	11	12	11	6
	同比%	11%	-5%	-2%	0	8%	5%	-20%	14%	-11%	25%
屈臣氏占长和集团EBIT%		20%	22%	19%	18%	18%	19%	20%	18%	14%	20%

和黄在2014年善价而沽屈臣氏的部分权益与淡马锡的可能是后者作为新加坡的主权基金在日后上市路演时，投资者对屈臣氏股价的认受性更高。当然，出售24.95%所得的440亿港元也给和黄带来大量现金作为储备为日后投资用，部分也作为回馈和黄股票持有者的红利。但在接着的6年，长和未能预期把屈臣氏的业务在股票市场融资上市，淡马锡转而支持屈臣氏属下的广州百佳成为新合资超

---

1 和黄与淡马锡缔结屈臣氏业务策略联，和记黄埔有限公司，2014-3-21. https://www.ckh.com.hk/en/media/topic/2674/HWL-Temasek-Watsons/.

市百佳永辉40%的股东。[1] 2019年1月初,此项交易的完成为长和带来一次性的6.33亿港元的特殊收益,淡马锡按权益比例也获取了1.6亿港元的特殊收益。

2019年6月,香港社会动荡的再次出现导致零售业务重大混乱,进一步压低了屈臣氏的估值。仅见市场反应不佳,淡马锡决定在2019年9月给传媒发出风声暂停出售屈臣氏的10%股份。[2] 2020年的新冠肺炎全球感染大流行将会在未来1~2年反复持续一段时期,直接影响屈臣氏的业绩。最终,世卫组织总干事谭德塞博士于2023年5月5日正式宣布新冠疫情作为全球突发卫生事件已经结束。可惜的是,之前在2022年2月开始的俄乌战事的持续更令2024年全球经济复苏添上不明朗因素。

中产需求、全球崛起

预见亚洲市场中产阶级崛起,韦以安在1987年开始在中国内地与中国香港以外的中国台湾地区和新加坡、泰国等国家拓展屈臣氏进入其市场的计划。当屈臣氏在20世纪90年代往东南亚国家、地区投资数年后,该地区的经济增长让屈臣氏的营业额得到持续性的递增,成为除日本和韩国以外的亚洲地区的药妆领导者。1997年的亚洲金融危机突然而来,屈臣氏在2000年后才恢复在亚洲的业绩增长。

2018年9月为全球经济史的一个转折点,全球中产阶级的人口刚刚超过38亿,占当年76亿总人口的50%。[3] 到了2019年底,屈臣氏的全球15 000家门店遍布24个国家和地区的4500个城市,直接与潜在的24亿消费者或全球32%的人口接触。[4]

预计到2030年,发展中国家的中产阶级人口将达到53亿,占全球总人口的

---

1 这对屈臣氏的价值有着正面的评估,因为其中持10%股权的腾讯是内地主要电商之一,另外50%持有者为永辉,其在全国的零售网络对日后的发展有举足轻重的影响。
2 Temasek postpones sale of US$3b AS Watson stake, The Business Times, Singapore, September 4, 2019. https://www.businesstimes.com.sg/companies-markets/temasek-postpones-sale-of-us3b-as-watson-stake.
3 由Homi Kharas等开发的一种基于家庭支出的"中产阶级"分类,许多研究人员将布鲁斯学会的"家庭"作为家庭,在2011年购买力平价(PPP)下每人每天花费10~110美元。
4 魏文玲. 在2019年长和中期业绩分析中的屈臣氏数码转型介绍.

51%。[1]届时，全球中产阶级的地域划分将成为包括中国在内的亚洲占34%，美洲占32%，欧洲占25%，以及非洲与世界其他地区占9%。因此，如果屈臣氏未来着重深耕中国内地市场，布局在其他两个金砖国家（巴西和印度），加大投资力度予在2019年才进入的越南及中东市场可能会是期待已久的屈臣氏全球化第二个阶段的序幕。[2]

2030年先进经济体与发展中经济体市场的全球消耗量，如图3所示。

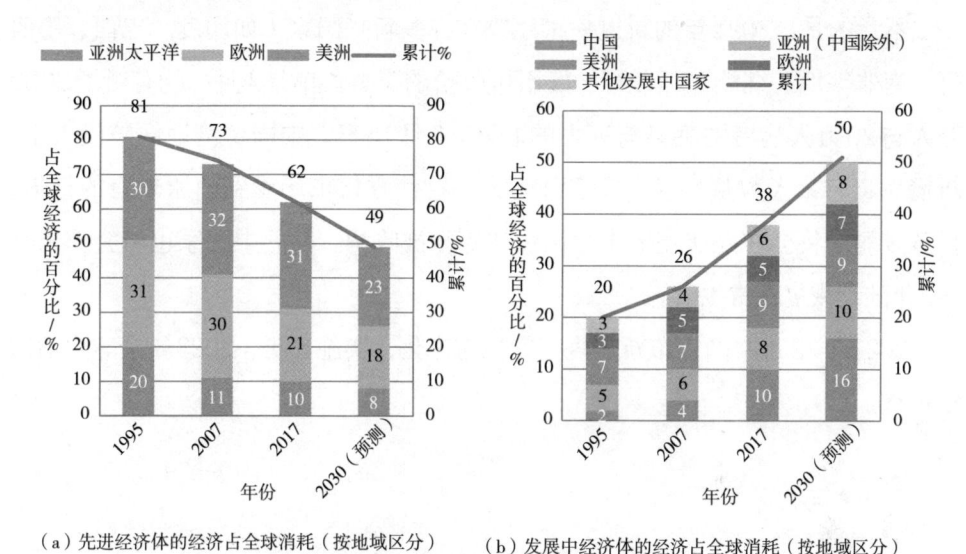

（a）先进经济体的经济占全球消耗（按地域区分）　　（b）发展中经济体的经济占全球消耗（按地域区分）

图3　2030年先进经济体与发展中经济体市场的全球消耗量

（资料来源：综合资料、麦肯锡全球研究所）

新冠疫情告一段落

2020年3月12日世界卫生组织（World Health Organization，WHO）宣布Covid-19（或称新冠肺炎）成为全球大流行病，其总干事谭德塞博士在7月31日向突发事件委员会致辞时指出以下内容：

1　Homi Kharas. 全球中产阶级的空前扩张：最新动态. 布鲁金斯学会, 全球经济与发展工作论文第100期, 2017年2月.
2　如今被人们广泛称为"金砖四国（BRIC）"一词，即指巴西（Brazil）、俄罗斯（Russia）、印度（India）和中国（China）。在2001年由高盛（Goldman Sachs）的全球经济学家吉姆·奥尼尔（Jim O'Neil）于2001年提出。后来，南非（South Africa）又被引入了新的金砖五国（BRICS）。2023年8月第15届金砖国会议闭幕会议宣布自2024年1月开始，金砖国家将加入阿根廷、埃及、埃塞俄比亚、伊朗、沙特阿拉伯及阿联酋六国增加至十一国，今后还会继续扩充。

本次新冠大流行是百年一遇的卫生危机，并将对未来数十年造成影响。[1]

2020年中以后，多家生物制药企业的灭活疫苗相继面世，让在前线工作与从事外贸行业的人员获得免疫保护。中国在处理病毒感染和即时监控入境旅客与防治的成绩有目共睹，西方国家也在2020年12月开始大规模注射新冠病毒疫苗。据2021年10月18日报道，部分国家人民已完全接种新冠疫苗为中国内地75%，英国67%，美国57%，法国68%，俄罗斯33%。

不幸的是，2021年的新冠病毒感染在许多新兴国家（如印度、巴西、墨西哥、南非等地）继续蔓延，有一发不可收拾的态势。单是4月，就有新增2000万人与20万人病者的感染与死亡的悲剧。5月15日，中国台湾地区防疫失手，新冠病毒感染人数从34人跳升至185人。这使零售市场受到前所未有的打击，财务较弱的将会在此次疫情中被淘汰或等待被收购。发展中国家也将会在未来1~2年陆续恢复正常生活。

2022年12月中国宣布新冠疫情管控常态化，实施乙类，2023年全球生活回复正常。

屈臣氏的未来

若以人口与人均GDP回顾与前瞻屈臣氏过去15年在新兴市场的投资，在金砖五国内的巴西、印度与南的潜力有待发挥。在这3个市场里，2022年巴西、南非、印度的人均GDP分别为8918美元、6776美元、2389美元等，都是值得进行可行性调查的市场，如图4所示。按中国内地的经验，当人均GDP在2006年达到2099美元时，屈臣氏在华成立了200家零售药妆门店，业务开始飞跃，如图5所示。未来的10年印度中产阶级逐年递增而起飞，因为印度人口在全球为第二位，达13.8亿，这是一个最后的大国投资机会，不可错过。[2,3]

---

1 世界卫生组织突发事件委员会：新冠大流行仍构成国际关注的公共卫生紧急事件，2020年8月1日，健康与卫生. https://news.un.org/zh/story/2020/08/1063502.
2 2022 Population Total, The World Bank. https://data.worldbank.org/indicator/SP.POP.TOTL.
3 2022 GDP per capita (Current USD), The World Bank. https://data.worldbank.org/indicator/NY.GDP.PCAP.CD.

注：*金砖五国为中国、俄罗斯、印度、巴西与南非

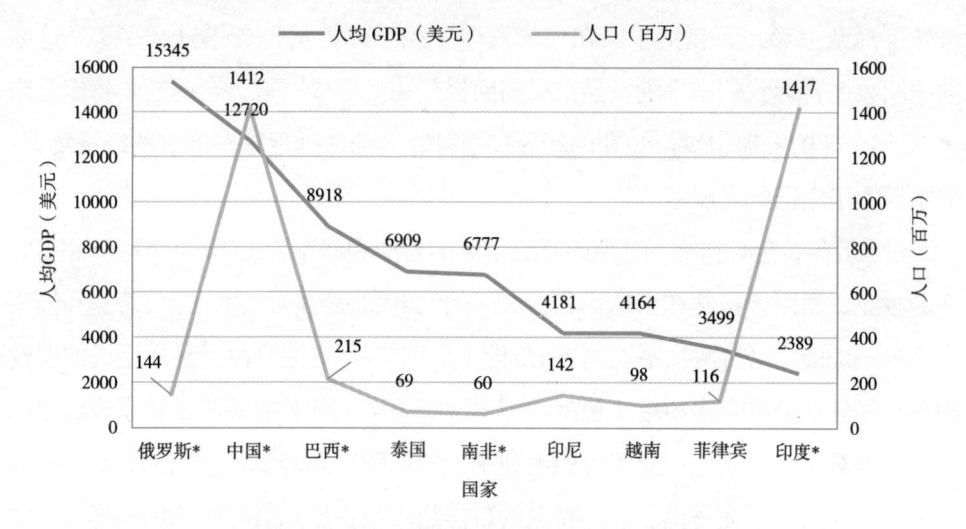

图4　2022年新兴国家人口与人均GDP

（资料来源：世界银行）

注：中国自1978年开始实施改革开放政策14年后，于1991年开始与印度扩大人均GDP的差距。

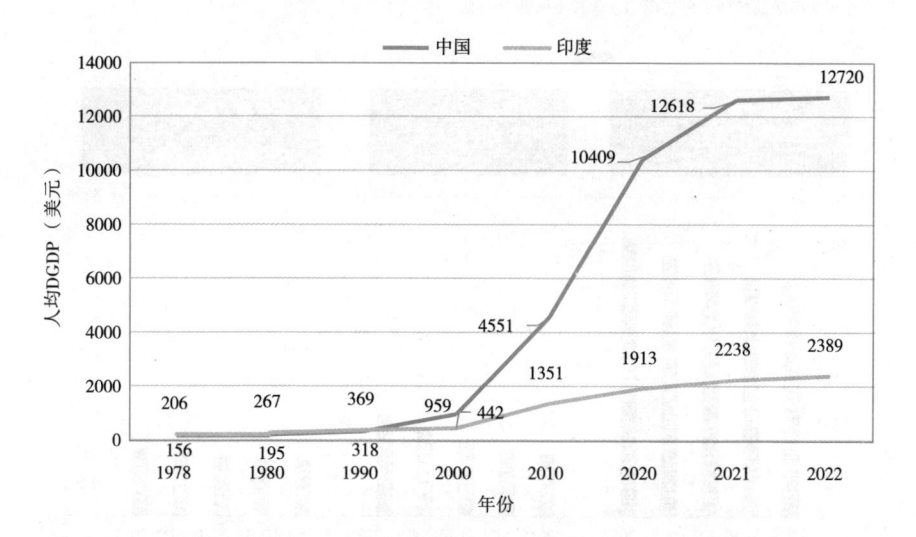

图5　1978—2022年中国内地与印度GDP增幅

（资料来源：世界银行）

2017—2030年的价值链因为地理原因，全球的需求也从先进经济体经济的62%下降至49%，而包括中国在内的发展中经济体则从38%攀升至51%。这些数据明显地告诉我们未来的发展前景与回报是在发展中国家，金砖五国肯定是未来10年全球的发展引擎。短期的新冠疫情可能会稍微延迟这些国家的经济复苏，但阻挡不了它们的发展趋势。

过去5年，全球排名前3位的超级市场的营业利润率为1.0%~4.7%（见图6）。在药妆业，屈臣氏虽然在全球排名为第三的保健和美容零售商，但其营业利润率为6.8%~8.3%，比前两位平均高1~1.5倍（见图7）。其主要原因是屈臣氏的保健和美容零售业务在众多市场（包括中国内地有一半）的营业额来自独家或自己品牌的快消品组合。这些产品组合的毛利率比知名跨国品牌高一倍以上。新冠疫情期间，屈臣氏旗下在香港、澳门特区的百佳超市或在广东省与腾讯和永辉合资的超市有超高的营业额与利润，但超市不是屈臣氏的核心业务，迟早会在超市领域功成身退。

1. 沃尔玛超市的年结在第二年的1月底；好事多的年结在第二年的8月底；克罗格的年结在第二年的七月底。
2. 沃尔玛与好市多的业务主要是在美国，海外市场只占30%。
3. 全球超级市场的税前毛利（EBIT）率%多偏低；一般在1%~3%。

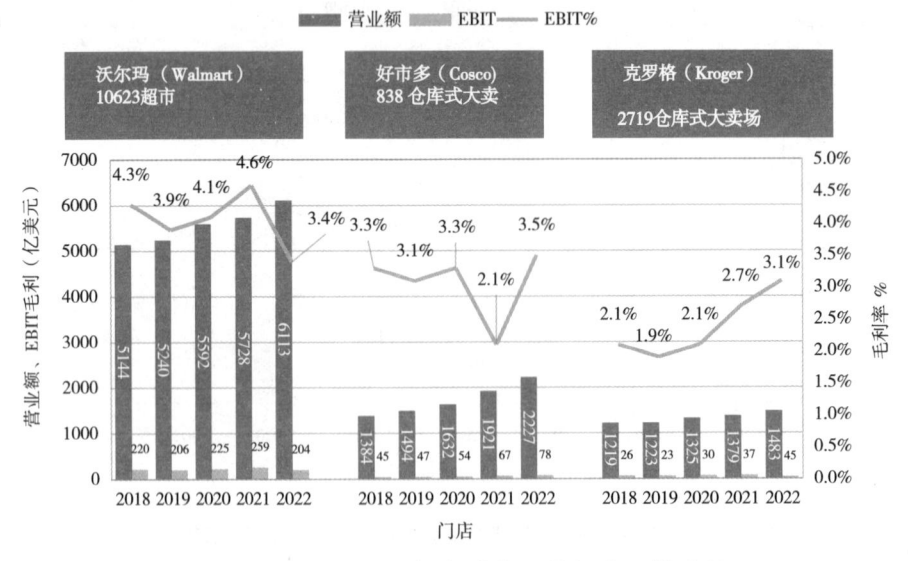

图6　2018—2022年全球前3位超市业绩比较

（资料来源：各公司年报）

注：1. CVS与屈臣氏的财年是12月31号，沃博联的财年是8月31日；
2. CVS是以美国为总部，业务1/3来自配制处方药，其他的为健康与美容产品及诊所；
3. 沃博联是以美国为总部，业务1/3来自配制处方药，其他的为健康与美容产品；
4. 屈臣氏是以中国香港为总部；业务主要药妆类的健康与美容产品；
5. 屈臣氏的EBIT%为三家全球药房、药妆最高，30%以上的品牌是贴牌，毛利是品牌的2~3倍。
6. 2020年新冠疫情期间，沃博联与屈臣氏在欧洲与亚洲的药妆门店关闭，业务受到影响。

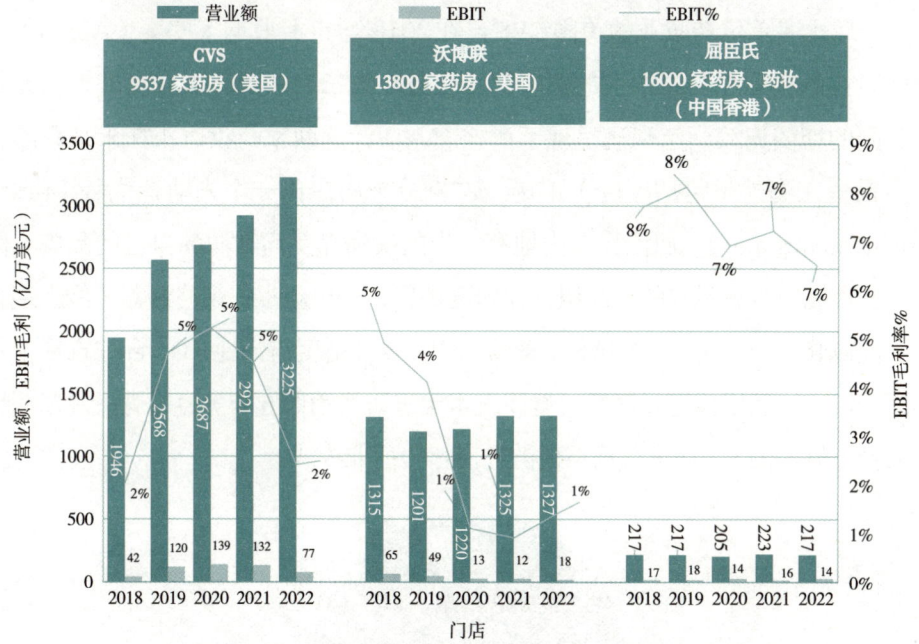

图7 2018—2022年全球前3位药房、药妆业绩比较

（资料来源：各公司年报）

印度市场　零售新大陆

据2007年与2013年印度媒体的报道，如果属实，屈臣氏在探讨进入印度零售业的时机并不合适。截至目前，外资（包括美资）都不能在零售领域拥有超过51%的实体店业务。[1,2] 当然，和黄（现称"长和"）自2007年的电信与印度税务纠纷至今未解决也是屈臣氏没有登陆印度的一个可能。[3] 若然，屈臣氏是一家

1　Deepshikha Monga. AS Watson not to enter India until 51% retail FDI allowed, The Economic Times, Industry, February 24, 2007. https://economictimes.indiatimes.com/industry/services/retail/as-watson-not-to-enter-india-until-51-retail-fdi-allowed/articleshow/1670501.cms？from=mdr.

2　Raghuvir Badrinah. AS Watson Group eyes India entry, Business Standard, Bangalore. January 20, 2013. https://www.business-standard.com/article/companies/a-s-watson-group-eyes-india-entry-111033000046_1.html.

3　Income Tax department seeks Rs 32,320 crore from Hutchison over Vodafone deal, The Economic Times August 30, 2017. https://economictimes.indiatimes.com/news/economy/policy/income-tax-department-imposes-rs-7900-crore-penalty-on-vodafone-for-tax-dues/articleshow/60273810.cms.

上市公司，长和可能是单一最大股东，而公众、机构与淡马锡持股量超越长和，印度政府不会在之前的电信业务出售的利润中再继续纠缠。同时，若屈臣氏是在新加坡上市，印度政府更没有理由拒绝屈臣氏的投资。

全球排名首位药妆业的美国CVS已在2018年11月收购了安泰（Aetna）医疗保险业务和专注美国本土的医药健康服务。第二名的沃博联在海外市场尤其在英国的博姿连续两年利润呈现下滑状态，估计这两家药妆巨头在未来数年也不会投资在海外（包括印度）市场。这将给予屈臣氏一个先动者优势（first-mover advantage）。屈臣氏在内地有一半的快消品是高利润的自己的品牌。因此，屈臣氏完全有足够的产品组合在印度销售，一个新零售策略涵盖了线上线下融合配以一个行之有效的DARE策略、VIP会员制度与当地KOL合资直播带货和间接推广。屈臣氏可以新增一些印度本土进口畅销保健与美容品牌，并以屈臣氏品牌上架。图8为印度市场特色的外商零售商业模式。

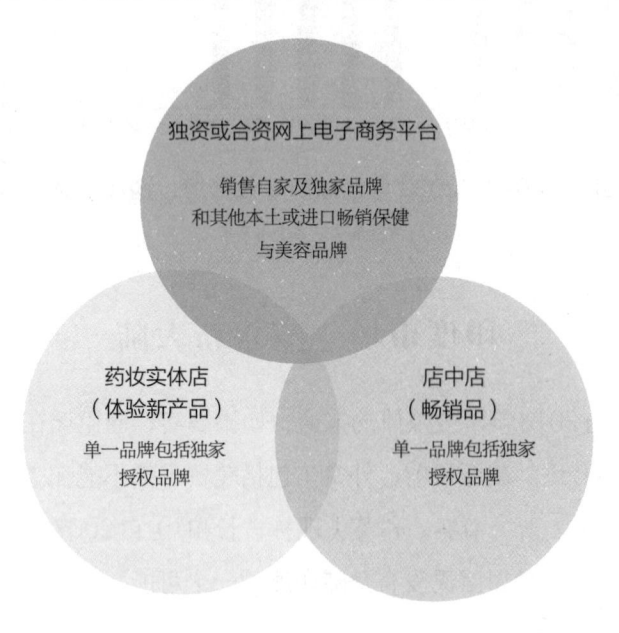

图8 印度市场特色的外商零售商业模式

（资源来源：作者建议）

第一阶段：在孟买（印度潮流之都）成立一家以Y世代与Z世代为目标的时尚保健与美容体验式旗舰店。

第二阶段：在28个邦的首府各成立一家体验式实体店与当地电商平台建立战略性联盟，提供屈臣氏品牌的保健与美容产品。

第三阶段：在各邦的二线、三线城市建立店中店[1]

美国的膳食营养补充剂（简称保健品）在新冠疫情大流行期间销售特别强劲，至2021年4月24日的累计销售额增幅为12%，达112.4亿美元。[2] 2021年4月30日，瑞士雀巢公布以57.5亿美元（约合372.2亿人民币），即3.1倍净营业额与16.8倍EBITDA价值，收购自然之宝（NaturesBounty）的主要品牌膳食营养补充剂的业务。

这个消息将会促使屈臣氏董事会包括淡马锡在2023年业绩全面复苏之后加快上市募资部署。如果屈臣氏的领导层在其日后的招股书内能够清晰地就以下问题提出解决方案与路线图，投资者将会乐意支持其上市的决定。

- 从谨慎至积极进取的变革，制定"宏伟、艰难和大胆的目标"。
- 在国内市场按部就班地迈入新零售第4阶段与第5阶段，然后扩展至其他发展中国家，如印尼、越南、菲律宾、泰国等。
- 在其全球化的过程中，如何在人口众多的其他金砖国家区分CVS与沃博联的竞争优势。
- 在变幻莫测的疫情和Y世代与Z世代的消费者行为的新常态下，改变备受疫情影响的产品组合。
- 在其人力资源部署方面，如何提升区域高管成为跨文化的第5级领导。

屈臣氏的183年商业历史与其20世纪70年代末李嘉诚在香港接手英资企业后善用原来的资源，融合"王道"哲学与西方管理的新思维是分不开的，这对民营企业与其管理层将会是一个很好的借鉴。10年后的2033年，我们期待屈臣氏药妆业成为超越CVS与沃博联的全球龙头！笔者乐意见到更多民营企业家应用管理新思维，晋身国际商业舞台，尤其是在"一带一路"共建国家成为21世纪全球企业家的典范！

---

1 在保健与美容界，众多单一品牌的企业，如以英国为基地发展全球的H&B、美体小铺（The Body Shop）等，都是长期盈利的实体零售企业，它们的"店中店"概念为一个低成本、高效益的商业模式。
2 Nick Kostov, Nestlé Expands in Vitamins With $5.75 Billion Nature's Bounty Deal, The Wall Street Journal, April 30, 2021. https://www.wsj.com/articles/nestle-expands-in-vitamins-with-5-75-billion-natures-bounty-deal-11619778234.

附录 1 长和、和黄、屈臣氏公司关键人物（1841—2021 年）

（资料来源：《香港政府年报》和《香港西药业史》等）

英文公司名称、人物姓名	中文	备注（职位、时期）
CK Assets Holding Ltd.	长实	2015年1月9日，长和系重组长实集团及和黄集团之业务，并创立两家新的上市公司，分别为长江和记实业（长和）及长江基建（长基）
CK Hutchison Holding Ltd.	长和	
Claque, Douglas	祁德尊	1959—1975年，屈臣氏主席，1963—1975年，和记国际主席
Clark, Douglas	格勒克	1933—1941年，屈臣氏主席
Fok, Kin Ning Canning	霍建宁	1994年，和黄、长和董事总经理
J.D.Hutchison Ltd.	和记洋行	和记洋行，曾为和记国际有限公司，被和记黄埔收购于和记洋行控股公司
Hutchison International Ltd.	和记国际	1963年，和记国际有限公司成为和记洋行控股公司
Hutchison Whampoa Holding Ltd.	和黄	和记国际有限公司与黄埔船坞集团于1977年合并为和记黄埔有限公司
Humphreys, John David	堪富利士	1874—1896年，屈臣氏主席
Humphreys, Henry	小堪富利士	堪富利士长子，1897—1933年，屈臣氏主席
Lai, Kai Ming Dominic	黎启明	2007年，屈臣氏集团董事总经理
Li, Ka-Shing	李嘉诚	1981—2018年，长实、长和主席
Li, Tzar Kai Richard	李泽楷	李嘉诚次子，电信盈科主席

续表

英文公司名称、人物姓名	中文	备注（职位、时期）
Li, Tza Kuoi Victor	李泽钜	李嘉诚长子，2018年10月接任长实、长和与屈臣氏主席
Murray, Simon	马世民	1984—1993年，和黄首席行政官、屈臣氏主席
Richardson, John	李察信	1981—1984年，和黄首席行政官、屈臣氏主席
Rossmann, Dirk	罗斯曼	1972—，德国罗斯曼药妆创办人兼主席
Rossmann Drogeriemarkt	罗斯曼药妆	2004年，屈臣氏收购罗斯曼德国40%股权
Wade, Ian Francis	韦以安	1982—2006年，屈臣氏集团董事总经理
Watson, Alexander Skirving	屈臣氏	1858—1865年，香港大药房经理。屈臣氏以他命名
Watson, Thomas Boswell	老屈臣氏	1856—1859年，香港大药房资深合伙人，他是屈臣氏的三叔
Willie, Bill	韦利	1975—1980年，和记、和黄、屈臣氏主席

附录 2 药妆行业、企业管理、财会名词中英文对照

（资料来源：香港税务局常用会计、金融名称）

英文		中文		备注、解释
全名	简称或称	现代名称		
Balance Sheet (Statement of Financial Position)	B/S	财务状况表、资产负债表		
Breakeven Point	BEP	收支平衡点、亏损平衡点		财务体质的指标
Dividends	DIV	股息、红利		税后利润分派股息由董事会依股东所占股权（100%或部分）
Drug Store (荷兰语：Drogisterij, 德语：Drogeriemarkt,)		药妆、药店		销售非处方药的普药、保健品及卫生日用品
Gross Profit Margin	GP	毛利率		
Earning Before Interest and Tax (Operating Income)	EBIT	息税前利润		一个常用业务营运指标
Earning Before Interest, Tax, Depreciation and Amortization	EBITDA	息税折旧及摊销前利润		一个常用业务估值指标，一般是倍数估值业务的市场价格
Gross Domestic Product	GDP	国内生产总值		国家财务实力指标
Initial Public Offering	IPO	首次公开募股		首次向公众投资者出售股份
Net Profit Before Tax	NPBT	税前利润		
Net Profit After Tax	NPAT	税后利润		股东红利指标
New Retail		新零售		融合线上与线下的新型零售模式

续表

英文		中文		备注、解释
全名	简称或称	现代名称		
Pharmacy（荷兰：Apotheek，德国：Apotheke，英国：Chemist）		药房		在英国，药房可以由超市拥有，在欧洲大陆，药房必须为药剂师拥有的方处中心
Price to Earning Ratio	PER	市盈率、本益比		评估股价的指标
Profit and Loss Statement	P&L	损益表		每年会计师、核数师审计后发表的企业营业成绩单
Return on Investment	ROI	投资回报率		
Sales	Income	营业额、销售额、收入		一个企业发展的指标
Shareholders Equity		股东权益		
Total Shareholer Return	TSR	股东总回报		上市公司在一定时期内（一年或更长）的资本收益加股息
Year-on-Year（1H/2H, Quarter-on-Quarter）	YOY	年、半年、季度同比		上一年与当年（半年、上一季与当季）的业绩比较

227